本书系司法部法治建设与法学理论研究项目
"政府提起生态环境损害赔偿诉讼制度研究"
（项目编号：17SFB3042）的最终研究成果

司法部"法治建设与法学理论研究部级科研项目成果"
天津师范大学法学文库

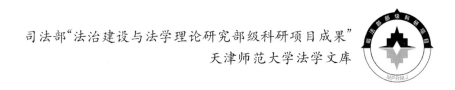

政府提起
生态环境损害赔偿
诉讼制度研究

冯　汝◎著

ZHENGFU TIQI
SHENGTAI HUANJING SUNHAI PEICHANG
SUSONG ZHIDU YANJIU

 中国政法大学出版社

2022·北京

图书在版编目（ＣＩＰ）数据

政府提起生态环境损害赔偿诉讼制度研究/冯汝著. —北京：中国政法大学出版社，2022.6
ISBN 978-7-5764-0459-3

Ⅰ.①政… Ⅱ.①冯… Ⅲ.①生态环境－环境污染－赔偿－司法制度－研究－中国
Ⅳ.①D922.683.4

中国版本图书馆 CIP 数据核字 (2022) 第 115708 号

出　版　者　中国政法大学出版社

地　　　址　北京市海淀区西土城路 25 号

邮寄地址　北京 100088 信箱 8034 分箱　邮编 100088

网　　　址　http://www.cuplpress.com (网络实名：中国政法大学出版社)

电　　　话　010-58908285(总编室) 58908433（编辑部）58908334(邮购部)

承　　　印　固安华明印业有限公司

开　　　本　720mm×960mm　1/16

印　　　张　13.25

字　　　数　215 千字

版　　　次　2022 年 6 月第 1 版

印　　　次　2022 年 6 月第 1 次印刷

定　　　价　65.00 元

目 录

CONTENTS

引　言

生态环境损害赔偿诉讼制度的范围有狭义和广义之分。广义的生态环境损害赔偿制度包括政府提起的生态环境损害赔偿诉讼以及检察机关、社会组织提起的环境民事公益诉讼制度。狭义的生态环境损害赔偿诉讼制度仅仅指政府提起的生态环境损害赔偿诉讼。从现有制度规范来看，政府提起生态环境损害赔偿诉讼的具体规定集中在《中华人民共和国民法典》（以下简称《民法典》）、《生态环境损害赔偿制度改革方案》、最高人民法院《关于审理生态环境损害赔偿案件的若干规定（试行）》以及各地的具体实施方案中，形成了一套总分相互结合、一般与特别相互补充的规则体系。但是从内容来看，《民法典》第1234条确立了政府提起生态环境损害赔偿诉讼的实体法依据，却并未对该制度的具体规则进行明确规定，政府提起生态环境损害赔偿诉讼缺乏法律层面的整体设计。在具体适用中，由于政府作为兼具民事与行政主体多元角色的特殊性，政府提起生态环境损害赔偿诉讼的理论基础、权利义务主体、适用范围、赔偿范围、责任认定规则、与环境公益诉讼等相关诉讼的关系等问题都存在诸多争议。对此，本书在梳理分析现行相关法律和政策，横纵向比较我国各省市生态环境损害赔偿改革制度实施方案的基础上，从"中国实践"出发，以大量司法案例为样本，对政府提起生态环境损害的理论与实践问题展开系统研究。在框架上，本书分为"理论基础—制度构建—制度嵌入"三大部分，各部分主要研究内容如下。

本书的第一章探讨了政府提起生态环境损害赔偿诉讼的理论基础。第一，在对生态环境损害赔偿制度发展历程进行梳理分析的基础上，明确了生态环境损害的内涵，厘清了生态环境损害与环境损害、自然资源损害的关系，界定了生态环境损害的范围与客体。第二，在对相关质疑观点进行归纳总结的基础上，运用反驳与立论的方法，分析了自然资源国家所有权作为政府生态环境损害赔偿请求权基础的正当性和必要性，并对所有权视角下政府提起生态环境损害赔偿诉讼的范围进行了界定。

本书的第二章至第四章是对政府提起生态环境损害赔偿诉讼的制度构建。根据政府作为索赔主体的特殊性，本书尝试从以下几个方面对制度的内容和规则进行完善与设计：第一，政府提起生态环境损害赔偿诉讼的权利人。在分析生态环境损害赔偿权利人界定实践困境的基础上，结合自然资源国家所有权分级行使理论，确定了能够提起诉讼之政府及行政机构的范围以及不同层级生态环境损害赔偿权利人之间的关系。第二，政府提起生态环境损害赔偿诉讼的义务人。从生态环境损害赔偿责任义务人扩展的依据出发，对母公司、金融机构等潜在主体作为生态环境损害赔偿责任义务人的正当性与必要性、制度障碍与立法实现路径进行了具体分析。第三，政府提起生态环境损害赔偿诉讼的适用范围。运用实证分析的方法，在现有制度梳理分析的基础上，尝试对生态环境损害赔偿诉讼的适用范围进行界定与厘清。第四，政府提起生态环境损害赔偿诉讼的赔偿范围。运用实证分析的方法对生态环境损害的赔偿范围进行了类型化分析，针对司法实践中生态环境损害赔偿范围认定存在的问题提出了完善建议，并对惩罚性赔偿是否适用于生态环境损害赔偿诉讼进行了论证。第五，生态环境损害赔偿责任的构成要件。从政府提起生态环境损害赔偿诉讼所保护利益的特殊性出发，对违法性应作为生态环境损害赔偿责任的构成要件展开论证。第六，政府提起生态环境损害赔偿诉讼的具体规则。结合政府身份的特殊性，对举证分配规则、证据类型规则、证据保全规定等诉讼程序规则进行分析，在考虑双方主体地位、实施效果等因素的基础上，提出了具体明确的完善建议。

本书的第五章探讨了政府提起生态环境损害赔偿诉讼制度与相关制度的衔接问题。第一，从诉讼标的角度探讨了生态环境损害赔偿诉讼制度与环境公益诉讼的关系，明确了两类诉讼应作为因牵连关系而形成的必要共同诉讼进行强制合并审理，并形成"生态环境损害赔偿磋商优先，生态环境损害赔偿诉讼与环境公益诉讼合并审理，检察机关提起公益诉讼作为监督和补充"的生态环境损害责任追究机制。第二，从实践中生态环境损害赔偿诉讼与资源性国有保护诉讼的适用现状出发，分析了两类诉讼的区别联系与造成诉讼关系混乱的原因，并提出应以自然资源国家所有权为基础建立自然资源损害的整体索赔机制，构建协调统一的国有自然资源损害赔偿制度体系。

第一章

政府提起生态环境损害赔偿
诉讼的实践历程与理论基础

第一节　政府提起生态环境损害赔偿诉讼制度的发展历程

一、生态环境损害赔偿制度的缺失阶段

环境污染、生态破坏行为造成人身、财产损害的同时，也会对生态环境本身造成损害。按照损害担责的基本原则，造成生态环境损害的责任者需要对受损的生态环境承担责任。一般认为，生态环境损害赔偿制度是环境损害担责原则的贯彻与具体化，而损害担责原则是从污染者付费原则演变发展而来的。1972 年，经济合作与发展组织委员会将"污染者付费原则（PPP）"作为一项经济原则首次提出，之后，该原则在各国、各地区和国际环境立法中被广泛接受。受 1972 年联合国人类环境会议的影响，1973 年国务院召开了第一次全国环境保护会议。会后，国务院批准了《关于保护和改善环境的若干规定》，形成了中国环境法规的雏形。1979 年，我国颁布了《中华人民共和国环境保护法（试行）》，这标志着我国第一部综合性环境法律的产生。该部法律首次明文规定了"谁污染谁治理的原则"，并明确规定严重污染和破坏环境造成人员伤亡和财产损害的行为人与责任人应当承担相应的法律责任。《中华人民共和国环境保护法（试行）》第 6 条第 2 款规定："已经对环境造成污染和其他公害的单位，应当按照谁污染谁治理的原则，制定规划，积极治理，或者报请主管部门批准转产、搬迁。"第 32 条第 2 款规定："对严重污染和破坏环境，引起人员伤亡或者造成农、林、牧、副、渔业重大损失的单位的领导人员、直接责任人员或者其他公民，要追究行政责任、经济责任，直至依法追究刑事责任。"随后，我国在民法、民事诉讼法等基本法律中也规

定了与环境侵权救济相关的内容。1986 年《中华人民共和国民法通则》对危险作业和污染环境造成他人损害应承担民事责任进行了规定。1986 年《中华人民共和国民法通则》第 124 条规定："违反国家保护环境防止污染的规定，污染环境造成他人损害的，应当依法承担民事责任。"1982 年《中华人民共和国民事诉讼法（试行）》颁布，对民事诉讼程序作了具体规定。这些规定为环境侵权损害救济提供了法律依据和程序支持。

从 20 世纪 80 年代中后期开始，我国经济不断发展，经济体制也发生了根本性改变，由计划经济向市场经济转变。在这一时期，为应对经济发展所带来的环境问题，环境法律体系也进入了初步发展阶段，关于环境法律责任的规定也更为科学。例如，1989 年《中华人民共和国环境保护法》（以下简《环境保护法》）修订后颁布实施，该部法律删除了对污染者付费原则的规定，却从法律责任层面进一步明确了行为人应当承担的环境侵权损害赔偿等各类法律责任。1989 年《环境保护法》第 41 条第 1 款规定："造成环境污染危害的，有责任排除危害，并对直接受到损害的单位或者个人赔偿损失。"第 44 条规定："违反本法规定，造成土地、森林、草原、水、矿产、渔业、野生动植物等资源的破坏的，依照有关法律的规定承担法律责任。"

归纳起来，自 20 世纪 70 年代至 90 年代初期，我国环境法律制度逐步建立，环境污染防治与生态保护的相关规则逐步完善，但生态环境损害赔偿相关制度处于缺失状态。在损害救济方面，相关法律规范所针对的"损害"主要指人身或财产损害，不包括生态环境本身的损害。生态环境公共利益的保护主要依靠行政执法与刑事司法等公共手段予以实现。

二、政府提起生态环境损害赔偿诉讼制度的起步阶段

20 世纪 90 年代后，随着我国工业的飞速发展和城市化进程的加快，空气、水、大气等环境污染问题更加严重，自然资源破坏加剧，大规模环境事件频频发生。为应对日益严峻的环境形势，我国环境法律的制定和修改速度加快。在世界范围内，环境问题也成为全球的共同议题与挑战，环境法律的全球一体化特征越来越明显。尤其是在海洋环境保护领域，基于全球海上散装油类运输而出现的污染危险不断增多，为解决船舶所有人因海上事故所引起的油污损害责任问题，1969 年 11 月，《国际油污损害民事责任公约》在布

鲁塞尔签订。1992 年 11 月，国际海事组织（IMO）在伦敦召开的国际会议上通过了《1969 年国际油污损害民事责任公约的 1992 年议定书》。我国于 1999年 1 月 5 日向国际海事组织交存了《〈1992 年责任公约〉加入书》，成为该议定书的缔约国。根据该公约的规定，由于船舶溢出或排放油类造成污染损害的人应承担相应的赔偿责任。公约第Ⅰ条规定："'污染损害'系指：（a）油类从船上溢出或排放引起的污染在该船之外造成的灭失或损害，不论此种溢出或排放发生于何处；但是，对环境损害（不包括此种损害的利润损失）的赔偿，应限于已实际采取或将要采取的合理恢复措施的费用；（b）预防措施的费用及预防措施造成的进一步灭失或损害。'预防措施'，是指事件发生后为防止或减轻污染损害而由任何人所采取的任何合理措施。"为贯彻公约的规定，1999 年《中华人民共和国海洋环境保护法》（以下简称《海洋环境保护法》）规定了海洋生态环境损害赔偿制度，开启了行政机关代表国家基于海洋生态破坏提起损害赔偿请求的制度先河。[1]

此后，随着环境问题的严重，环境本身的损害责任越来越受到关注，随着环境污染损害评估鉴定制度的建立，在海洋环境保护、核污染事故等特殊领域中，生态环境损害赔偿责任逐步得到落实。在这一阶段，涉及生态环境损害的主要法律规范详见表 1-1 所示。

表 1-1　政府提起生态环境损害赔偿诉讼制度起步阶段的部分规范性文件

法律法规名称	内　容
《海洋环境保护法》（1999年 12 月修订版)[2]	第 90 条第 2 款　对破坏海洋生态、海洋水产资源、海洋保护区，给国家造成重大损失的，由依照本法规定行使海洋环境监督管理权的部门代表国家对责任者提出损害赔偿要求。
最高人民法院《关于为加快经济发展方式转变提供司法保障和服务的若干意见》（2010 年）	第 13 条　……依法受理环境保护行政部门代表国家提起的环境污染损害赔偿纠纷案件……。

---

　〔1〕　参见王秀卫："海洋生态环境损害赔偿制度立法进路研究——以《海洋环境保护法》修改为背景"，载《华东政法大学学报》2021 年第 1 期。

　〔2〕　现行《海洋环境保护法》为 2017 年修正版，当前法律中关于政府提起海洋生态环境损害赔偿的规定与原法相比并无内容变化，相应法律条款现为第 89 条第 2 款。

续表

法律法规名称	内　容
原环境保护部《关于开展环境污染损害鉴定评估工作的若干意见》（环发〔2011〕60号） 附件：环境污染损害数额计算推荐方法（第Ⅰ版）	2.1 环境污染损害 指环境污染事故和事件造成的各类损害，包括环境污染行为直接造成的区域生态环境功能和自然资源破坏、人身伤亡和财产损毁及其减少的实际价值，也包括为防止污染扩大、污染修复和/或恢复受损生态环境而采取的必要的、合理的措施而发生的费用，在正常情况下可以获得利益的丧失，污染环境部分或完全恢复前生态环境服务功能的期间损害。 3.2 环境污染损害范围 全面完整的环境污染损害评估范围包括：人身损害、财产损害、生态环境资源损害、应急处置费用、调查评估费用、污染修复费用、事故影响损害和其他应当纳入评估范围内的损害。 近期可操作的环境污染损害评估范围包括：人身损害、财产损害、应急处置费用、调查评估费用和污染修复费用，此五类损害的评估适用本《方法》。
最高人民法院《关于审理船舶油污损害赔偿纠纷案件若干问题的规定》（法释〔2020〕18号）〔1〕	第9条　船舶油污损害赔偿范围包括： （一）为防止或者减轻船舶油污损害采取预防措施所发生的费用，以及预防措施造成的进一步灭失或者损害； （二）船舶油污事故造成该船舶之外的财产损害以及由此引起的收入损失； （三）因油污造成环境损害所引起的收入损失； （四）对受污染的环境已采取或将要采取合理恢复措施的费用。 第17条　船舶油污事故造成环境损害的，对环境损害的赔偿应限于已实际采取或者将要采取的合理恢复措施的费用。恢复措施的费用包括合理的监测、评估、研究费用。

从以上规定来看，在这一时期，海洋生态环境损害赔偿诉讼制度初步建立，生态环境损害赔偿制度的发展呈现以下特点：

第一，生态环境损害作为独立损害类型得到制度与实践的一定认可。受国际条约的影响，我国法律已经逐步认识到对生态环境本身进行法律保护与救济的必要性，原环境保护部《关于开展环境污染损害鉴定评估工作的若干

---

〔1〕　该司法解释于2020年12月修正，所涉条文无变化。

意见》更是将"区域生态环境功能"纳入环境污染损害的范畴，将"生态环境资源损害"作为环境污染损害评估的范围之一。这表明了生态环境损害作为一类独立的损害类型已经引起立法的重视，并得到一定程度的认可。

第二，生态环境损害的赔偿范围逐步明确与扩展。从《海洋环境保护法》的规定来看，其并未对海洋生态环境损害的范围作出规定，海洋环境损害被纳入"国家损失"的范畴中。但最高人民法院《关于审理船舶油污损害赔偿纠纷案件若干问题的规定》已经将损害赔偿范围具体扩大到实际采取或者将要采取的合理恢复措施的费用及损害评估费用等，原环境保护部《关于开展环境污染损害鉴定评估工作的若干意见》更是将"污染环境部分或完全恢复前生态环境服务功能的期间损害"纳入环境污染损害范围中。生态环境损害赔偿的内容与范围得到细化和扩展。

然而，由于对生态环境损害的内涵、地位以及其与传统环境侵权损害的关系等问题并未有清晰认识，对生态损害赔偿制度更没有进行系统而全面的规定，政府提起生态环境损害赔偿诉讼制度仍处于起步阶段，存在诸多不足：首先，政府提起生态环境损害赔偿诉讼仅仅适用于海洋环境损害等特殊领域，制度的适用范围较窄。《关于开展环境污染损害鉴定评估工作的若干意见》仅仅将生态环境资源损害单独列出，但在法律适用中却将其排除在外，未列入评估办法适用的范围。其次，对于该损害的名称命名混乱，对其内涵更没有具体的界定。在上述法律规范中，对于生态环境本身的损害存在"环境损害""生态环境资源损害"等不同称谓。从内涵来看，生态环境服务功能的损失是否纳入损害的范畴存在不同认识。最后，对生态环境损害赔偿范围作出具体规定的为司法解释或法规性文件，位阶较低。此外，从赔偿范围的内容来看，生态环境损害赔偿与人身财产损害赔偿并未独立区分，调查评估费用、环境修复费用等被整体纳入了环境污染损害赔偿的范围，生态环境损害的赔偿范围并不明确。

三、政府提起生态环境损害赔偿诉讼制度的确立阶段

在行政机关依法代表国家行使海洋生态环境损害赔偿请求权的同时，贵州、云南、江苏等地也在展开环境公益诉讼的探索与实践。2007 年 11 月 20日，我国首家环保法庭——清镇市人民法院环境保护法庭成立。此后，各地

不断探索制定了环境公益诉讼相关地方性规范，环境行政机关、检察机关、个人、社会组织等不同主体提起了数起环境公益诉讼案件。2012 年，我国在《中华人民共和国民事诉讼法》（以下简称《民事诉讼法》）中增加了公益诉讼制度，明确规定对污染环境、侵害众多消费者合法权益等损害社会公共利益的行为，法律规定的机关和有关组织可以向人民法院提起诉讼。自此，环境民事公益诉讼制度在程序法上实现突破，在国家法律层面得以确立。2015 年 1 月 1 日，新《环境保护法》施行，该法规定了环境公益诉讼的原告主体资格，明确了"法律规定的组织"的范围和条件，在环境基本法中对环境民事公益诉讼进行了确认。2015 年 1 月 7 日起施行的最高人民法院《关于审理环境民事公益诉讼案件适用法律若干问题的解释》[1]对环境民事公益诉讼制度的起诉条件、管辖、责任类型、是否可以和解、与行政监管的关系以及诉讼费用负担等方面作了具体的规定，对该制度做了进一步的细化。此后，2015 年 7 月 1 日，全国人大常委会正式授权 13 个省开展为期两年的公益诉讼试点，2017 年 5 月，在试点即将结束时，中央深改组肯定了试点，提出要为检察机关全面开展公益诉讼提供法律依据。[2]2017 年，《民事诉讼法》、《中华人民共和国行政诉讼法》（以下简称《行政诉讼法》）修正，增加了检察机关提起公益诉讼的条款，检察机关成为环境公益诉讼的主力。

从环境民事公益诉讼与政府提起生态环境损害赔偿诉讼制度的关系来看，行为人在造成生态环境本身损害的同时，势必会造成环境公共利益的损害，环境民事公益诉讼制度也属于生态环境损害赔偿责任追究的重要方式之一。在环境民事公益诉讼的早期探索阶段，也曾出现过一批引起广泛关注和探讨的行政机关提起的环境公益诉讼案件，如贵阳市两湖一库管理局诉贵州天峰化工有限责任公司环境侵权案等。然而，从权利来源、制度构建等方面来看，环境民事公益诉讼制度与本书所论述的政府提起的生态环境损害赔偿诉讼既存在联系又存在显著的区别。一般认为，政府提起的生态环境损害赔偿诉讼制度应属于狭义的生态环境损害赔偿制度范畴。

与环境民事公益诉讼制度相比，政府提起生态环境损害赔偿诉讼制度的

---

〔1〕 为应对《民法典》的施行，该司法解释于 2020 年 12 月修正。

〔2〕 参见胡卫列："我国公益诉讼的探索与实践"，载 http://fzzfyjy.cupl.edu.cn/info/1021/9427.htm，最后访问日期：2021 年 5 月 1 日。

政策属性更强。在环境民事公益诉讼制度确立与发展的同时，生态环境损害赔偿制度的实践探索也在徐徐展开。生态环境损害赔偿制度的确立与完善，与我国生态文明制度的建设与推进密切相关。党的十八大以后，以习近平同志为核心的党中央站在坚持和发展中国特色社会主义、实现中华民族永续发展的战略高度，把生态文明建设作为统筹推进"五位一体"总体布局和协调推进"四个全面"战略布局的重要内容。在此背景下，党中央、国务院高度重视生态环境损害责任追究制度的建立。生态环境损害赔偿制度是追究生态环境损害赔偿责任、保护生态环境资源和推动生态文明制度建设的重要举措。党的十八届三中全会明确提出对造成生态环境损害的责任者严格实行赔偿制度。2015 年，中共中央办公厅、国务院办公厅印发《生态环境损害赔偿制度改革试点方案》[1]，对改革试点工作进行部署。其后，根据国务院授权，江苏、重庆等 7 省市进行了为期两年的生态环境损害赔偿制度改革试点。试点工作取得显著成效，为此项制度在全国的开展奠定了坚实基础。在总结 7 省市试点成果的基础上，2017 年，中共中央办公厅、国务院办公厅印发了《生态环境损害赔偿制度改革方案》，自 2018 年 1 月 1 日起，在全国试行生态环境损害赔偿制度。这也意味着，生态环境损害赔偿制度在全领域、全国范围内全面实施，生态环境损害赔偿诉讼作为政府赔偿请求权行使的重要方式得以在制度层面上明确确立。

从总体来看，政府提起生态环境损害赔偿诉讼制度的确立与发展呈现"地方试点，全国推行，政策先行，法律缺失"的特点。在总结各地区改革试点实践经验基础上，《生态环境损害赔偿制度改革方案》对生态环境损害赔偿范围、责任主体、索赔主体和损害赔偿解决途径、资金保障及运行机制等制度内容作了基本规定。但在制度依据上，生态环境损害赔偿诉讼制度缺乏明确的法律层面的依据；在制度内容上，《生态环境损害赔偿制度改革方案》的内容仅对一些基本问题作出了原则性的规定，制度规则的法律属性不强、细化程度不高。政府提起生态环境损害赔偿诉讼的法律依据、具体适用规则、与环境公益诉讼的关系等问题有待在制度层面予以确认。

---

〔1〕《生态环境损害赔偿制度改革试点方案》自 2018 年 1 月 1 日起废止。

四、政府提起生态环境损害赔偿诉讼制度的发展阶段

《生态环境损害赔偿制度改革方案》为政府提起生态环境损害诉讼提供了依据。该制度方案颁布后，在规则与实践层面，生态环境损害赔偿制度整体进入了快速发展时期。具体体现在以下几个方面。

第一，生态环境损害赔偿的配套性规则逐渐完善。2019 年 6 月 4 日，最高人民法院发布了《关于审理生态环境损害赔偿案件的若干规定（试行）》[1]，对环境损害赔偿诉讼案件的适用范围、审理规则、与公益诉讼的关系等进行了明确和细化。2020 年，财政部等 9 部委印发了《生态环境损害赔偿资金管理办法（试行）》，对生态环境损害赔偿资金的执行、使用与管理规则进行了规定。2020 年 8 月，生态环境部、最高人民法院等 11 部委共同印发了《关于推进生态环境损害赔偿制度改革若干具体问题的意见》，在具体负责工作的部门或机构、案件线索、索赔启动、损害调查、鉴定评估、赔偿磋商、司法确认、鼓励赔偿义务人积极担责、与公益诉讼的衔接、环境修复、资金管理、修复效果评估、公众参与、责任落实、经费保障、信息共享、奖惩规定以及业务指导等方面提出了具体的指导性意见。以上规范性文件的出台细化了行政机关开展生态环境损害赔偿诉讼的规则，使生态环境损害赔偿改革工作更具有可操作性。

第二，生态环境损害赔偿的实体法律依据得以确立。2018 年后，《中华人民共和国土壤污染防治法》（以下简称《土壤污染防治法》）、《中华人民共和国固体废物污染环境防治法》（以下简称《固体废物污染环境防治法》）、《中华人民共和国森林法》（以下简称《森林法》）等法律相继对生态环境损害赔偿制度作出了具体规定。2018 年《土壤污染防治法》第 97 条规定，污染土壤损害国家利益、社会公共利益的，有关机关和组织可以依照《环境保护法》《民事诉讼法》《行政诉讼法》等法律的规定向人民法院提起诉讼。2020 年《固体废物污染环境防治法》第 121 条规定，固体废物污染环境、破坏生态，损害国家利益、社会公共利益的，有关机关和组织可以依照《环境保护法》《民事诉讼法》《行政诉讼法》等法律的规定向人民法院提起诉讼。

---

〔1〕 为应对《民法典》的施行，该司法解释于 2020 年 12 月修正。

2020 年实施的《森林法》第 68 条规定："破坏森林资源造成生态环境损害的，县级以上人民政府自然资源主管部门、林业主管部门可以依法向人民法院提起诉讼，对侵权人提出损害赔偿要求。"2021 年《民法典》第 1232 条至第 1235 条增加了生态环境赔偿责任的规定，明确了生态环境损害赔偿的权利人范围和损害赔偿范围等。《民法典》的规定为政府提起生态损害赔偿诉讼提供了坚实的实体法律基础。

第三，生态环境损害赔偿的司法实践有序展开。2020 年 5 月，生态环境部在生态环境损害赔偿磋商典型案例发布会上表示，自 2018 年全国试行生态环境损害赔偿制度以来，全国共办理生态环境损害赔偿案件 945 件，涉及金额超过 29 亿元。[1]在地方层面，各省份都在《生态环境损害赔偿制度改革方案》的基础上，结合本省实际制定了生态环境损害赔偿制度改革实施方案，有 157 个地级市印发了市地一级的实施方案。[2]各地赔偿权利人积极展开了生态环境损害赔偿磋商与诉讼的实践探索，形成了一批生态环境损害赔偿磋商与诉讼的典型案例。江苏等地通过大量实践案例，在部门联动、资金管理、责任承担方式等方面进行积极探索，形成了一批可供借鉴的经验和做法。[3]

从制度沿革来看，虽然行政机关在海洋环境保护领域开启了生态环境损害诉讼的先河，但是由于海洋生态环境损害赔偿具有一定的特殊性，《生态环境损害赔偿制度改革方案》将海洋生态环境损害排除在制度的适用范围之外。在生态环境损害赔偿改革制度的发展阶段，海洋生态环境损害赔偿领域的制度规则也在不断完善，最高人民法院出台《关于审理海洋自然资源与生态环境损害赔偿纠纷案件若干问题的规定》，规范了该类诉讼的具体裁判规则。由于本书所论述的政府提起生态环境损害赔偿制度的内容主要针对一般生态环境损害赔偿，不包括海洋生态环境损害赔偿，因此，对海洋生态环境损害赔偿制度的发展不再赘述。而从一般意义上的生态环境损害赔偿制度来看，该制度整体上已经向精细化纵深发展，全国已经初步构建起"责任明确、途径畅通、技术规范、保障有力、赔偿到位、修复有效"的制度体系。生态环境

---

〔1〕　参见杨瑾："生态环境部公布生态环境损害赔偿磋商十大典型案例"，载 http://env. people. com. cn/n1/2020/0507/c1010-31699889. html，最后访问日期：2021 年 5 月 10 日。

〔2〕　参见郄建荣："生态环境部：民法典规定生态环境遭受损害可提出索赔"，载 http://www.law-lib. com/fzdt/newshtml/fzjd/20200630150105. htm，最后访问日期：2021 年 6 月 2 日。

〔3〕　参见章正勇等："生态环境损害赔偿制度的江苏实践"，载《环境保护》2020 年第 24 期。

损害赔偿诉讼的案件数量、质量都有很大提高，尤其是在诉讼制度与行政磋商衔接机制方面进行了富有成效的探索。[1]但是从制度的实施情况来看，政府提起生态环境损害赔偿诉讼制度仍存在以下问题：

第一，政府提起生态环境损害赔偿诉讼的理论基础不明。根据生态环境损害赔偿制度的设计，自然资源国家所有权是政府享有赔偿请求权的理论基础。但是，由于我国政体性质和所有权结构的特殊性以及自然资源国家所有制度的模糊，自然资源国家所有权作为政府赔偿请求权的理论基础遭到了质疑。此外，由于国家对自然资源既享有所有权也拥有监督管理权，当国家授权政府提起生态环境损害赔偿诉讼时，政府兼具民事主体和行政主体的双重身份，政府提起生态环境损害赔偿诉讼的法理基础，政府在生态环境赔偿诉讼中的定位、诉讼所要保护的利益基础、诉讼类型与诉讼性质等问题存在诸多争议，生态环境损害赔偿的理论基础亟需厘清。

第二，政府提起生态环境损害赔偿诉讼的制度规则有待完善并通过法律予以确立。当前我国生态环境损害赔偿制度已经由制度建立走向制度完善阶段。在生态环境损害赔偿诉讼实践中，生态环境损害的内涵、范围及认定方式，损害赔偿责任的权利义务主体、构成要件、赔偿范围、特殊诉讼规则以及损害赔偿诉讼与相关诉讼的关系等问题都存在诸多争议。在制度形式上，生态环境损害赔偿制度也面临政策性较强、法律层面制度体系不完善的现状。在考虑立法途径、实施效果等因素的基础上，对政府提起生态环境损害诉讼的具体制度内容和规则应通过环境责任的专门立法进一步完善细化。

第二节　生态环境损害的名称辨析与客体界定

从上述制度发展历程的梳理可知，在生态环境损害赔偿制度的初步确立阶段，对生态环境损害名称与内涵的认识并不统一，在相关制度规范中存在"生态环境资源损害""环境损害"等不同称谓。从世界范围来看，对生态环境本身损害的称谓，不同国家的立法也有不同的规定。Brans 教授在其著作中指出，"生态损害"主要用于欧洲的立法，而在美国这类损害常被称为"对自

---

〔1〕 参见吕忠梅："环境司法 2020：推进中国环境司法体系不断成熟定型"，载 https://mp. weixin.qq. com/s/B5HjLgZiKr1SW0qc380apA，最后访问日期：2021 年 5 月 20 日。

然资源的损害"或"自然资源损害"。[1]在《生态环境损害赔偿制度改革方案》出台之前,不同学者对该损害的名称及其内涵也有不同的认识。归纳起来,"环境损害""生态损害""自然资源损害"是指代"生态环境本身损害"的常用名称。但"环境损害""生态损害""自然资源损害"都有多个层次的涵义,即使是采用同一层次的概念,概念的内涵仍有不同。不同名称背后隐含的是对损害范围、内涵的不同认识,生态环境损害名称的选择与内涵的确立密切相关。生态环境名称的选择及概念的界定对于生态环境损害赔偿制度的建立具有重要意义。对生态环境损害的内涵进行解读,明确生态环境损害赔偿制度所保护的客体是理解和完善生态环境损害赔偿诉讼制度的前提。

一、生态环境损害名称与内涵的理论争议

(一) 环境损害

在理论上,对于环境损害的内涵有广义和狭义层次的不同认识。广义层次的环境损害包括环境侵权行为或危害行为造成的以环境为媒介的人身、财产损害以及对自然环境本身造成的损害。其中又有两种定义方式,一是根据侵害"利益"或"权益"的不同进行定义,如李艳芳教授认为,环境损害是指环境侵权行为给他人环境权益、财产和人身权益,以及其他权益造成的损害,包括财产的损害和非财产的损害。[2]另一种是强调损害后果或损害事实,以环境是否作为媒介来进行定义,环境损害应该包括因环境污染破坏而造成的人身损害和财产损害以及直接对自然环境资源的污染和破坏两个方面。如王灿发教授在《中华人民共和国环境损害赔偿法(建议草案)》中主张:本法所称环境损害是指因从事生产、生活等活动致使环境发生化学、物理、生物等特征上的不良变化,导致生态和资源破坏,法人和其他组织的财产遭受直接或间接的损失、公民的人身健康、财产遭受危害的情况。包括但不限于因排放污染物直接或间接造成大气污染、水污染、土地污染、海洋污染而导致的损害或危害,发射噪声、产生振动、放射性、电磁辐射、热能、阻挡日光活动对财产和人身健康造成的危害,由于生产、建设和开发活动对生态环

---

[1] See Edward H. P. Brans, *Liability for Damage to Public Natural Resources: Standing, Damage and Damage Assessment*, Haque: Kluwer Law International, 2001, p.20.

[2] 参见李艳芳编著:《环境损害赔偿》,中国经济出版社1997年版,第27页。

境、自然资源造成的破坏。

狭义层次的环境损害有两种内涵，一种是仅指以自然环境为媒介，对人身财产或健康的损害，不包括对自然环境本身的损害，如我国台湾地区学者陈慈阳教授认为，环境损害系指人为日常的、反复的活动下产生破坏，维持人类健康与安适生活的环境，而间接损害公众之权利或利益或有损害之虞的事实，亦即以环境作为媒介，损害人民健康或有危害之虞者。[1]另一种是仅指自然环境所产生的不利变化。如欧盟 2004 年 3 月 10 日正式通过的《预防和补救环境损害的环境责任指令》将"损害"明确界定为"可测量的自然资源的不利变化或者可能直接、间接出现的可测量的自然资源服务功能的损伤。"[2]

（二）生态损害

综观各国立法和各国学者不同的学说，生态损害也是一个具有多层次含义的概念。最广义层次的生态损害是以自然环境损害为基础，将环境状况的恶化以及由此导致的财产和非财产损害都包含在内。如俄罗斯的姆·姆·布林丘克教授认为，生态损害就是指违反法律规定的生态要求所导致的任何环境状况的恶化和与此相关的受法律保护的物质财富和非物质利益，其中包括自然人和法人的生命、健康以及财产的损害和减少。[3]

一般意义上的生态损害是特指对生态环境所造成的损害，强调对自然要素的生态价值及生态系统的整体性损害。如竺效博士将"生态损害"的学理概念界定为：人为的活动已经造成或者可能造成人类生存和发展所必须依赖的生态环境的任何组成部分或者其任何多个部分相互作用而构成的整体的物理、化学、生物性能的任何重大退化。[4]

最小层次的生态损害常被称为"纯生态损害"，仅指对无主自然资源的损害[5]或无主生态环境要素的损害或强调单纯发生生态环境本身损害的现象。

---

〔1〕 参见陈慈阳：《环境法总论》，中国政法大学出版社 2003 年版，第 328 页。

〔2〕 参见蔡守秋、海燕："也谈对环境的损害——欧盟《预防和补救环境损害的环境责任指令》的启示"，载《河南省政法管理干部学院学报》2005 年第 3 期。

〔3〕 参见王树义：《俄罗斯生态法》，武汉大学出版社 2001 年版，第 424 页。

〔4〕 参见竺效：《生态损害的社会化填补法理研究》，中国政法大学出版社 2007 年版，第 60 页。

〔5〕 See Edward H. P. Brans, *Liability for Damage to Public Natural Resources*: *Standing*, *Damage and Damage Assessment*, Hague: Kluwer Law International, 2001, p. 21.

（三）自然资源损害

除上述两种常用名称外，还有部分学者将对自然环境本身的损害称为"自然资源损害""自然资源生态损害"等。最常被使用的自然资源损害的概念来源于美国自然资源损害制度。美国 1977 年《清洁水法》、1980 年《环境反应、赔偿和责任综合法》和 1990 年《油污法》均使用"自然资源"和"自然资源损害"的概念。学界对自然资源损害的理解也有不同，不同学者从不同角度进行了定义。

第一，广义层次的自然资源损害，包括通过自然资源或环境造成的损害和直接对自然资源或环境造成的损害；狭义上的自然资源损害，即自然资源本身所遭受的损害。

第二，从权益的角度进行定义，以"权利—损害—救济"的法律逻辑，将自然资源损害定义为民事主体的自然资源权益遭受到的不利益影响。自然资源权益，是指与自然资源相关的民事权利及权利行使所形成的利益。[1]

第三，强调对自然资源生态功能的保护，将对自然资源本身造成直接的损害分为两种，一种是自然资源财产利益的损失，如自然资源毁损或灭失；另一种是自然资源生态利益的损失，如自然资源生态功能的丧失或退化。前者是财产损害，由侵权法保护；后者被称为自然资源生态损害，是指因自然资源危害行为造成的纯粹的自然资源本身的损害而产生的生态功能的损害。[2]

二、生态环境损害的名称选择与内涵界定

（一）生态环境损害名称与内涵的确立

生态环境损害赔偿制度的模糊、缺失与矛盾是造成理论上对生态环境损害名称与内涵存在争议的重要原因。从制度发展来看，2015 年《生态环境损害赔偿制度改革试点方案》是在国家层面上首次对生态环境损害赔偿制度进行全面规范，也是生态环境损害名称与内涵在制度层面的正式明确确立。根据《生态环境损害赔偿制度改革试点方案》的规定，该试点方案所称生态环

---

〔1〕　参见张璐："自然资源损害的法学内涵解读——以损害与权利的逻辑关联为视角"，载《华东理工大学学报（社会科学版）》2012 年第 4 期。

〔2〕　参见张梓太、王岚："我国自然资源生态损害私法救济的不足及对策"，载《法学杂志》2012 年第 2 期。

境损害，是指因污染环境、破坏生态造成大气、地表水、地下水、土壤等环境要素和植物、动物、微生物等生物要素的不利改变，及上述要素构成的生态系统功能的退化。2017 年《生态环境损害赔偿制度改革方案》正式出台，《生态环境损害赔偿制度改革试点方案》于 2018 年 1 月 1 日废止。在对生态环境损害进行界定时，《生态环境损害赔偿制度改革方案》在上述概念基础上增加了"森林"这一环境要素。

此后，从实体法角度来看，《土壤污染防治法》《固体废物污染环境防治法》在对生态环境损害赔偿责任的规定中都使用了"国家利益""社会公共利益"的表述，而未对"生态环境损害"作出直接规定。《森林法》与《民法典》在明确规定生态环境损害赔偿赔偿制度时，使用了"生态环境损害"的称谓，却并未对生态环境损害的内涵进行界定。因此，在未建立专门的生态环境损害赔偿法律制度的当下，《生态环境损害赔偿制度改革方案》是界定生态环境损害内涵的直接依据。根据《生态环境损害赔偿制度改革方案》的规定，生态环境损害是指因污染环境、破坏生态造成大气、地表水、地下水、土壤、森林等环境要素和植物、动物、微生物等生物要素的不利改变以及上述要素构成的生态系统功能退化。

（二）生态环境损害与环境损害的区别

从现有制度规定来看，在名称的选择上，我国生态环境损害赔偿制度并未使用上述"环境损害"的称谓。从内涵来看，环境与生态是一个既相互联系又有所区别的概念。生态是生态学的、以生态为中心的概念，人类生态系统包括人，人类生态系统表示人与自然的关系是一种有机整体的关系，人与自然都是人类生态系统的组成要素。环境是以人为中心的概念，环境与人有关，但环境不包括人，环境表示人与自然的关系是一种中心与外围的关系，环境是指人周围的物质世界。[1]

如果使用环境损害对"生态环境本身的损害"进行内涵界定将存在以下问题：第一，从以上分析可以看出，"环境损害"与"环境侵权"都常用来指因环境污染或生态破坏而危害或损害他人合法权益或公众权益，甚至危害人类的生存与发展这一现象，两者容易混淆。第二，通常所说的环境包括自

---

〔1〕 参见蔡守秋：《人与自然关系中的伦理与法》（下），湖南大学出版社 2009 年版，第 368 页。

然环境和人文环境。如《环境保护法》第2条规定，环境是指影响人类社会生存和发展的各种天然的和经过人工改造的自然因素总体。因此，使用"环境损害"一词不易突出是对自然环境本身的损害。从名称的界定来看，生态环境损害突出了生态系统服务功能的价值。从内涵的界定来看，生态环境损害包含两部分：一是环境要素与生物要素的不利改变；二是生态系统服务功能的退化。

（三）生态环境损害与"生态损害"的区别

在生态环境损害赔偿制度确立以前，我国很多学者将对环境本身造成的损害称为"生态损害"。从理论上看，生态环境损害的称谓与上述"生态损害"的狭义理解较为接近。"生态"最早是生态学科中的一个名词，在环境法中最常用的生态概念是生态系统。生态系统的概念在理论与制度中也存在诸多争议。较为广泛被接受的是《生物多样性公约》对生态系统的定义，即生态系统是植物、动物和微生物群落和它们所处的非生物环境作为一个生态单位交互作用形成的一个动态复合体。[1]生态系统强调生物与生物之间、生物与非生物环境之间、人与自然系统之间的相互作用，强调整体性和组成部分的互动性。此外，狭义层次的生态概念是指生态服务功能，即人类直接或间接从生态系统中获得的效益。

"生态损害"的概念与"生态"的内涵相对应，强调环境要素之间的相互关系。学者们将对自然环境本身的损害称为"生态损害"与生态学对环境法的影响以及"法律的生态化"不无关系。采用此名称，一方面是与传统环境损害进行区分，强调对自然环境造成损害与传统损害的不同；另一方面是强调环境的生态功能，强调对生态性利益的保护。生态损害被认为是一种"新型损害"，生态损害无论在侵害客体上还是在损害后果上都显著区别于传统损害。

但如果使用生态损害对"生态环境本身的损害"进行内涵界定将存在几个问题：第一，如采用广义的"生态"含义，"生态"强调整个生态系统的整体性、互动性，不易评估，且该词内涵模糊、外延广泛、不容易确定。并且，人是生态系统中一个不可分割的一部分，广义的生态损害包括对人的损

---

[1] 参见吴德胜、陈淑珍：《生态环境损害经济学评估方法》，科学出版社2020年版，第3页。

害。第二，如采用狭义的"生态"内涵，生态损害是指生态价值或生态服务功能的损害，该定义则忽略了环境要素本身的不利改变。在《生态环境损害赔偿制度改革方案》的起草过程中，起草者对生态环境损害的定义存在争议，即生态环境的损害是仅指生态服务功能，还是仅指环境要素、生物要素，抑或是包括两者。最后，起草者采用了兼顾环境要素、生物要素和生态系统功能的定义。[1]在生态环境损害赔偿制度的规定中，生态环境损害应理解为偏正结构的"生态+环境"损害，该损害的名称与内涵兼顾了单个环境要素的不利改变以及不同环境要素之间发生相互作用而引起的系统功能退化。

三、生态环境损害的客体界定

（一）生态环境损害客体的理论争议

要正确理解生态环境损害的内涵还应明确界定损害的客体。就损害客体而言，在生态环境损害赔偿制度确立后，有学者在分析环境侵权诉讼、环境公益诉讼、生态环境损害赔偿诉讼之间的关系时指出，环境侵权诉讼属于传统民事诉讼的特殊类型，价值在于救济因环境污染而造成的人身和财产侵害；环境公益诉讼作为最初建立起来的专门化环境诉讼制度，价值在于救济因环境污染和生态破坏而造成的社会公共利益侵害，而最新试点的生态环境损害赔偿诉讼重在救济因生态环境损害行为造成的自然生态的功能性减损。[2]也有学者直接指出生态环境损害的侵害客体是生态系统功能，"生态系统服务功能是环境物权适合的客体，且生态系统服务功能法律性质上是一种无体物并可以货币化。生态系统服务功能内容上涵盖环境容量和自然资源，可以被特定化和量化的生态系统服务功能损失是生态环境损害赔偿责任的前提，也是它的请求权基础。"[3]从上述生态系统概念的分析来看，所谓生态系统是指一定时间和空间范围内，生物（一个或多个生物群落）与非生物环境通过能量流动和物质循环所形成的一个相互联系、相互作用并具有自动调节机制的自

〔1〕 参见季林云、孙倩、齐霁："刍议生态环境损害赔偿制度的建立——生态环境损害赔偿制度改革5年回顾与展望"，载《环境保护》2020年第24期。

〔2〕 参见王树义等：《改革开放40年法律制度变迁：环境法卷》，厦门大学出版社2019年版，第394页。

〔3〕 吴宇："生态系统服务功能的物权客体属性及实现路径"，载《南京工业大学学报（社会科学版）》2021年第3期。

然整体。生态系统是生态学上的概念，强调生态的整体性、互动性，但环境污染或破坏行为对生态系统的损害是通过对单个环境要素或生物要素的破坏来实现的。"生态"本身不是环境要素，也不能指代整个自然环境。[1]将生态环境损害仅仅限于生态系统功能损害，强调了生态系统服务的价值，但忽略了单个环境要素自身生态价值的损失，忽略了环境要素资源价值与生态价值的统一性。

也有学者指出，生态环境损害赔偿诉讼的标的物是自然资源的生态价值。[2]该观点体现了环境与生物要素的生态价值、生态系统服务的价值与自然环境资源价值的统一，却忽视了环境要素与生态系统的文化服务价值。在生态系统功能的组成中，不仅包括气候变化减缓、空气质量调节、自然灾害调节、洪水调节、侵蚀调节、水质调节和病虫害调控等功能，还包括休闲娱乐、文化遗产、文化多样性等文化服务功能。从实践来看，休闲娱乐、美学观赏等文化价值也属于生态体系功能的重要组成部分，是生态环境损害赔偿制度所救济的价值。例如，在非法捕捞大渡口公园"莽子"鱼生态环境损害赔偿案中，行为人将公园中的鱼偷走杀死后丢弃，引起了社会的高度关注。该案中行为人所造成的直接生态环境损害并不大。作为一种文化服务资源，"莽子"鱼的价值更多体现在美学、观赏等非使用价值方面。在该案中，通过对生态文化旅游服务功能价值进行鉴定评估认定，认定行为人共造成生态环境损害数额2.9万元。[3]

（二）生态环境损害的客体界定

综上所述，笔者认为，从《生态环境损害赔偿制度改革方案》的规定看，生态环境损害的内涵界定兼顾了环境要素、生物要素和生态系统功能。从生态环境损害赔偿所救济的对象来看，生态环境损害的客体是"自然资源的非经济价值"，包括单个环境要素、生物要素不利改变所造成的生态服务功能损失以及不同环境要素之间发生相互作用而引起的生态系统服务功能损失。通过生态系统服务功能评估等量化方式的发展，自然资源的非经济价值可以被

---

〔1〕 参见王树义：《环境法基本理论问题研究》，台湾元照出版社2012年版，第15页。

〔2〕 参见邓少旭："生态环境损害赔偿诉讼：定义与定位矫正"，载《中国环境管理》2020年第3期。

〔3〕 参见罗维："我市生态环境损害赔偿'十大典型案例'出炉！大渡口'莽子'鱼偷盗案入选"，载 https://njsw.cbg.cn/show/4933-535445.html，最后访问日期：2021年3月20日。

特定化与具体化，生态系统服务功能价值也应被纳入自然资源价值体系中。2015 年中共中央和国务院联合印发的《生态文明体制改革总体方案》中也明确指出了"建立自然资源开发使用成本评估机制，将资源所有者权益和生态环境损害等纳入自然资源及其产品价格形成机制"。生态环境损害赔偿制度的建立是对传统产权理论的挑战，是对自然资源所有权制度的扩展，也符合我国自然资源产权改革中将生态系统价值资产化的趋势。

在具体制度融合路径上，对于单个环境要素与生物要素而言，其大部分属于自然资源的范畴。环境要素与生物要素的资源价值与生态价值具有整体性，自然资源与生态环境是自然环境的一体两面。关于自然资源的概念，不同学科有不同的定义。对于法学意义上的自然资源，不同的法律规定有所不同，不同学者的认识也有差异，被人们引用比较多的有以下几种：1972 年联合国规划署（UNEP）指出，所谓自然资源是指一定时间和一定条件下，能够产生经济价值以提高人类当前和未来福利的自然环境因素的总称。张梓太教授认为，自然资源是自然界中资财的来源，主要是指自然界中可以为人类带来财富的自然条件和自然要素；如土地、水、矿藏、森林、草原、野生动物、植物、阳光、空气等。[1]但这些概念都有一个共同的特点，即自然资源从本质上说是自然环境和人类社会相互作用的一种价值判断与评价，是以对人类的价值为标准的。对自然资源的理解应持广义，结合我国法律的规定，自然资源应界定为，一定时间条件下，对人类具有价值的，能够提高人类当前和未来福利的自然环境因素的总和，包括大气、水、海洋、土地、矿藏、森林、草原、野生动植物、湿地等。这一内涵包含以下几方面的含义：自然资源具有价值，该价值具有整体性。自然资源的功能和用途的多样性决定了自然资源除了具有显而易见的经济价值外，还具有生态价值和社会价值，自然资源可以满足人的物质利益、生态利益及认知的需要，有利于维护自然界里的生态平衡。具体来讲，这三种价值的表现形式：一是可直接作为商品在市场上进行交换的资源产品，体现的是直接使用价值（经济价值），例如，森林提供的木材和各种林副产品及其合成品；二是虽不能直接在市场上进行交换，但具有潜在价值的资源，体现的是间接使用价值，例如，森林所提供的防护、

---

〔1〕 参见张梓太主编：《自然资源法学》，北京大学出版社 2007 年版，第 2 页。

减灾、净化、涵养水源等生态价值；三是那部分能满足人类精神文化和道德需求的资源价值，体现的是存在价值和文化价值，例如，自然景观、珍稀物种、其他自然遗产等的价值。[1]自然资源的整体性，决定了三种资源价值的不可分割性，一旦自然资源受到损害，其整体价值也将受到影响。从生态环境损害的概念来看，作为救济对象的"大气、地表水、地下水、土壤、森林等环境要素和植物、动物、微生物等生物要素"都属于自然环境的组成部分。自然资源与自然环境虽是两个不尽相同的概念，但具体对象和范围又是同一客体。自然环境指人类周围所有客观存在的自然要素，自然资源则是从人类能够利用以满足需要的角度来认识和理解这些要素存在的价值。因此，可以把自然资源和自然环境看成一个硬币的两面，或者说自然资源是自然环境透过人类社会这个棱镜的反映。[2]从对人类价值角度审视，大气、水、土地、森林、动植物、微生物等环境与生物要素都属于自然资源的范畴。从自然资源价值的整体性审视，自然环境的资源价值与生态价值是存于一体的。

对于生态系统服务功能而言，自然环境的资源价值与生态系统服务价值存在统一性，生态系统服务功能也属于自然资源价值的重要组成部分。生态系统服务功能的分类一直存在争议。例如，根据 CICES 的分类标准，生态系统服务的功能可以分为供给功能、调节和维护功能、文化功能。[3]而生态环境部与国家市场监管总局联合发布的《生态环境损害鉴定评估技术指南总纲和关键环节第 1 部分：总纲》（2021 年实施）规定，生态服务功能是指生态系统在维持生命的物质循环和能量转换过程中，为人类与生物提供的各种惠益，通常包括供给服务、调节服务、文化服务和支持功能。具体来讲，供给服务功能是指生态系统生产或提供的产品；调节服务功能是指调节人类生态

---

　　〔1〕 参见王庆礼、邓红兵、钱俊生："略论自然资源的价值"，载《中国人口·资源与环境》2001 年第 2 期。

　　〔2〕 参见蔡运龙编著：《自然资源学原理》（第二版），科学出版社 2007 年版，第 25 页。

　　〔3〕 CICES 是通用国际生态系统服务分类方法，提供了一种与联合国环境经济核算体系（System of Environmental-Economic Accounts，SEEA 2003）相联系的分类结构。在 CICES 体系中，服务由生物有机体提供或由生物体和非生物体共同提供。非生物的产出和服务，如矿物质的挖掘和风能的利用，同样能够影响生态系统服务。但是它们并不依赖生物有机体，它们被视为整个自然资源的一部分，包括地下矿藏、非生物流量和生态系统的资本及服务。参见熊燕编译："欧盟委员会发布《测绘和评估生态系统及其服务》"，载 https://www.docin.com/p-1756470669.html，最后访问日期：2020 年 11 月 5 日。

环境的生态系统服务功能；文化服务功能是指人们通过精神感受、知识获取、主观映象、消遣娱乐和美学体验从生态系统中获得的非物质利益；支持功能是保证其他所有生态系统服务功能提供所必需的基础功能。虽然对生态系统服务功能的分类存在差异，但在经济学中，学者们普遍认为，生态系统价值是对自然资源从生态系统视角审视的结果。生态经济学家提出，生态系统服务的重要性之所以在政策决策中被忽视，从而导致自然资源的过度开发和生态系统退化，主要原因是在现行的市场运行中没有被考虑，或者生态系统服务的价值没有被足够量化。[1]随着生物多样性和生态系统服务价值的评估方法与技术的不断进步，生态系统也被作为资产，成为自然资源管理的一种量化途径，生态（自然）资产的概念在我国学界也逐渐得以推广。学者们指出，生态（自然）资产是自然资源价值和生态系统服务价值的结合统一，应包括一切能为人类提供服务和福利的自然资源和生态环境。即生态（自然）资产包含了作为"存量"的自然资本和作为"流量"的生态系统服务两大体系。[2]具体来讲，生态（自然）资产主要分为三部分：连接生物和非生物因素的生态系统资产（将生态系统服务作为资产）、不可再生的非生物资产（如矿藏、稀土、化石燃料）以及用之不竭的非生物资源（如风能、太阳能、地热等）。那么，在法学中建立生态环境损害赔偿制度实际上就是将生态服务系统的价值量化纳入环境损害救济与保护的制度体系中，通过完善自然资源的范围与价值体系，对单个自然资源的生态价值以及由生物体与非生物体组成的生态系统服务进行整体保护，并通过自然资源资产产权制度的整体改革，引导、规范和约束各类开发、利用、保护自然资源的行为。

（三）生态环境损害与相关损害的关系

生态环境损害赔偿制度补足了现有自然资源制度中对自然环境非经济价值保护的缺失，但生态环境损害与环境损害有何不同？自然资源的经济价值与生态价值的关系如何处理？如何协调生态环境损害与自然资源损害的关系？这些问题也是区分生态环境损害赔偿制度与传统自然资源财产损害赔偿制度、

〔1〕 参见景谦平等："自然资源价值核算探讨——以祁连山国家公园（青海侧）生态价值评估为例"，载《中国资产评估》2020 年第 12 期。

〔2〕 参见刘焱序等："生态资产核算与生态系统服务评估：概念交汇与重点方向"，载《生态学报》2018 年第 23 期。

环境侵权制度的关键。

《生态环境损害赔偿制度改革试点方案》颁布后，在讨论生态环境损害赔偿问题时不再使用环境损害等用法，环境损害赔偿被认为属于广义的损害范畴。环境损害赔偿制度包含救济人身权、财产权等私益的环境侵权制度，以及专门保障环境公共利益的环境民事公益诉讼制度和生态环境损害赔偿制度。[1]基于此，应将环境损害界定为环境污染或破坏行为造成的人身、财产等损害及对自然环境本身的损害；根据生态环境损害的客体，将生态环境损害与财产损害共同作为自然资源损害的内容，将对自然环境所造成的各类损害称为自然资源损害。这三者的关系应该为环境损害下的自然资源损害，生态环境损害赔偿制度针对的是自然环境的非经济价值损害，即生态环境损害；传统环境侵权中的损害赔偿制度针对的是自然环境的经济价值，即财产损害。

第三节　政府提起生态环境损害赔偿诉讼制度的理论基础

一、自然资源国家所有权作为理论基础的争议与质疑

生态环境损害赔偿诉讼制度的客体是"自然资源的非经济价值"，而自然资源在现有的法律制度中广泛存在，《中华人民共和国宪法》（以下简称《宪法》）、《民法典》、《森林法》、《中华人民共和国野生动物保护法》等公私法律对自然资源的所有权作了明确规定。所有权是产权制度的核心。产权的确定与自然资源的保护具有重大关系，所有适用于环境保护的方法最终都建立在财产权的基础上，如果缺乏某种财产权制度，资源退化和环境污染将不可避免，产权的确定为损害的救济提供了权利基础。生态环境损害赔偿制度建立与完善与所有权制度紧密联系在一起。根据《生态环境损害赔偿制度改革方案》的相关解读，生态环境损害赔偿制度设计的初衷是通过权利主体的明晰，破解"企业污染、群众受害、政府买单"的困局。政府作为赔偿权利人的请求权基础是自

---

〔1〕　参见陈学敏："环境侵权损害惩罚性赔偿制度的规制——基于《民法典》第1232 条的省思"，载《中国政法大学学报》2020 年第 6 期。

然资源国家所有权。〔1〕但这一观点遭到学术界的强烈反对。即使学者们认可生态环境损害的主要客体是自然资源的生态，承认环境要素与生态要素大都被归入物权客体，但对于将自然资源国家所有权作为生态环境损害赔偿诉讼的理论基础存在异议。有学者指出，生态环境损害赔偿诉讼的标的物是自然资源的生态价值，但所有权的客体仅仅包含自然资源的经济价值，生态价值具有主体不特定和不可支配等特点，不能作为自然资源所有权的客体。〔2〕还有学者指出，物权的目的在于发挥物的经济功能，生态价值并没有被纳入考虑范围。生态价值不是通过实体价值与形态为人类服务，而是以脱离其载体的一种相对独立的形式存在并满足人类的需要。即使这些资源基于"为公民自由和自主发展提供物质和组织保障"的需要而被划归国家所有，但生态功能却无法视为国家所有。〔3〕反对的学者们认为，以私法上的自然资源国家所有权解释生态环境损害赔偿制度存在种种弊病，并提出了政府行政管理职能说〔4〕、国家环境保护义务说〔5〕、公共信托说〔6〕等理论观点。即使有学者赞成以自然资源国家所有权理论作为权利人请求权基础，但由于我国政体性质和所有权结构的特殊性，以及自然资源国家所有制度在公私法中的模糊定位，对自然资源国家所有权的性质也存在公权说〔7〕、私权说〔8〕、双阶构造说〔9〕、三层

---

〔1〕 原环境保护部负责人在《生态环境损害赔偿制度改革试点方案》答记者问时明确说明："政府侧重于对国有自然资源的损害提起索赔。"最高人民法院 2016 年发布的《关于充分发挥审判职能作用为推进生态文明建设与绿色发展提供司法服务和保障的意见》提出："认真研究此类基于国家自然资源所有权提起的生态环境损害赔偿诉讼案件的特点和规律"。

〔2〕 参见邓少旭："生态环境损害赔偿诉讼：定义与定位矫正"，载《中国环境管理》2020 年第 3 期。

〔3〕 参见窦海阳："环境损害事件的应对：侵权损害论的局限与环境损害论的建构"，载《法制与社会发展》2019 年第 2 期。

〔4〕 参见李一丁："生态环境损害赔偿制度改革：现状、问题与立法建议"，载《宁夏社会科学》2018 年第 4 期。

〔5〕 参见陈海嵩："生态环境损害赔偿制度的反思与重构——宪法解释的视角"，载《东方法学》2018 年第 6 期。

〔6〕 参见王小钢："生态环境损害赔偿诉讼的公共信托理论阐释——自然资源国家所有和公共信托环境权益的二维构造"，载《法学论坛》2018 年第 6 期。

〔7〕 参见巩固："自然资源国家所有公权说再论"，载《法学研究》2015 年第 2 期。

〔8〕 参见王树义、李华琪："论我国生态环境损害赔偿诉讼"，载《学习与实践》2018 年第 11 期。

〔9〕 参见税兵："自然资源国家所有权双阶构造说"，载《法学研究》2013 年第 4 期。

构造说〔1〕等不同认识，确定政府索赔权的性质以及不同层级政府的具体权利范围较为复杂。生态环境损害赔偿诉讼的理论基础一直处于争论不休的状态。

从现有文献来看，当前对自然资源国家所有权作为政府提起生态环境损害赔偿诉讼理论基础受到的质疑可以归纳为以下三个方面：

首先，生态环境功能无法通过产权来界定与特定，部分自然资源也无法成为物权的客体。生态环境与自然资源的最大区别在于客观载体所指有差异。自然资源的基本状态往往是以单个要素且以物化形式存在，因此，在法律规范中自然资源大多可以商品性物化、被所有权界定。而生态环境是众多自然要素的综合体，具有整体性、关联性，往往以系统形式存在，环境即使被解释为个别独立的环境因子，它也不等于环境因子本身。再有，具有综合性意义的"生态环境"，即便从"环境容量""生态环境服务功能"等功用性角度可以赋予其"资源"的属性，也多数以公共物品性存在，很难通过产权来界定和保护。〔2〕此外，因自然资源国家所有权本质"是利用生态价值与资源价值附着于同一客体的事实，通过能够'确权'的自然资源来保护'无主'的生态环境"。〔3〕以此角度观之，政府提起生态环境损害赔偿的客体必须是特定的物。然而以大气资源为例，《生态环境损害赔偿制度改革方案》明确规定因污染环境、破坏生态造成大气的不利改变属于生态环境损害赔偿制度的调整范围，但是由于大气具有扩散性和流动性，无法转化为特定的物，从这个意义上讲大气资源损害便不能适用生态环境损害赔偿制度。除了大气资源，还有一些自然资源很难属于"特定的物"的范畴。正如吕忠梅教授的质疑："空气在循环、水在流动、森林在生长和死亡、野生动物在迁徙，它们如何'特定'为所有权的客体？"〔4〕

其次，自然资源并非都属于国家所有，土地、森林、山岭和草原等资源

---

〔1〕　参见王涌："自然资源国家所有权三层结构说"，载《法学研究》2013 年第 4 期。

〔2〕　参见杜群：《环境法融合论：环境·资源·生态·法律保护一体化》，科学出版社 2003 年版，第 40 页。

〔3〕　参见张宝："生态环境损害政府索赔制度的性质与定位"，载《现代法学》2020 年第 2 期。

〔4〕　吕忠梅："物权立法的'绿色'理性选择"，载《法学》2004 年第 12 期。

部分属于集体所有，宅基地和自留地、自留山也属于集体所有。[1]当生态环境损害发生在集体所有的资源上时，是否集体也可作为生态环境损害赔偿权利人？有学者提出，虽然自然资源与生态环境的同体性（许多自然资源同时也是生态环境要素，如森林、草原、河流等）、关联性（某一自然资源要素受损很可能导致另一生态环境要素受损，如滥伐森林导致水土流失）等自然规律，自然资源与生态环境具有一损俱损、一荣俱荣的关系，但基于国家和集体所有权的自然资源损害赔偿诉讼只是兼有环境权益保护的辅助和附带功能，在该诉讼中无权提出恢复环境质量等与自然资源损害救济无关的诉讼请求。[2]《生态环境损害赔偿制度改革方案》中也明确规定，涉及人身伤害、个人和集体财产损失要求赔偿的，适用侵权责任法等法律规定。也就是说，村民委员会在土壤、林木等集体所有自然资源受损时，基于所有权人的身份可以要求行为人承担停止侵害、排除妨碍、恢复原状、赔偿财产损失等责任，从而间接地达到保护生态环境的目的。那么，村民委员会是否具有针对具有公共属性的生态环境服务功能损失等损害提起生态环境损害赔偿诉讼的资格并不明确。

最后，《生态环境损害赔偿制度改革方案》规定国务院授权省级、市地级政府作为生态环境损害赔偿权利人，在生态环境受损时享有索赔权，以保护本地区的生态环境安全。但是地方政府还有着拉动本地区经济效益增长的经济职能。政府既扮演环境保护者的角色，又扮演经济推动者的角色。但经济职能与生态职能二者之间矛盾时，促进经济增长意味着要放弃一部分的生态环境效益，反之也是如此。若依私法逻辑，损害赔偿请求权作为政府可以"处分"的权利，其完全可以在生态环境受损时放弃索赔。虽然习近平总书记在2005年时就提出"绿水青山就是金山银山"的重要论断，生态环境损害赔偿制度的设立也是该理论的实践成果。但是自改革开放以来，以经济建设为中心的观念已深入人心，当经济增长需要与保护生态环境两者发生冲突时，

---

〔1〕《宪法》第9条第1款："矿藏、水流、森林、山岭、草原、荒地、滩涂等自然资源，都属于国家所有，即全民所有；由法律规定属于集体所有的森林和山岭、草原、荒地、滩涂除外。"第10条第1款和第2款："城市的土地属于国家所有。农村和城市郊区的土地，除由法律规定属于国家所有的以外，属于集体所有；宅基地和自留地、自留山，也属于集体所有。"

〔2〕参见杨朝霞："论环境权的性质"，载《中国法学》2020年第2期。

政府极有可能为了经济效益而放弃生态环境效益。此时，由政府作为赔偿权利人的生态环境损害赔偿制度形同虚设。

二、自然资源国家所有权作为理论基础的正当性

针对上述质疑，笔者认为，自然资源国家所有权说之所以存在上述三种问题，是因为对自然资源物权制度的发展以及国家所有权的性质认识存在局限性。从物权制度的绿色化及自然资源国家所有权制度的整体进行诠释，自然资源国家所有权作为生态环境损害赔偿诉讼的理论基础具有正当性。

（一）生态环境损害赔偿制度与自然资源物权制度具有契合性

自然资源物权制度是对物权的新发展，不能以传统物权的理论来进行界定。从物权客体来说，某一环境要素能否成为法律所保护自然资源客体的关键是其稀缺性。自然资源是客观存在的，是在一定社会历史条件下能够被法律所调整并可由人类直接独立支配的天然之物。自然资源的范围不是一成不变的，而是随着人类社会和科学技术的发展不断变化的。法律所保护的自然资源的范围只能是一定时间和条件下的。从自然资源的权属变迁来看，对水、野生动物等与土地关系密切的自然资源设置所有权的根本原因在于其稀缺性，在于其经济、生态价值的重要性日益凸显，需要单独进行规范、管理和保护。[1] 从国内外的法律制度来看，基于现实的需求，大气、水、野生动物等流动性较大且与土地关系密切的自然资源实际上都已经从土地权属性中剥离并成为物权的客体。而对于国有自然资源的范围，《宪法》第 9 条规定，矿藏、水流、森林、山岭、草原、荒地、滩涂等自然资源，都属于国家所有，即全民所有；由法律规定属于集体所有的森林和山岭、草原、荒地、滩涂除外。在《宪法》的基础上，《民法典》第 247 条、第 248 条、第 249 条、第 250 条、第 251 条[2]对国有资源的范围进行了具体规定。在《宪法》规定的自然资源

---

〔1〕　参见王树义、冯汝："气候资源国家所有权问题探析"，载《学习与实践》2014 年第 11 期。

〔2〕　《民法典》第 247 条："矿藏、水流、海域属于国家所有。"第 248 条："无居民海岛属于国家所有，国务院代表国家行使无居民海岛所有权。"第 249 条："城市的土地，属于国家所有。法律规定属于国家所有的农村和城市郊区的土地，属于国家所有。"第 250 条："森林、山岭、草原、荒地、滩涂等自然资源，属于国家所有，但是法律规定属于集体所有的除外。"第 251 条："法律规定属于国家所有的野生动植物资源，属于国家所有。"

国家所有权的范围之外，《民法典》对环境法律规范[1]中规定的国有自然资源的范围进行了确认，明确了海域、无居民海岛等资源的所有权。海域等自然资源国家所有权的设置正是基于资源的稀缺性。"海域国家所有权的实质，是国家对海域这一有限资源、稀缺资源的垄断。法律上创设海域国家所有权，旨在以国家对海域的垄断阻止私人用海主体对其占有海域的控制，保障海域之上公共利益的实现。"[2]为保障环境公共利益的需要，未来国有自然资源的法定范围必将继续扩大。从国家所有权设置的目的、资源的稀缺性、保护资源生态价值的需要等多方面分析，气候资源、生物基因资源等在理论中存在争议的资源也应属于国有资源的范围。

从生态环境与自然资源物权制度的关系来看，生态环境损害赔偿制度的建立实际上是在明确自然资源所有权的基础上，将生态价值纳入自然资源的产权制度保护中。自然资源的价值具有整体性。自然资源用途的多样性决定了其不仅包含作为物的财产价值，还包括文化价值和生态价值。通过生态系统服务功能评估等量化方式的发展，自然资源的非经济价值是可以被特定化与具体化的。"当前国家力推的生态环境损害赔偿、自然资源资产产权改革、国家公园体制建设等生态文明举措，本质上都是把生态环境、空间或系统拟制为'财产'而进行的制度创新。"[3]随着自然资源的生态价值得到重视，物权制度也应对自然资源生态价值的保护需求予以回应。现代物权法改变了古代和近代物权法以"所有"为中心的观念，而以"利用"为物权中心。在原《中华人民共和国物权法》（以下简称《物权法》）中也用"发挥物的效用"的立法宗旨来体现物尽其用的基本理念。但随着《民法典》的颁布，绿色原则及其规则的设置，为民事主体所要遵守的环境义务作出了规定，也为物权制度的绿色化提出了要求。《民法典》第9条规定："民事主体从事民事活动，应当有利于节约资源、保护生态环境。"绿色原则以限制滥用、浪费资源及污染、破坏生态环境的行为，为公民在私法上的环境义务提出了普遍的

---

[1]《中华人民共和国海岛保护法》第4条："无居民海岛属于国家所有，国务院代表国家行使无居民海岛所有权。"

[2] 梅宏、邓一峰："海域国家所有权的实质"，载《山西省政法管理干部学院学报》2006年第4期。

[3] 巩固："《民法典》物权编绿色制度解读：规范再造与理论新识"，载《法学杂志》2020年第10期。

要求。物权行为作为民事活动的一部分，行为人在取得和行使物权时，也应当有利于节约资源、保护生态环境。此外，在《民法典》物权编中，法律规定了公民作为用益物权人权利行使的限制以及行政机关设立建设用地使用权时应遵守的环保要求与用途管制义务。《民法典》第 326 条规定："用益物权人行使权利，应当遵守法律有关保护和合理开发利用资源、保护生态环境的规定……"第 346 条规定："设立建设用地使用权，应当符合节约资源、保护生态环境的要求，遵守法律、行政法规关于土地用途的规定，不得损害已经设立的用益物权。"这也就意味着，物权不仅具有绝对性也应具有社会性，权利人行使物权应受到公共利益的限制，遵循物权的一般环境义务要求，以节约资源、保护生态环境为前提。[1]

在此背景下，我国自然资源物权制度未来的发展与完善，也应在遵循传统意义上的物权法物尽其用的基础上在两方面发展物尽其用的理念：一是在"用"的范围上，自然资源物权从单一的经济价值取向向多元价值转变，不仅要体现自然资源的经济价值，还要体现其生态、文化等价值。二是在"用"的程度上，自然资源物权从"用尽"取向向适度和可持续利用转变。自然资源对国家发展和安全所具有的战略意义及其在环境、生态方面所具有的公益价值，与国家所有权创设的目的相契合。国家所有权的目的和功能之一就是彰显和谋求公共利益，"正是由于私人利益和公共利益之间的这种矛盾，公共利益才以国家的姿态而采取一种和实际利益（不论是单个的还是共同的）脱离的独立形式，也就是说采取一种虚幻的共同体的形式。然而这终是在每一个家庭或部落集团中现有的骨肉联系、语言联系、较大规模的分工联系以及其他利害关系的现实基础上。"[2]国家作为社会公共利益的代表，在干预资源开发利用的过程中处于一个合法的优越地位，可以以资源所有者的身份在不同社会需求和资源多用途的实现之间寻求一条解决的途径，在社会公共利益和个人私益之间找到一个合理的均衡。[3]自然资源物权制度要求法律将自然

---

〔1〕　参见冯汝："《民法典》绿色条款的体系化解读——以公民环境义务为分析视角"，载《华中科技大学学报（社会科学版）》2021 年第 4 期。

〔2〕　马克思、恩格斯：《马克思恩格斯全集》（第 3 卷），中共中央马克思恩格斯列宁斯大林著作编译局译，人民出版社 1978 年版，第 38 页。

〔3〕　参见张璐、冯桂："中国自然资源物权法律制度的发展与完善"，载韩德培主编：《环境资源法论丛》（第 2 卷），法律出版社 2002 年版，第 168 页。

资源的生态价值纳入体系严谨的传统意义上的物权法中，妥善处理自然资源生态价值和经济价值冲突的问题。绿色原则在物权领域中的确立是在自然资源使用过程中，对物权的一种限制，是在私法规范中对权利人的一种环境义务的要求，是对自然资源的一种提前预防和保护。而生态环境损害制度是在损害发生后，如何补救、赔偿、恢复的制度，是一种事后救济。生态环境损害赔偿制度的建立是对传统产权理论的挑战，是对自然资源所有权制度的扩展，也符合我国自然资源产权改革中将自然资源生态价值资产化的趋势。也就是说，国家既是自然资源经济价值的求偿主体，也应是自然资源生态价值的求偿主体。生态环境损害制度建立后，自然资源的生态价值、经济价值与文化价值等得以统一。生态环境赔偿制度与自然资源产权制度共同构成自然资源的利用、救济一体化制度，体现了环境保护的理念在民法领域的贯彻以及环境法与其他法律部门的衔接。

（二）自然资源国家所有权具有公私双重性质

自然资源国家所有权是以宪法上的所有权为基础，具有公私双重属性的特殊权利。传统民法认为自然资源国家所有权是私权，应当由民法调整。[1]但是随着认识的更加深入，自然资源国家所有权并不能完全涵盖于私权的范围之内，例如，自然资源国家所有权不能适用物权变动规则、不适用善意取得规则以及国家并不是自然资源的直接支配者等。[2]但如果说自然资源国家所有权已经完全不受私法的调整，而完全置于公法的调整之下，也是片面的。因为自然资源国家所有权又具有物权排他性的特点。自然资源国家所有权是绝对权，国家代表全体人民的利益而享有对自然资源的所有权，具有排他性。国家对自然资源行使所有权也是为了更好地确保民众平等、自由地享有这种权利。

自然资源国家所有权具有公权和私权双重属性，受公法和私法的共同调整。[3]在自然资源国家所有权的制度框架下，国家具有两种意义，作为主权意义上的国家，对自然资源享有的是公法上的管理权。从公法角度来讲，自然资源国家所有是一种主权宣示，也是对自然资源进行保护的权力基础。国

---

〔1〕 参见马俊驹："国家所有权的基本理论和立法结构探讨"，载《中国法学》2011 年第 4 期。

〔2〕 参见税兵："自然资源国家所有权双阶构造说"，载《法学研究》2013 年第 4 期。

〔3〕 参见刘练军："自然资源国家所有的制度性保障功能"，载《中国法学》2016 年第 6 期。

家绝不允许任何人对自然资源享有排他的所有权，否则，不仅仅是对所有权的侵犯，而且涉及对主权的损害。国家所有的目的是保障民众共同且平等地共用自然资源。国家对自然资源享有所有权，并不是要剥夺民众对资源享有的共用财产使用权，而是为了更好地确保民众平等、自由地享有这种权利。国家承担的是保护环境、保障公众平等享用自然资源的义务，而不是对自然资源随意处置的特权。而私权意义上的国家，是国家作为普通民事主体对自然资源享有的所有权。从私法角度讲，为了更好地利用和保护气候资源，国家必须将资源的所有权权能（如使用权）移转给公民和法人有偿使用，由于这种移转并不是所有权的转移，因而丝毫不影响所有权归属和主权的完整性。在这种权能移转过程中，国家也可以作为一个商品交换者即民事主体而存在。[1]私权意义上的国家可以参与到市场中进行民事活动，对自然资源行使占有、使用、收益、处分的权能。当其所有权的客体——自然资源受到侵害时，国家有权请求侵害人停止侵害、恢复原状、消除危险、排除妨碍、赔偿损失，同时也可以行使物上请求权。赔偿权利人在生态环境受到损害时请求责任人修复或赔偿的基础来源于所有者自身对所有物的管理权能而非管理权力。但在我国全民所有的体制下，自然资源的真正权利人是"全民"，国家的所有权权能更多的是一种义务和责任，而不是对自然资源随意处置的特权。国家通过对自然资源的管理、监督，以保障公众对自然资源的共同利益。各级政府作为特定行政区域的管理者，在其职能冲突时，确有可能放弃生态环境效益，而选择经济效益。但由于自然资源国家所有权亦受公法的调整，使得国家和政府不可能与普通的民事主体处于完全平等的地位，而是要受到一定的制约。如一般所有权人的财产受到侵害时，其可以选择放弃赔偿请求权。但因自然资源国家所有权的公权性，当国有自然资源受到侵害时，政府非因法定程序不得放弃赔偿请求权。[2]

此外，国家对自然资源所负有的义务与职责为环境公共利益的保护提供了保障，而公法手段也是救济生态环境损害的主要方式。生态环境损害赔偿制度作为一种民事追究方式，补充了环境公法责任追究的不足，两者共同形

---

〔1〕　参见王利明：《国家所有权研究》，中国人民大学出版社 1991 年版，第 266、74~75 页。

〔2〕　参见黄萍："生态环境损害索赔主体适格性及其实现——以自然资源国家所有权为理论基础"，载《社会科学辑刊》2018 年第 3 期。

成对环境公共利益损害的有效惩罚、遏制。由于自然资源行政监督管理权的存在，如果赔偿权利人放弃生态环境损害赔偿请求权，但在环境行政监管过程中存在未依法履行行政职责的行为，相关行政监察与监督机关可通过行政问责与行政公益诉讼等多种方式予以追究责任。

总而言之，根据《民法典》第1234条的规定，国家规定的机关或者法律规定的组织有权请求侵权人在合理期限内承担修复责任。此处的"有权"应当是指"有权利"，而非"有权力"。作为一种权利，生态环境损害赔偿权利人消极地行使索赔权并不能被算作行政不作为，也不应通过行政问责或行政公益诉讼予以监督。但这并不意味着，国家在行使生态环境损害赔偿权过程中不受到任何限制，也并不意味着公共利益将会因赔偿权利人的权利放弃而受到损害。由于自然资源国家所有权的双重属性以及生态环境损害的利益特殊性，生态环境损害赔偿制度存在内外部的补充与限制。

（三）村民委员会作为生态环境损害赔偿请求权人具有正当性与合理性

通过以上对自然资源国家所有权与生态环境损害赔偿诉讼关系的界定可以看出，确定损害赔偿的主体需考虑所有权问题，当自然资源所有权状态不同时，提出损害赔偿请求权的具体权利主体范围也应有所区别。在国家所有之外，集体所有作为我国特有的所有权制度，自然资源集体所有在我国广大农村普遍存在，对于集体所有的自然资源而言，村民委员会比国家行政机关提起生态损害赔偿诉讼更具有动力和便利性，应该赋予村民委员会在集体所有的自然资源受到损害时提起生态损害赔偿诉讼的资格。[1]在实践中，村民委员会所提起的部分环境案件实际上已经具有公益性的特征。例如，在柯厝村委会诉刘某泉环境侵权案中，被告刘某泉自2005年10月起在未经其允许的情况下，利用中午、晚上时间，在柯厝村沙塘埔填埋白色粉状物，此物在阳光的照射下散发出刺鼻的气味，同时致使粉状物堆放地周边的池塘内的养殖物全部死亡，对填埋地的周边环境造成较大的污染。刘某泉承认该物是其负责处理的二化公司生产氯碱所产生的废渣（俗称电石渣）。柯厝村委会诉至法院请求刘某泉将填埋在山前埔的废渣及时清理干净，全部运走并恢复原状。后该案经法院调解结案。从诉讼请求和诉讼后果分析，在该案件中原告

---

〔1〕参见冯汝："确立村民委员会环境公益诉讼原告资格的社会与法律基础"，载《中南大学学报（社会科学版）》2013年第3期。

作为村民自治组织，被告是倾倒废渣造成环境污染的个人，虽然村民委员会与案件有一定的利害关系，属于私益诉讼，但从诉讼请求来看，原告要求人民法院判决被告排除妨碍、消除危险、恢复原状。该案件与部分针对集体土地上所存在的环境污染事实所提起的生态环境损害赔偿案件与环境公益诉讼案件并无差别。例如，在中国绿发会、杭州市生态协会诉富邦集团公司、富邦皮革公司环境污染责任公益诉讼案中，被告在改制前先后向上林村租用三处集体土地约 30 亩，用于该公司废水及处理废水产生的污泥等污染物的集中填埋，填埋行为从 1991 年持续至 1997 年，造成集体所有土地的严重污染。2015 年 10 月，中国绿发会向嘉兴市中级人民法院提起环境民事公益诉讼，请求：（1）判令富邦集团公司停止侵害，对其在海宁市周王庙镇上林村违法填埋的制革污泥进行无害化处理，停止对生态环境的持续性污染危害；（2）判令富邦集团公司恢复原状、消除危险，对其填埋污泥造成的周边污染土壤进行生态修复，消除污染地下水的重大危险；（3）判令富邦集团公司承担因本案诉讼发生的合理费用，包括诉讼费、鉴定费、聘请专家费、律师费、差旅费、评估费等（均按实际支出为准）；（4）富邦皮革公司对上述诉请承担连带责任。从案件结果来看，村民委员会针对集体所有自然资源受损所提起的案件与公益诉讼案件的诉讼请求具有重合性，该类诉讼同样可以达到恢复、改善环境的目的。但该类诉讼与环境公益诉讼、生态环境损害赔偿诉讼的区别在于，村民委员会提起诉讼的权利基础是村民对集体土地所享有的权利，其所提诉讼请求仍然是集中在要求行为人对受损土壤的排除妨害、恢复原状等方面。在上述公益诉讼案件中，杭州市生态协会申请参加一审诉讼后，增加一项诉讼请求：判令富邦集团公司、富邦皮革公司赔偿生态环境受到损害至恢复原状期间的服务功能损失。那么，对于具有公共属性的自然资源的生态价值，村民委员会是否可以依据所有权一并提起诉讼是核心的问题与争议。

如果以自然资源国家所有权作为生态环境损害赔偿诉讼的理论基础，相应地，享有自然资源所有权的村民委员会也应该能够基于土壤具有公共属性的生态价值的受损提起生态损害赔偿诉讼。从理论上来看，认为不宜赋予村民委员会生态损害赔偿诉讼资格的原因如下：（1）从我国的国家性质来看，绝大部分自然资源由国家代表人民拥有，因而由政府机构代表国家行使所有者的赔偿请求权更符合法理。[1]（2）损害赔偿之诉的目的是由环境破坏者、污染者负担环境恢复的费用，赔付的资金主要用于对自然资源损失进行修复或者恢复。而环境修复在我国是由具有公权力的国家机关进行。那么由其进行索赔比村民委员会进行索赔更加适宜，也避免造成资金的流失。（3）生态损害的评估、赔偿范围与数额的确定等具有很强的专业性，存在评估困难、费用高等问题，村民委员会不具备进行生态损害赔偿之诉的资金与能力要求。对此，笔者认为，应该赋予村民委员会在集体所有的自然资源受到损害时提起生态损害赔偿诉讼的资格，原因在于：（1）村民委员会在集体所有自然资源受到损害时，可以针对行为人所造成的人身、财产损害和生态环境损害一并提起自然资源损害赔偿诉讼。行为人从事环境污染、破坏行为造成生态环境损害时，从损害的客体来看，因自然资源经济价值与生态价值共同承载于同一环境要素，集体所有土地、森林、山岭、草原、荒地、滩涂的污染或破坏，必将造成集体经济的受损。作为资源权利人的村民是最直接的、受影响程度最大的受害主体，村民委员会作为村民利益的代表者，有维护集体的财产权、环境安全权，甚至是生存权的责任，村民委员会比国家行政机关提起生态损害赔偿诉讼更具有动力。生态环境损害是指由于环境侵害行为造成自然环境本身的重大不利变化，这种不利变化不仅包括单个环境要素或生物自然环境的改变、恶化、部分或全部的被毁坏，还包括生态系统服务功能的丧失。对于具有公共属性的生态系统服务功能，该功能的价值也应被内化于自然资源的价值整体。在美丽乡村建设的背景下，生态系统服务功能的损失不仅是不特定公众环境利益的受损，也是村民生态产品经济价值的受损，由村民委员会在针对自然资源损害提起诉讼时，对生态环境服务功能的损失一并提起诉讼也更具效率，能够节约司法成本。（2）义务人在村民提起的自然资源损害赔偿诉讼中所赔付的资金应根据资金类型的不同确定归属与用途。2020年，财政部等9部门印发了《生态环境损害赔偿资金管理办法（试行）》，该办法规定，生态环境损害赔偿资金作为政府非税收入，实行国库集中收缴，全额上缴赔偿权利人指定部门、机构的本级国库，纳入一般公共预算管理。在村民委员会提起的生态环境损害赔偿诉讼中，如果村民委员支付

---

〔1〕 参见任世丹："美国的生态损害赔偿制度"，载《世界环境》2010年第3期。

了实施应急方案以及为防止生态环境损害的发生和扩大采取合理预防、处置措施发生的应急处置费用，那么该笔费用应直接归属村民委员会；如果义务人不履行生态环境修复义务，其所应承担的修复费用应用于受损资源环境的修复；而义务人所支付的生态环境服务功能费用等也应按照《生态环境损害赔偿资金管理办法》的要求进行管理。（3）生态环境损害取证难和评估费用高是生态环境损害赔偿诉讼与公益诉讼的共性问题。随着环境损害鉴定评估制度的逐步完善，该问题将逐步得到缓解。

三、所有权视角下政府提起生态环境损害赔偿诉讼的范围界定

在自然资源国家所有权的理论逻辑下，政府提起生态环境损害赔偿诉讼的性质应为具有公益性质的特殊民事诉讼。政府提起生态环境损害赔偿诉讼的范围可以从损害结果及其与产权的关系来具体界定。

（一）自然资源所有权的界定

根据《生态环境损害赔偿制度改革方案》的规定，在生态环境损害的概念中，以列举式方式所列明的环境与生物要素有大气、地表水、地下水、土壤、森林、动植物与微生物。这些环境与生物要素以资源角度审视，在自然资源中分别属于大气、水（水流、海域）、土地（包括荒地、滩涂等）、森林、动植物等自然资源。根据《宪法》与《民法典》的规定，水资源、野生动植物等自然资源属于国家所有，土地、森林等自然资源根据法律的规定分别属于国家或集体所有。但由于大气资源具有流动性、普通性、综合性等特殊属性，我国现行法律中并未对大气资源的权属作出明确且具体的规定。在部分地方性法规中，大气资源被界定为气候资源的组成部分。例如，《贵州省气候资源开发利用和保护条例》第3条规定："本条例所称气候资源，是指能被人类生产和生活所利用的光照、热量、降水、云水和风能、太阳能以及其他可开发利用的大气资源。"2012年，黑龙江省制定了《黑龙江省气候资源探测和保护条例》[1]，其中第7条第1款规定："气候资源为国家所有。"该规定出台后，引起社会各界的广泛关注。学界和实务界对气候资源是否属于国家所有展开了激烈的讨论。很多人认为，气候资源不应属于国家所有。归

---

〔1〕　该条例于2016年12月修正。修正后的《黑龙江省气候资源探测和保护条例》仍保留了第7条第1款关于"气候资源为国家所有"的规定。

纳起来，反对的理由主要有两点：一是认为在我国当前公权力膨胀、约束机制不足的情况下，气候资源一旦国有会出现"公权设租""与民争利"等问题，气候资源属于国家所有会被异化为政府所有、部门所有。二是认为气候资源属于国家所有不具有正当性和合理性，具体来讲：从理论层面上看，气候资源不具备设定所有权的条件，不能成为自然资源所有权的客体；从现实需要上看，设立气候资源所有权不利于可再生能源产业健康发展，气候资源开发利用和保护的法律制度设计不以设定所有权为前提；从国外考察来看，气候资源所有权不应属于国有，而应属于因开发利用风能而对建设用地享有使用权的经营者。[1]但正如上文所述，一方面，气候资源的稀缺性决定了其可以成为所有权的客体，也决定了应该通过确定其权属，对气候资源进行管理和规范；另一方面，不设立所有权而由国家对于气候资源进行管理其实已经隐含了国家对气候资源主张财产权。国家所有权创设的目的和功能之一就是彰显和谋求公共利益。气候资源的特性决定其不能归私人所有而应该归为国家所有，将气候资源归为国家所有有利于维护社会公共利益，促进资源的开发利用和保护。对气候资源国家所有权异化的警惕和担心，应通过加强民主监督，完善相应制度等予以避免，而不是对国家所有权本身进行否定。随着气候资源开发利用程度的加深，为更好地合理开发利用和保护气候资源，确保气候资源安全，保障经济、社会和生态环境的可持续发展，应通过界定气候资源国家所有的性质，构建气候资源的二元利用制度。也基于此，针对大气污染所造成的生态环境损害，政府可以基于自然资源国家所有权进行损害赔偿磋商与诉讼工作。在司法实践中，行政机关已经开展了相关的实践。例如，在绍兴市环境保护局、浙江上峰建材有限公司、诸暨市次坞镇人民政府生态环境损害赔偿协议司法确认案中，针对浙江上峰建材公司超标排放氮氧化物、二氧化硫等大气污染物，对周边大气生态环境造成损害的事实，绍兴市环境保护局经与浙江上峰建材公司、次坞镇人民政府进行磋商，达成了《生态环境损害修复协议》，最终由上峰建材公司以替代修复的方式承担生态

---

〔1〕 参见苏苗罕："气候资源权利归属与探测开发的法律规制"，载《法治研究》2013 年第 12 期。

环境损害赔偿责任。[1]

归纳言之，根据宪法、民法的有关规定，自然资源权属是国家所有和集体所有的二元所有制结构。但在森林资源中，存在部分归个人所有的林权。《森林法》第 20 条规定，农村居民在房前屋后、自留地、自留山种植的林木，归个人所有。城镇居民和职工在自有房屋的庭院内种植的林木，归个人所有。集体或者个人承包国家所有和集体所有的宜林荒山荒地造林的，承包后种植的林木归承包的集体或者个人所有；承包合同另有规定的，按照承包合同的规定执行。集体林权改革后，通过明晰产权，也有部分林木所有权归农民所有。根据《森林法》第 83 条规定，森林，包括乔木林、竹林和国家特别规定的灌木林。按照用途可以分为防护林、特种用途林、用材林、经济林和能源林；林木，包括树木和竹子。从定义来看，森林是一种生态系统，林木是森林的构成和组成部分。个人所有的林木除是民法上的财产外，也是具有生态功能的自然资源。但从实质来看，"其实林权只是从森林资源或森林所有权中派生的开发利用并进行收益的权利，并不能与森林资源或森林所有权相混淆。在中国，通说认为生产资料所有制是社会经济基础，作为林业主要生产资料的森林和林地只能归国家或者集体所有，不能归个人所有。"[2]在性质上，个人所有林木的生态价值往往较小，应将其归于个人所有财产的范畴。在生态环境损害赔偿制度中对个人所有自然资源可以不予考虑。

（二）生态环境损害后果的类型化划分

环境侵害行为包括环境污染行为和环境破坏行为，环境侵害行为造成生态环境损害发生时，以是否存在其他损害后果可以将损害后果进行如下类型化划分：第一，环境破坏或环境污染行为在造成自然环境损害的同时，以自然资源为媒介造成人身、财产、健康等利益损害的情况。一方面，依据现行私法上的规定，侵害人的损害赔偿义务总是以个体的权利、法益或者财产利益受侵害为前提。民法也将人身或财产损失作为环境侵权责任的构成要件。但对个人利益的损害进行赔偿，也体现了防止环境破坏这一社会共同利益的

---

〔1〕　参见最高人民法院："人民法院保障生态环境损害赔偿制度改革典型案例"，载 http://www. court. gov. cn/zixun-xiangqing-162312. html，最后访问日期：2021 年 4 月 5 日。

〔2〕　杜群："中国法律中的森林定义——兼论法律保护森林资源生态价值的迫切性"，载《资源科学》2018 年第 9 期。

保护。因为如果毁损他人财产的同时也对自然环境进行了破坏，恢复原状等民事责任的承担，可以间接地对自然环境起到恢复和保护的作用。另一方面，通过传统的侵权救济，要求对方承担的只能是自然资源以外的其他财产价值损失以及自然资源作为财产的经济价值损失，如环境污染造成了树木的死亡，那么树木本身市场价值的估算属于传统侵权法可以救济的范围，但树木作为自然环境的一部分的生态价值以及审美价值在传统侵权领域得不到救济，这一部分损害属于生态环境损害的范围。第二，只造成了自然环境本身的损害而不涉及环境以外其他利益损害的情况下，侵害人也仍应承担相应的责任，这部分损害属于自然资源损害，包括对自然资源本身的经济、生态、社会、美学等价值的损害等。根据上文中对生态环境损害与自然资源关系的界定，其中自然资源的非经济价值损害属于生态环境损害。

（三）自然资源所有权视角下政府提起生态环境损害赔偿诉讼的范围界定

从损害结果来看，环境侵害后果具有复合性的特征，生态环境损害与传统损害往往交织混杂在一起，且在自然资源处于不同所有权状态时，还需要考虑生态环境损害救济应如何与私权救济协调的问题。在此情况下，应从所有权角度界定政府提起生态环境损害赔偿诉讼的关系，明确政府提起的生态环境损害诉讼与传统环境侵权诉讼、村民委员会提起的生态环境损害赔偿诉讼的关系。

针对上述不同类型的损害后果，对于环境侵害只造成自然资源本身损害，而无其他财产或人身损害时，根据自然资源所有权的不同，可以提起生态环境损害的主体也有所不同。具体而言，第一，如受到损害的自然资源是专属于国家所有的，由于此类公共利益的损害没有所有权排他性及与私权如何接洽的问题，对于该类损害中的生态环境损害应属于政府提起生态环境损害赔偿的范畴。如环境侵害行为还造成了自然资源经济价值的损害，此时应通过国有财产保护公益诉讼机制予以救济，政府提起生态环境损害赔偿诉讼与国有财产保护公益诉讼的具体关系将会在后文中专门论述。第二，如受到损害的自然资源是属于集体所有，那么可以由村民委员会针对自然资源的各类价值损害一并提起诉讼。根据《民法典》等相关法律的规定，集体所有的自然资源主要包括土地、森林、山岭、草原、荒地、滩涂等。根据自然资源的范围，村民委员会可提起的生态环境损害赔偿诉讼主要集中在土壤生态环境损害和涉林生态环境损害领域。村民委员会可以为政府提起生态环境损害赔偿诉讼制度提供补充，两者共同形成所有权视角下生态环境损害的完整追究机制。

对于环境侵害行为以自然资源为媒介造成其他人身或财产损害结果发生时，政府提起生态环境损害赔偿诉讼的范围也应根据自然资源所有权的不同，分不同情况进行分析。第一，当环境侵害行为以国有自然资源为媒介造成他人人身或财产损害时，对于环境本身的损害，当然属于政府提起生态环境损害赔偿诉讼的范围。而涉及私人人身伤害或财产损失要求赔偿的，适用传统环境侵权责任的相关法律规定。第二，当集体所有的自然资源遭到损害并造成其他人身与财产损失的情况下，政府不存在生态环境损害赔偿请求权的权利基础，不属于政府提起生态环境损害赔偿诉讼的范围。

在产权视角下，通过自然资源产权的确定，将自然资源作为财产，造成自然资源本身的损害会导致权利人的权利受到损害，其可基于权利受损提起诉讼要求救济。但环境受损又不能单纯以所有权这一法律属性来确定请求权。作为自然资源的承载体，环境要素与生物要素等自然环境是人类生存和发展的基础，也是一种不隶属于任何个人的、原则上对任何人都是开放的、由人类共同使用的"公共产品"。自然资源的生态价值等非经济价值并不单属于某一特定主体所有，因此，如国家或集体等自然资源所有权人不提起或不能诉讼将会导致公共利益的损害，此时社会组织、检察机关等主体可以基于社会公共利益或国家利益的受损而提起环境公益诉讼。环境公益诉讼与生态环境损害赔偿诉讼制度共同构成公共利益的维护与救济机制。

第二章

政府提起生态环境损害赔偿诉讼的主体界定与规则完善

第一节 政府提起生态环境损害赔偿诉讼权利人的界定与规则完善

生态环境损害赔偿制度的范围有狭义和广义之分。广义的生态环境损害赔偿制度包括政府提起的生态环境损害赔偿诉讼制度以及检察机关、社会组织提起的环境民事公益诉讼制度。狭义的生态环境损害赔偿制度仅仅指政府提起的生态环境损害赔偿诉讼。从现有制度规范来看，环境民事公益诉讼主体的范围与具体资格认定已基本明确，但政府提起的生态环境损害赔偿诉讼中具体赔偿权利主体的界定仍处于探索阶段。从制度规范形式上来看，政府提起生态环境损害赔偿诉讼具体权利人的规定集中在《生态环境损害赔偿制度改革方案》《关于审理生态环境损害赔偿案件的若干规定（试行）》以及各地的具体实施方案中，形成了一套总分相互结合、一般与特别相互补充的生态环境损害赔偿权利人认定规则体系。但是从内容来看，由于生态环境损害赔偿制度并无法律层面的整体设计，制度的模糊与缺失导致在生态环境损害赔偿适用的过程中，生态环境损害具体赔偿权利人的认定存在诸多问题。2020 年 5 月全国人大审议通过的《民法典》第 1234 条确立了生态环境损害赔偿制度的实体法依据，规定了国家规定的机关或者法律规定的组织生态环境损害索赔权。一般认为，此处"国家规定的机关"包括现有狭义生态环境损害赔偿制度的权利主体，但何为"国家规定的机关"并不明确，生态环境损害政府索赔主体的范围以及如何界定具体赔偿权利人仍存在制度上的缺失。对此，下文在总结分析现有生态环境损害赔偿制度适用困境的基础上，尝试为目前生态环境损害赔偿权利人规则的漏洞与矛盾提出解决方案，以期对我国生态环境损害赔偿制度的完善作出贡献。

一、界定生态环境损害赔偿具体权利人的实践困境

（一）不同层级生态环境损害赔偿权利人关系不明

生态环境损害赔偿制度的理论基础是自然资源国家所有权制度。由于自然资源国家所有权具有公私兼具的双重属性，国家对自然资源既享有所有权也拥有监督管理权，当国家授权相关行政主体提起生态环境损害赔偿诉讼时，具体权利人兼具民事主体和行政主体的双重身份。从生态环境损害赔偿制度设立的初衷来看，赔偿权利人在生态环境受到损害时请求责任人修复或赔偿的基础来源于所有者自身对所有物的所有者权能而非行政管理权力。生态环境损害赔偿诉讼是基于自然资源国家所有权所引起的民事诉讼。但很多学者认为，政府提起生态环境损害赔偿诉讼是基于保护和改善生态环境的法定职责，是一种"准公法责任"。[1]

从实践来看，生态环境损害赔偿请求权是基于权利人的所有者身份抑或监管者身份在制度中也存在摇摆。从《生态环境损害赔偿制度改革方案》的规定来看，生态环境损害赔偿权利人的范围包含两类：一是经国务院授权的省级、市地级政府；二是受国务院委托代行全民所有自然资源资产所有权的部门。在自然资源国家所有权的理论框架下，授权省市级政府及代表国务院行使自然资源所有权的部门作为赔偿权利人的制度逻辑：将生态环境损害赔偿制度与自然资源产权改革相衔接，将生态环境损害赔偿请求权融入所有权中，根据自然资源所有权行使主体的不同，建立生态环境损害赔偿的分级追偿机制。《生态环境损害赔偿制度改革方案》中的部分规定体现了将所有权作为生态环境损害赔偿权利人权利来源的设置。例如，《生态环境损害赔偿制度改革方案》明确指出，在健全国家自然资源资产管理体制试点区，受委托的省级政府可指定统一行使全民所有自然资源资产所有者职责的部门负责生态环境损害赔偿具体工作，国务院直接行使全民所有自然资源资产所有权的，由受委托代行该所有权的部门作为赔偿权利人开展生态环境损害赔偿工作。但在对地方政府的授权中，《生态环境损害赔偿制度改革方案》仅简单规定

---

〔1〕　参见张宝："生态环境损害政府索赔制度的性质与定位"，载《现代法学》2020年第2期。

"省级、市地级政府作为本行政区域内生态环境损害赔偿权利人"。根据各地实施方案的规定来看，具体行政部门的指定也主要是根据各行政主管部门的职责范围进行具体分配的，生态环境保护、农业、林业等经各级政府指定的部门均有权对赔偿义务人提起诉讼。上海市等地的生态环境损害赔偿制度改革实施方案，甚至直接规定由市生态环境局统一协调生态环境损害赔偿相关工作。在司法实践中，由各级生态环境部门提起的生态环境损害赔偿诉讼占所有案件的半数以上，具有生态环境监管职责的生态环境部门在生态环境损害赔偿制度中的参与度更高。这种制度安排与实践状况使得生态环境损害赔偿请求权的性质与环境监督管理权更为贴近。在环境行政管理权的理论框架下，地方各级政府及其指定部门行使追偿权的制度逻辑：地方各级人民政府、负有生态环境监管职责的部门在其职责范围内负有及时发现环境违法行为，并监督赔偿义务人进行环境修复的职责。行政机关提起生态环境损害赔偿诉讼，是为了广大公众所享有的环境公共利益，是行政机关对全体公民所承担的责任或义务，也是其充分履行法定职责的体现。[1]理论上的争议与制度上的矛盾使我们深入反思：国务院授权地方政府作为权利人究竟是基于政府的所有者身份还是监管者身份？国务院与各级地方政府之间的法律关系何如？[2]具体实施生态环境损害赔偿诉讼的部门应为行使自然资源所有权的部门还是生态环境监管部门？

（二）不同层级生态环境损害赔偿权利人管辖范围模糊

虽然生态环境损害赔偿权利人的权利来源性质不明，但在具体制度设置中，生态环境损害赔偿的权利人分为中央、省级、市级三级，形成了生态环境损害赔偿追偿权的分级行使机制。由于《生态环境损害赔偿制度改革方案》中虽然规定省级政府和市地级政府都是生态环境损害赔偿权利人，但其对两级政府管辖范围的规定却稍显简略。[3]为便于该制度的实际应用，部分地区的实施方案对省级政府的管辖范围进行了具体且明晰的规定。从这些规定来

---

[1] 参见彭中遥："行政机关提起生态环境损害赔偿诉讼的理论争点及其合理解脱"，载《环境保护》2019年第5期。

[2] 参见李兴宇、吴昭军："全民所有自然资源损害救济的权利基础与实现路径——以国家所有权的私权定位为逻辑起点"，载《华中科技大学学报（社会科学版）》2021年第4期。

[3] 《生态环境损害赔偿制度改革方案》规定，省域内跨市地的生态环境损害，由省级政府管辖；其他工作范围划分由省级政府根据本地区实际情况确定。

看，省级政府的管辖范围大致可以归纳为三个方面：第一，跨省域内设区的市的生态环境损害，如江西、河北、辽宁、安徽等地对此进行了规定。第二，特定区域内的生态环境损害。例如，上海市规定崇明东滩鸟类国家级自然保护区、东滩保护区岛屿岸线、长江口中华鲟自然保护区、长江刀鲚国家级水产种质资源保护区核心区等市级相关部门作为责任主体的生态保护红线范围内的生态环境损害由上海市政府管辖；江西省规定在国家主体功能区规划中划定的重点生态功能区、禁止开发区发生环境污染、生态破坏事件的由省政府管辖。第三，重大及以上的（突发）生态环境损害。山东、北京、江西、新疆等具体实施方案中对此都有规定。各地区对市地级政府管辖范围的规定主要分为两种情况：一是本行政区域内的生态环境损害，如山东、河北、辽宁、安徽等地对此进行了规定。二是省级政府管辖之外的生态环境损害，如北京、江西、上海等地对此进行了规定。

从内容来看，现有制度规范中关于生态环境损害赔偿权利人的界定标准较为模糊与混乱，在具体案件中确定由哪一级行政机关作为赔偿权利人具体行使赔偿请求权较为困难。第一，中央与地方政府之间管辖权范围的划分模糊。从生态环境损害赔偿的制度与实践来看，市地级政府经国务院授权后成为生态环境损害赔偿的主要权利人。在中央层面，只有属于国务院直接行使全民所有自然资源资产所有权的，才由受委托代行该所有权的部门作为赔偿权利人开展生态环境损害赔偿工作。然而，我国当前正在进行自然资源产权的改革，国务院直接行使自然资源资产所有权的范围以及受委托行使所有权的具体部门并不明确。在实践中，也并未出现由中央直接提起生态环境损害赔偿诉讼的案例。中央与省级政府之间的管辖范围如何划分并不清晰。第二，省市级管辖权范围规定不清、标准混乱。《生态环境损害赔偿制度改革方案》将省市级政府的工作范围划分授权给了省级政府，由其根据本地区实际情况确定。但从各地的具体实施方案来看，只有北京、上海、江西等个别省市对省级政府管辖范围进行了列举式规定。并且，从划分标准来看，将生态环境损害后果的严重程度作为省市级政府管辖范围的区分的依据，也与中央与地方以自然资源所有权为依据的划分标准不同。

（三）县乡级政府是否可以作为生态环境损害赔偿权利人不明确

回顾生态环境损害赔偿制度的发展历程，生态环境损害赔偿权利人的范围呈现出不断扩展与完善的特点。为破解"企业污染、群众受害、政府买单"的困局，生态环境损害赔偿制度应运而生。2015 年，中共中央办公厅、国务院办公厅印发《生态环境损害赔偿制度改革试点方案》，在吉林、江苏、山东、湖南、重庆、贵州、云南 7 个省市试点推行生态环境损害赔偿制度，并明确"试点地方省级政府经国务院授权后，作为本行政区域内生态环境损害赔偿权利人"。2017 年 12 月 17 日，《生态环境损害赔偿制度改革方案》在《生态环境损害赔偿制度改革试点方案》的基础上，将市地级政府（包括直辖市的区县级政府）纳入赔偿权利人的范围，但对县乡级政府的地位却未进行任何规定。在实践中，省市管辖地域面积大，不能及时地发现和治理生态环境损害，具有相对滞后性。而管辖立锥之地的县级政府和乡镇政府往往是生态环境损害的第一发现人和应急处置费用的支出者。在突发环境事件后，县乡级政府往往最先组织鉴定评估机构以及社会第三方机构对受损害的环境进行评估和修复。在此情形下，各个省市级政府通过地方规范性文件，对县乡级政府的地位作出了两种不同规定。一种是明确县乡级政府作为生态环境损害赔偿权利人的地位。例如，陕西省商洛市制定的《商洛市生态环境损害赔偿制度改革实施方案》规定，市政府作为商洛市行政区域内生态环境损害赔偿权利人，各县（区）政府、商洛高新区（商丹园区）管委会是本行政区域内生态环境损害赔偿权利人。[1]在该实施方案的基础上，商洛市商南县印发的《生态环境损害赔偿制度改革实施方案》规定，县政府作为商南县行政区域内生态环境损害赔偿权利人，各镇政府、城关街道办事处是本行政区域内生态环境损害赔偿权利人。[2]另一种是将县级政府作为市级政府指定的部门负责本辖区内的生态环境损害赔偿工作，对乡镇政府的地位未作规定。例如，山东省青岛市人民政府在制定《青岛市生态环境损害赔偿制度改革实施方案》的基础上，通过《关于统一指定各区（市）政府负责生态环境损害赔偿有关事宜的批复》统一指定青岛市各区（市）政府、青岛高新区管委负责各自辖区内的生态环境损害赔偿具体工作。

〔1〕 参见商洛市生态环境局："商洛市生态环境损害赔偿制度改革实施方案"，载 http://sthjj.shangluo.gov.cn/pc/index/article/215180，最后访问日期：2021 年 11 月 2 日。

〔2〕 参见商南县："商南县印发生态环境损害赔偿制度改革实施方案"，载 https://www.sohu.com/a/430772515_ 120686625，最后访问日期：2021 年 11 月 2 日。

在地方性法律规范对县级政府的地位进行规定的情形下，法院基本认可了地方性规范的授权效力。例如，在青岛市李沧区人民政府与刘某进侵权责任纠纷案件中，法院根据上述青岛市的地方性规范，认可了区级政府具备生态环境损害原告主体资格。而在各级法律规范性文件未对乡级政府的地位进行明确的情况下，乡级政府是否具备诉讼资格，司法实践中存在不同意见。一种观点认为，最高人民法院《关于审理生态环境损害赔偿案件的若干规定（试行）》第19条[1]将应急处置费用的追偿作为独立之诉予以明确，乡级政府追偿应急处置费用的，应予受理与支持。例如，在无锡市锡山区人民政府厚桥街道办事处与上海市闵行区梅陇镇城市网格化综合管理中心、陈某东等环境污染责任纠纷案[2]中，被告认为，街道办事处没有诉的利益，其主体资格不适格。但法院认为，因应急处置已实际发生，相关费用也已明确，根据最高人民法院《关于审理生态环境损害赔偿案件的若干规定（试行）》第19条的规定，街道办事处具有诉讼主体资格。但另一种观点认为，在无明确授权的情况下，乡级政府不具备诉讼主体资格。例如，在青田县船寮镇人民政府与孟州市泰兴汽车运输有限责任公司、刘某永环境污染责任纠纷案中[3]法院认为：原告作为基层地方政府，为防止污染损失进一步扩大，在突发环境事件后，按照属地原则对辖区因柴油泄漏造成的生态环境污染委托第三方公司进行应急治理，并支付了相应费用，现原告要求被告作为环境侵权人承担赔偿责任，故该案件属于生态环境损害赔偿诉讼案件。但原告不属于最高人民法院《关于审理生态环境损害赔偿案件的若干规定（试行）》规定的适格原告，不符合起诉条件。县乡级政府的地位在实践中处于混乱状态，亟需予以明确。

二、不同层级生态环境损害赔偿权利人关系的界定

从深层原因分析，生态环境损害赔偿具体权利人界定的困难实际上是权

---

〔1〕　最高人民法院《关于审理生态环境损害赔偿案件的若干规定（试行）》第19条第1款的规定："实际支出应急处置费用的机关提起诉讼主张该费用的，人民法院应予受理，但人民法院已经受理就同一损害生态环境行为提起的生态环境损害赔偿诉讼案件且该案原告已经主张应急处置费用的除外。"

〔2〕　（2018）苏0205民初2606号。

〔3〕　（2019）浙1121民初4042号。

利人请求权来源不明的具体体现。在理论基础部分，本书提出自然资源国家所有权是政府赔偿请求权的基础和权利来源。对自然资源国家所有权的正确理解可以为国务院授权各类主体作为生态环境损害追责主体提供依据。但具体权利主体的确定与具体授权范围的选择却需要对生态环境损害赔偿制度与自然资源国家所有权分级行使制度的关系进行诠释。在自然资源国家所有权分级行使的制度框架下，厘清生态环境损害赔偿诉讼中国务院与各级政府的关系是确定具体赔偿权利人的前提和关键，对保障生态环境损害赔偿制度实施、弥补制度漏洞具有重要意义。

根据我国现有法律的规定，国有自然资源的所有权由国务院代表国家行使。例如，《森林法》第 14 条规定："森林资源属于国家所有，由法律规定属于集体所有的除外。国家所有的森林资源的所有权由国务院代表国家行使。国务院可以授权国务院自然资源主管部门统一履行国有森林资源所有者职责。"《中华人民共和国草原法》第 9 条第 1 款规定："草原属于国家所有，由法律规定属于集体所有的除外。国家所有的草原，由国务院代表国家行使所有权。"从现有法律规定来看，法律并没有赋予地方政府行使自然资源国家所有权的权利，地方政府并不是自然资源国家所有权行使的法定主体。[1]但由于国务院并无能力对国家所有自然资源行使所有权，各级政府基于其所具有的自然资源行政监管职权而成为实际上的所有权行使主体。这使得中央政府与地方政府在自然资源所有权的权限划分上呈现出"中央统一所有，中央与地方分级监管"的特征，在具体行使中存在所有者不到位、所有权边界模糊、资源管理效率低下失效等问题。[2]

为解决中央与地方在自然资源国家所有权分权中存在的问题，我国开展了自然资源国家所有权的纵向体制改革。2019 年 4 月，中共中央办公厅、国务院办公厅印发的《关于统筹推进自然资源资产产权制度改革的指导意见》提出建立中国特色自然资源资产产权制度体系，形成分级行使全民所有自然

---

〔1〕 参见杜群、康京涛："自然资源国家所有权行使主体改革的设想——设立自然资源'国资委'的初步思考"，载《江西社会科学》2016 年第 6 期。

〔2〕 参见王克稳："完善我国自然资源国家所有权主体制度的思考"，载《江苏行政学院学报》2019 年第 1 期。

资源资产的体制。[1]从现有自然资源改革的制度文件来看，自然资源国家所有权体制改革的方向为由国务院统一代表国家行使所有权转为中央地方分级行使所有权。[2]在地方层面，由国务院委托省级和市（地）级政府代理行使自然资源资产所有权。在生态文明体制改革中，自然资源分级行使所有权改革是一项基础性的制度。目前正在积极探索的全民所有自然资源资产所有权委托代理机制不属于行政授权或行政委托，甚至不是一种具体的行政行为，而是更深层次的自然资源资产产权制度安排，是自然资源全民所有的另一种实现方式。[3]在中央与地方的关系上，国务院与地方政府都是基于所有者的身份直接行使所有权。

而在国有自然资源的范围上，所谓建立分级行使全民所有自然资源资产所有权体制，实质是国有资产管理体制改革在自然资源领域的应用。国有自然资源的分级行使所有权体制改革，不仅包括以经济开发为主的资源，还充分考虑生态文明建设需要，将以生态服务为主要功能的资源都纳入其中。[4]在此制度安排下，生态服务功能也属于自然资源资产的范畴。生态环境损害与国有自然资源财产损害共同构成了国有自然资源的整体价值损害。国务院授权省市级政府作为生态环境损害赔偿权利人是委托地方政府行使自然资源所有权的体现。

三、界定生态环境损害政府索赔具体权利人之规则完善

（一）明确生态环境损害具体索赔主体的地位与范围

在明确生态环境损害赔偿具体权利人的基础上，应明确具体开展索赔工

---

〔1〕《关于统筹推进自然资源资产产权制度改革的指导意见》规定：明确自然资源资产产权主体。推进相关法律修改，明确国务院授权国务院自然资源主管部门具体代表统一行使全民所有自然资源资产所有者职责。研究建立国务院自然资源主管部门行使全民所有自然资源资产所有权的资源清单和管理体制。探索建立委托省级和市（地）级政府代理行使自然资源资产所有权的资源清单和监督管理制度，法律授权省级、市（地）级或县级政府代理行使所有权的特定自然资源除外。

〔2〕参见邓海峰：“生态文明体制改革中自然资源资产分级行使制度研究”，载《中国法学》2021年第2期。

〔3〕参见王秀卫、李静玉：“全民所有自然资源资产所有权委托代理机制初探”，载《中国矿业大学学报（社会科学版）》2021年第3期。

〔4〕参见苏利阳等：“分级行使全民所有自然资源资产所有权的改革方案研究”，载《环境保护》2017年第17期。

作的主体范围及具体权利范围。根据《生态环境损害赔偿制度改革方案》和各地实施方案的规定，可以提起生态环境损害赔偿诉讼的主体并不仅限于生态环境损害赔偿权利人，生态环境保护、农业、林业等经省市政府指定的部门或机构均有权对赔偿义务人提起诉讼。但是，如果依据自然资源国家所有权作为生态环境损害赔偿权利人的权利来源的设置，经政府指定可以提起诉讼的行政机关的权利范围应以政府的授权范围为依据，而统一行使全民所有自然资源资产所有权的自然资源部门负责统筹协调工作也更为合适。也就是说，从事生态环境修复与损害追责等资源保护活动是自然资源主管部门代表所有权人行使全民所有自然资源所有权职责的应有之义。

在 2018 年国务院机构改革方案出台前，自然资源的管理权能一直处于分散的状态，农业、水利、林业等 8 个部门都对自然资源享有管理权，[1]其中涉及国土空间管理和资源用途管制的部门有 10 余家。这使得自然资源的整体性与系统性遭受破坏，造成了资源利用的浪费。2018 年的国务院机构改革，不再保留国土资源部和环境保护部等部门，而是重新组建自然资源部和生态环境部，将自然资源的所有者与监管者分开，明确自然资源资产产权主体，将全民所有自然资源资产所有权代表行使主体登记为国务院自然资源主管部门，生态环境部门主要负责重大生态环境问题的统筹协调和监督管理，负责环境污染防治的监督管理，指导协调和监督生态保护修复工作。[2]国务院机构改革划清了各类自然资源资产所有权、使用权的边界，打破了部门间的壁垒，化解了过去不同资源由不同部门分散管理所引起的交叉重复的矛盾。国务院授权国务院自然资源主管部门具体代表统一行使全民所有自然资源所有权的机制基本形成。自然资源主管部门与生态环境部门的分立，解决了自然资源所有权职责与生态环境监管职责的划分与制约问题。但在自然资源所有权内部，自然资源主管部门既享有国有自然资源的使用权、经营权等民事上的所有权权能，也享有对国有自然资源的取得、使用、分配与处置进行监管的行政权权能，[3]自然资源的经营权与管理权并未区分。在自然资源产权改

〔1〕 参见陈向国："自然资源部成立了 自然资源怎么管"，载《节能与环保》2018 年第 4 期。

〔2〕 参见《生态环境部职能配置、内设机构和人员编制规定》。

〔3〕 参见莫静："论建构国家财产所有权法定行使规则的必要性"，载《福建师范大学学报（哲学社会科学版）》2017 年第 1 期。

革过程中，部分学者提出，为解决未区分自然资源经营权和管理权造成国有资产受损等问题，应建立国家所有权双重委托代表体制，将自然资源的资产经营和行政管理分开，将所有者职责从自然资源管理部门分离出来，设置类似"国资委"的国有自然资源资产管理机构集中统一行使。[1]遗憾的是，在国务院机构改革中并未单独设立该类机构。这也就意味着包括损害请求权在内的自然资源所有权能应由行使自然资源所有权的部门行使。生态环境监管部门应配合行使所有权的自然资源主管部门共同保护救济自然资源的生态价值。

（二）确定不同层级生态环境损害权利人的管辖范围

在自然资源所有权理论的指导下，生态环境损害赔偿权利人管辖范围的确定应依托于自然资源分级行使制度的建构，应在制定分级行使全民所有自然资源资产清单的基础上，明确由中央政府直接行使所有权的自然资源资产清单，确定当重点国有林区、重要生态功能区、部分国家公园等中央直接管理的区域内发生生态环境损害以及具有重要生态功能的湿地、草原、海域、滩涂、珍稀野生动植物物种等中央政府直接行使所有权的自然资源受到破坏时，由代表国务院行使所有权的部门作为生态环境损害赔偿权利人。

在省市级政府管辖范围的划分中，也应在明确以市地级政府作为主要生态环境损害赔偿权利人的基础上，衔接自然资源所有权分级行使的相关规定，确定当特定生态功能区、省级自然保护地等省级政府直接管理的区域内发生生态环境损害以及法律法规授权或国务院委托省级政府代为行使所有权的自然资源受到破坏时，由省级政府作为生态环境损害赔偿权利人。

此外，为避免协商机制带来的索赔积极性不高、协商机制约束不强等问题，应借鉴跨市级区域生态环境损害应由省级政府管辖的做法，明确跨地域生态环境损害应由各地域共同的上一级政府管辖的原则，跨省区生态环境损害应由中央政府管辖并有权指定相关省市实施具体的磋商与索赔工作。

（三）确定县乡两级政府生态环境损害赔偿权利人的地位

省级、市地级政府作为生态环境损害赔偿权利人是基于自然资源国家所有权，而非政府的行政管理职能。虽然相较于省级、市地级政府，县乡两级政府对生态环境损害治理具备及时性和灵活性的特点，能够将重大的生态环

---

[1] 参见郑磊："土地行政公益诉讼的类型建构及展开"，载《行政法学研究》2020年第6期。

境损害遏制在萌芽期，但是基于自然资源国家所有权的理论基础，县级政府和乡镇政府的地位应根据国务院是否委托其代为行使所有权予以确定。2019年，中共中央办公厅、国务院办公厅印发的《关于统筹推进自然资源资产产权制度改革的指导意见》指出，探索建立委托省级和市（地）级政府代理行使自然资源资产所有权的资源清单和监督管理制度，法律授权省级、市（地）级或县级政府代理行使所有权的特定自然资源除外。根据该意见，县乡级政府一般不具备担任生态环境损害赔偿权利人的资格，法律授权县级政府代理行使所有权的特定自然资源除外。

从实践来看，县乡两级政府大多是基于保护生态环境的行政职责而对受损害的生态环境进行治理和修复，也并不符合自然资源国家所有权理论。尤其，在司法实践中，乡级政府索赔的范围都仅仅包括应急处置费用，而该笔费用作为财政支出在各类突发事件中都会涉及，其并非生态环境损害赔偿的范围。从性质上看，在发生环境污染事故或者其他危害国家环境的紧急状况时，行政机关采取应急措施，控制、减轻或者清除污染、减少损失所支付的费用应为立即实施代履行[1]所垫付的费用。对该类费用应通过行政程序予以追缴，当事人不依法缴纳的，行政机关可以向人民法院申请强制执行。

第二节　母公司生态环境损害赔偿责任的认定与规则完善

一、生态环境损害赔偿义务人范围扩展的依据及其局限

（一）生态环境损害赔偿义务人范围扩展的制度依据

在环境法领域，根据污染者付费原则，污染者应采取措施控制污染，并应对其污染行为所造成的损害后果承担法律责任。污染者付费原则最早是被作为一项经济原则所提出的。在 20 世纪 70 年代早期，工业排放的污染是一个特别令人关注的问题。为使污染所造成的外部成本内部化，1972 年，经济合作与发展组织委员会首次提出了"污染者付费原则"，要求所有的污染者必

---

[1]《中华人民共和国行政强制法》（以下简称《行政强制法》）第 52 条："需要立即清除道路、河道、航道或者公共场所的遗洒物、障碍物或者污染物，当事人不能清除的，行政机关可以决定立即实施代履行；当事人不在场的，行政机关应当在事后立即通知当事人，并依法作出处理。"

须为其造成的污染后果直接或间接地支付费用。之后，该原则在各国、各地区和国际环境立法中被广泛接受，逐渐由一项经济原则发展为重要的环境法律原则，并不断延伸出"受益者付费""原因者责任"等多元的立法表达模式。在我国，污染者付费原则也已经从"谁污染谁治理"原则发展至"环境损害担责"原则，并得到了《环境保护法》的立法确认。与污染者付费原则相比，损害担责原则已经被广泛运用在污染防治、自然资源管理等各个环境领域，该原则的内涵、责任范围、责任主体等都有所扩展。

随着《民法典》第 1234 条对生态环境损害修复与赔偿责任的立法确立，在法律层面上，"损害"的范围已经明确地由人身、财产损害扩展到了生态环境损害。"污染者"应承担的责任范围已经由"污染预防和控制措施的费用"延伸到所有治理成本上，并应该对造成的人身、财产损害及环境本身损害承担全部赔偿责任。根据《民法典》的规定，承担生态环境损害修复与赔偿责任的主体应为"违反国家规定造成生态环境损害"的主体，生态环境损害赔偿的义务人为"造成生态环境损害后果的行为人"。然而，生态环境损害具有后果严重、赔偿数额巨大的特征，行为人自身可能并无承担责任的能力。并且，生态环境损害往往具有潜伏性，损害显现时，污染或破坏主体可能已经不存在，此时，生态环境损害赔偿更是求助无门。为使生态环境损害获得及时、充分的修复与赔偿，从世界范围来看，很多国家通过扩大责任人的范围，将相关受益人纳入赔偿义务人的范围。[1]例如，法国《民法典》规定，"生态损害负有责任之人有责任补救该损失"，将责任人范围由"引起生态环境损害之人"扩大到"负有责任之人"，将替代责任人包含其中。[2]在我国，《生态环境损害赔偿制度改革方案》也明确指出："违反法律法规，造成生态环境损害的单位或个人，应当承担生态环境损害赔偿责任，做到应赔尽赔。现行民事法律和资源环境保护法律有相关免除或减轻生态环境损害赔偿责任规定的，按相应规定执行。各地区可根据需要扩大生态环境损害赔偿义务人范围，提出相关立法建议。"从各地生态环境损害赔偿制度改革实施方案来看，生态

---

〔1〕　参见卢慧慧："环境侵权受益人生态环境损害赔偿责任认定研究"，天津师范大学 2021 年硕士学位论文。

〔2〕　参见李琳："法国生态损害之民法构造及其启示——以损害概念之扩张为进路"，载《法治研究》2020 年第 2 期。

环境损害赔偿制度地方性规范中并未对生态义务人范围进行过多规定。但在个别省份高级人民法院出台的生态环境损害赔偿诉讼审理的指导性文件中，却对生态环境损害赔偿义务人进行了扩展性规定。例如，《江苏省高级人民法院关于生态环境损害赔偿诉讼案件的审理指南（一）》第 12 条规定："违反法律法规，向他人提供、出售、委托处置、委托运输危险废物或其他污染物的公民、法人和其他组织，应当与造成环境污染和生态破坏的其他责任者承担连带责任"。第 14 条规定："违反法律法规，明知他人行为具有污染环境、破坏生态的后果，仍实施向他人出租（借）经营场所、提供经营资质、签订虚假合同等帮助行为的公民、法人和其他组织，应当与造成环境污染和生态破坏的其他责任者承担连带责任。"此外，《环境保护法》第 65 条〔1〕对环境影响评价机构、环境监测机构以及从事环境监测设备和防治污染设施维护、运营的机构承担环境连带责任的具体情形进行了明确规定。该条中所规定的"环境污染和生态破坏"的后果应包括生态环境本身损害的后果。《环境保护法》第 65 条为环境服务机构作为生态环境损害赔偿责任潜在主体提供了法律依据。

（二）现有制度规定中生态环境损害赔偿潜在义务人的类型分析

综合来看，我国当前环境法律制度并未对生态环境损害责任主体的范围进行直接规定，上述法律制度从连带责任的承担角度为义务主体范围的扩展提供了依据。归纳起来，生态环境损害赔偿潜在义务主体可以分为三类：

一是环境服务机构，包括环境影响评价机构、环境监测机构以及从事环境监测设备和防治污染设施维护、运营的机构等。根据《环境保护法》第 65 条的规定，环境服务机构作为义务人承担生态环境损害赔偿责任需满足以下要件：环境服务机构主观上存在故意并实施了弄虚作假等违法行为；行为人造成了生态环境损害后果；生态环境损害后果与环境服务机构的行为存在因果关系。

二是危险废物的提供者，包括向他人提供、出售、委托处置、委托运输危险废物或其他污染物的主体。实践中，一些单位和个人为降低生产成本、牟取不法利益，非法排放、倾倒、处置危险废物，造成了严重的环境损害后

---

〔1〕《环境保护法》第 65 条："环境影响评价机构、环境监测机构以及从事环境监测设备和防治污染设施维护、运营的机构，在有关环境服务活动中弄虚作假，对造成的环境污染和生态破坏负有责任的，除依照有关法律法规规定予以处罚外，还应当与造成环境污染和生态破坏的其他责任者承担连带责任。"

果。对于该类违法行为，不仅要依法惩治直接污染环境的行为人，更要打源头、追幕后，依法追究危险废物提供者的刑事责任。据此，最高人民法院、最高人民检察院《关于办理环境污染刑事案件适用法律若干问题的解释》第7条规定："明知他人无危险废物经营许可证，向其提供或者委托其收集、贮存、利用、处置危险废物，严重污染环境的，以共同犯罪论处。"在明确了刑事责任的同时，对于行为人所造成的环境损害修复与赔偿责任，违反法律规定向行为人提供危险废物的各类主体也应承担连带责任。

三是环境侵权行为的帮助者，包括向他人出租经营场所、提供经营资质、签订虚假合同等从事帮助行为的主体。《民法典》第1169条第1款规定："教唆、帮助他人实施侵权行为的，应当与行为人承担连带责任。"生态环境损害赔偿本身属于环境侵权的范畴。生态环境侵害行为的帮助者在满足以下条件时应承担相应的生态环境损害赔偿责任：行为人主观上存在故意，明知他人的行为具有污染环境、破坏生态的后果；行为人违反法律规定，实施了向他人出租经营场所、提供经营资质、签订虚假合同等帮助行为；他人的行为造成了生态环境损害后果；行为人的帮助行为与损害后果之间具有因果关系。

（三）现有制度规定生态环境损害赔偿潜在义务人范围的局限性

从上述分析来看，环境服务机构、危险废物的提供者、环境侵权行为的帮助者等主体作为生态环境损害赔偿责任的潜在义务主体存在一定的制度依据。在理论上，对这几类主体的生态环境损害赔偿责任认定的研究也较为集中。[1]然而，从司法实践来看，除上述几类主体以外，我国已经出现了要求母公司、贷款人等主体承担生态环境损害赔偿责任的案例，但在这些案件的审理时存在责任认定制度依据模糊与缺失的困境，理论上对这些主体是否应纳入生态环境损害赔偿义务人的范围也并未形成共识。以母公司承担生态环境损害赔偿责任为例，在信宜紫金矿业有限公司溃坝案等典型案例中，能否要求母公司对子公司所造成的生态环境损害承担责任存在诸多争议。

2010年9月21日，受"凡亚比"台风极端气候影响，信宜紫金矿业有

---

[1] 参见顾铮铮、周科、刘英："资质出借者环境侵权之责任承担"，载《法律适用》2016年第2期；徐春成："论环境服务组织的连带责任"，载《河南财经政法大学学报》2016年第4期；黄萍："环境服务机构侵权责任探讨——基于《环境保护法》第65条的分析"，载《甘肃政法学院学报》2017年第3期。

限公司银岩锡矿高旗岭尾矿库漫坝决口，信宜市钱排镇石花地水电站大坝溃坝，造成22人死亡、大量财产损失以及严重的环境污染损害。灾难发生后，政府和受害村民提起了一系列诉讼，要求相关责任主体赔偿损失。信宜市人民法院因此事件共立案2502宗，索赔总金额达到4.01亿元人民币。在以紫金矿业为被告的一系列案件中，部分原告提出应适用人格否认制度要求信宜紫金矿业有限公司的紫金矿业集团股份有限公司（以下称紫金矿业）承担连带责任，原告认为：紫金集团是信宜紫金的唯一股东，信宜紫金注册资本未缴足、未建立财务账册、没有独立经营自主权，在财产、人员、业务等方面都与紫金集团人格混同，即信宜紫金公司法人没有独立人格权，所以将紫金集团列为共同被告，要求紫金集团承担连带赔偿责任。根据《中华人民共和国公司法》（以下简称《公司法》）的规定，有限责任公司，股东以其出资额为限对公司承担责任，公司以其全部资产对公司的债务承担责任。紫金矿业也以此为依据认为：虽然紫金矿业是信宜紫金的股东，但该点不能成为其承担责任的理由，紫金矿业与本案无关，应由子公司独立承担责任。该案件发生后，引起了理论界的广泛关注和讨论。部分学者尤其是一些公司法学者认为，集团公司对下属公司人员、业务等事项的统一管理是公司集团本来就有的法律特点，不等于法人人格的混同和滥用。公司法人的独立人格必须有极为明确的界定，否则，一旦通过司法判决开了母公司要为下属有限责任的子公司承担无限责任的先例，开了股东要为有限责任的公司承担无限责任的先例，受影响的可能不仅仅是司法，而是整个中国经济。[1]从《公司法》角度来看，母子公司关系形成的途径主要有三种：投资、收购、订约，无论是哪种途径，母公司对子公司的投资都必须达到一定比例，形成对子公司的控制。母子公司之间虽然存在控制与被控制的关系，但在法律上是独立的主体，有独立的财产、组织机构，独立承担法律责任。《公司法》规定，公司可以设立子公司，子公司具有企业法人资格，依法独立承担民事责任。从这个角度来讲，母公司对子公司的控制是母子公司关系的必要特征，对公司集团的人格否认尤其是上市公司的人格否认应持谨慎的态度。但另一方面，我们需要考虑到对于矿产、石油、化学等一些特殊而危险的行业中发生的大规模环境

---

〔1〕 参见李蒙："《紫金诉讼困局》专题报道"，载《民主与法制》2012年第17期。

事件，如只要求子公司承担有限责任，将会造成大量损害得不到救济，社会利益受到损失等不公平的后果出现，也会使得一些公司利用子公司的有限责任，由子公司从事污染严重的生产活动，但子公司的利润等财产往往由母公司获得，从而达到逃避承担环境污染责任的目的，这将违背法律的公平价值。因此，对于母子公司人格否认在环境案件中认定的问题不仅需要从公司法的角度进行考虑，也需要从环境侵权的特殊性去考虑。然而，由于相关制度依据的缺失，上述事故最终在信宜市人民法院的主持下，由信宜市人民政府、信宜市钱排镇人民政府代表"9.21"事件受灾村民和有关单位，与信宜紫金就一揽子解决"9.21"事件的灾损索赔事宜达成协议。对于责任的认定采用了模糊处理的方式，但从签订协议的主体来看，并未包括紫金矿业。

近些年，随着生态文明建设的不断推进和环境侵权制度的不断完善，理论和实务界中对母公司承担环境侵权责任的必要性与可行性有了新的认识。在理论上，很多学者开始提出，公司的控股股东、实际控制人、董事、经理或实际经营者在特定情况下，须承担因环境污染或生态破坏导致他人财产或人身受损以及生态系统受损而产生的损害赔付义务。[1]在生态环境损害赔偿方面，部分地方的生态环境损害赔偿制度探索规定了母公司对子公司生态环境损害修复或赔偿责任的自愿承担制度。例如，《南京市生态环境损害赔偿实施办法（试行）》第4条第3款规定，造成生态环境损害单位的开办单位、上级主管部门、母公司或案外第三人自愿承担生态环境修复或者赔偿责任的，应予允许。在成都某污水处理公司污染环境民事公益诉讼诉前程序案公益诉讼等案件[2]中，也出现了母公司主动全额赔付生态环境损害赔偿金的做法。

---

〔1〕 参见周杰普："论公司参与人的环境损害赔偿责任"，载《政治与法律》2017年第5期。

〔2〕 2016年10月至2017年8月，成都某污水处理公司运营的九座污水处理厂不同程度地排放超标污水，并利用环保在线监测设备密码管理漏洞，通过修改调整特定参数预设值，伪造监测设备出口水的COD（化学需氧量）1.30吨、总磷2.02吨、氨氮59.66吨，折合生态环境损害金额115万余元。成都市某基层检察院在办理该起中央环保督查组移交的污染环境罪刑事案件的侦查监督工作中，发现可能存在民事公益诉讼案件线索，遂移送成都市人民检察院办理。2018年1月，成都市人民检察院依法立案，统筹两级院民事行政、侦查监督、公诉、警务、技术等检力资源，通过调查取证，询问证人明确拟向法院提起生态环境损害赔偿损失115万余元的诉讼请求，并公告告知社会组织提起公益诉讼。同年6月，该污水处理公司的母公司某水务集团公司在成都市人民检察院组织召开的诉前会议上，主动全额赔付生态环境损害赔偿金115万余元。参见成都检察："成都某污水处理公司污染环境民事公益诉讼诉前程序案"，载http://www.cdjcy.gov.cn/dxal/112269.jhtml，最后访问日期：2021年5月1日。

将母公司纳入生态环境损害赔偿义务人的范围具有了一定的理论与实践基础。

在此背景下，下文将对母公司、贷款人等主体是否作为生态环境损害赔偿义务人的必要性、可能性与具体实施路径展开讨论。在本节中，笔者将针对生态环境损害的特殊性，从分析现有制度中要求母公司承担生态环境修复或赔偿责任的依据及障碍出发，在分析母子公司人格否认以及生态环境损害赔偿案件人格否认适用情形冲突的基础上，运用利益衡量分析方法，对母公司承担生态环境损害赔偿责任的规则提出完善建议。

二、母公司承担生态环境损害赔偿责任的制度障碍及可能路径

(一) 母子公司的认定

《公司法》规定，公司可以设立子公司，子公司具有企业法人资格，依法独立承担民事责任。[1]《公司法》的这一规定，为我国母子公司关系的存在及子公司法律地位的确立提供了法律依据。但对于何为母子公司，我国公司法并未给出明确界定，各国学者和立法也有不同认识。能达成的共识：(1) 母公司和子公司具有独立性，两者是彼此独立的公司法人，以自己的名义独立地实施法律行为，并以自己的资产对外独立承担责任。(2) 母公司与子公司存在控制、支配关系，该控制和支配关系是广泛、持久而深入的，母公司可以决定和控制子公司的意思表示。母子公司关系主要的分歧在于股东所持股份比例达到多少为母公司。对此，《公司法》对控股股东和实际控股人的规定可以为我们提供一定参考。《公司法》第 216 条规定，控股股东，是指其出资额占有限责任公司资本总额百分之五十以上或者其持有的股份占股份有限公司股本总额百分之五十以上的股东；出资额或者持有股份的比例虽然不足百分之五十，但依其出资额或者持有的股份所享有的表决权已足以对股东会、股东大会的决议产生重大影响的股东。实际控制人，是指虽不是公司的股东，但通过投资关系、协议或者其他安排，能够实际支配公司行为的人。根据该规定，笔者认为，母子公司有以下几种：第一，全资控股母子公司，即一公司通过新设或收购拥有他公司 100% 的股份或资本；第二，控股母子公司，即

---

〔1〕《公司法》第 14 条："公司可以设立分公司。设立分公司，应当向公司登记机关申请登记，领取营业执照。分公司不具有法人资格，其民事责任由公司承担。公司可以设立子公司，子公司具有法人资格，依法独立承担民事责任。"

一公司拥有他公司有表决权的 50% 以上股份或出资资本，或者拥有他公司股东会或股东大会半数以上的表决权；第三，持股母子公司，即出资额或持有股份的比例虽然不足 50%，但一公司对他公司可以进行实际的支配和控制；第四，控制关系母子公司，通过控制协议，董事交叉任职等方式，一公司对他公司可以进行实际的支配和控制。

（二）侵权视角下母公司承担生态环境损害赔偿责任的障碍

根据《公司法》的规定，母子公司分别具有独立的民事主体资格，如要求母公司承担责任，首先应排除是否可以根据相关法律直接认定母公司为生态环境损害赔偿责任人。因此，在环境案件中要求母公司承担责任的两种路径：一是根据生态环境修复与赔偿责任的相关法律认定母公司为环境侵权责任人；二是通过人格否认制度要求母公司与子公司承担连带责任。

我国当前并没有一部专门的环境损害赔偿法，对于公司生态环境损害赔偿责任认定的主要依据为《民法典》和环境法律中的相关规定。然而，从现有制度来看，直接认定母公司的生态环境损害赔偿责任较为困难。根据《民法典》第 1234 条的规定，生态环境损害赔偿的义务人为"违反国家规定造成生态环境损害的"主体。现有责任主体的认定是从"行为"而不是"法律身份"来判断，环境侵害人需要通过举证证明母公司的行为与损害结果具有因果关系，而这种证明非常困难。因此，现阶段将未实施环境污染或破坏行为的母公司认定为责任主体存在制度障碍。

从国外来看，美国《综合性环境反应、赔偿与责任法案》（Comprehensive Environmental Response, Compensation and Liability Act, CERCLA）中出现了"所有者—经营者"理论，用于追究股东对公司环境侵权的严格责任。依此理论，法庭只需确定母公司是否在事实上"经营"或"有能力控制"子公司的有毒物质排放，就有可能将母公司以"所有者"或者"经营者"的身份拉入环境侵权诉讼中。[1] 依据 CERCLA 的宽泛解释在对母公司的环境责任进行认定时，实际上仍是通过法人人格否认制度来予以实现的。在美国，由于揭开公司面纱的标准很严格，使得很多案件中，母公司逃避了对子公司环境侵权承担赔偿责任。CERCLA 使得人格否认制度在环境责任中的认定条件更加宽

---

[1]　参见陈继梅："论母子公司结构中有限责任滥用的救济"，载《河北法学》2000 年第 6 期。

松。综合来看，母公司生态环境损害赔偿责任的认定并不能仅仅依据环境法律中生态环境损害赔偿义务人的确立，公司法中人格否认制度的适用是确定母公司承担生态环境损害赔偿责任的关键。

（三）母公司承担生态环境损害赔偿责任的法律基础——法人人格否认制度

有限责任是公司法的基础，公司制度最重要的原则之一就是公司的独立法人地位和公司股东对于公司债务的有限责任。《公司法》也明确了股东的有限责任，该法第 3 条规定："公司是企业法人，有独立的法人财产，享有法人财产权。公司以其全部财产对公司的债务承担责任。有限责任公司的股东以其认缴的出资额为限对公司承担责任；股份有限公司的股东以其认购的股份为限对公司承担责任。"公司有限责任的确立，可以减少投资风险，鼓励股东进行投资，提高资本运作的效率，促进经济和社会的大发展。依据公司有限责任，母子公司是相互独立的法人，母公司对子公司的债务不需承担责任。但在某些情况下，控制股东为逃避法律义务或责任而违反诚实信用原则，滥用法人资格或股东有限责任致使债权人利益严重受损时，法院或仲裁机构有权责令控制股东直接向公司债权人履行法律义务、承担法律责任。[1]

公司债权人要求公司股东直接承担责任的制度在英美法系被称为揭开公司面纱（lifting the corporate veil）或刺破公司面纱（piercing the corporate veil）。从 1905 年桑伯恩法官（J. Sanborn）在美国诉密尔沃基冷藏运输公司一案中创立"揭开公司面纱"原则起，包括大陆法系在内的许多国家都借鉴并发展出了自己的一套法人人格否认理论。我国也对公司人格否认制度作出了明确规定。《公司法》第 20 条第 1 款规定，公司股东应当遵守法律、行政法规和公司章程，依法行使股东权利，不得滥用股东权利损害公司或者其他股东利益；不得滥用公司法人独立地位和股东有限责任损害公司债权人的利益。第 20 条第 3 款规定，公司股东滥用公司法人独立地位和股东有限责任，逃避债务，严重损害公司债权人利益的，应当对公司债务承担连带责任。本条所称的"公司债权人"包括民事关系中的各类债权人，包括但不限于契约之债的债权人、侵权行为之债的债权人、无因管理的债权人和不当得利之债的债权人。[2]因

---

〔1〕 参见刘俊海："揭开公司面纱制度应用于司法实践的若干问题研究"，载《法律适用》2011年第 8 期。

〔2〕 参见刘俊海：《现代公司法》，法律出版社 2008 年版，第 476 页。

此，环境侵权的受害人也属于公司的债权人。

公司人格否认制度的确立，对于解决环境侵权领域的法律难题具有重要意义。随着经济的发展，环境侵权所造成的环境损害后果越来越严重，赔偿数额往往巨大。如果母公司为了自身的利益最大化，通过设立子公司以污染环境为代价进行生产或母公司借助子公司名义进行排污致使生态环境遭受严重损害，此时如果单纯追究子公司的责任，在大多数情形下即使该公司的全部财产都用于赔偿，也难以救济受害者以及修复受损的生态环境。根据传统的有限责任，却难以使母公司承担责任。如果根据公司法人格否认制度，就可以追究公司背后的滥用控制权股东的责任，从而更好地救济损害的生态环境。回顾国内外发生的重大环境事故，运用公司法人人格否认制度追究公司环境责任的情况也主要是发生于大型跨国公司和集团公司造成环境损害的案件。在这些案件中，通过人格否认制度的适用，可以由负有过错并且财力雄厚的母公司对其子公司的环境侵权损害负责任。比如，1984 年，美国联合碳化氢公司的印度子公司所开设的农药厂农药泄漏，导致重大伤残，即著名的"博帕尔惨案"。印度最高法院判决母公司美国联合碳化氢公司负有责任，赔偿损失共计 4.7 亿美元，这对于环境的及时修复以及受害者得到及时的救助无疑具有重大意义。[1]

三、母子公司人格否认在生态环境损害赔偿案件中的适用冲突

(一) 母子公司关系中适用人格否认制度的特殊性

在实践中，最常见的母子公司形式为公司集团，即两者是一个经济实体，却是互相独立的法律实体。作为公司集团化经营策略，母子公司之间存在一定程度的业务往来、资金流动和人员调配是正常现象；在集团公司内部，从整体上看，子公司的业务安排常常属于公司集团的一部分，如上述案例中的紫金矿业集团股份有限公司是一家大型矿业公司，其根据需要通过收购或新设了一系列的子公司，信宜紫金矿业是其中之一。这种做法是降低经营成本的有效措施，也是集团公司的价值所在。因此，作为法人股东，区别于自然人股东，母公司对子公司的控制这一单一要件，并不能导致适用公司人格否认

---

〔1〕 参见姜明、张敏纯："试论在华跨国公司环境侵权的责任承担机制"，载《时代法学》2010年第 4 期。

制度要求母公司承担责任。

基于此，在美国揭开母子公司面纱一般包括两方面的条件：第一，子公司成为母公司的工具或代理人，丧失独立地位；第二，母公司利用子公司的独立地位损害债权人利益。对于第一条件，法院要考虑下面这些问题：（1）母公司是否拥有子公司所有的或大部分的股份？（2）母子公司是否有着共同的董事和经理？（3）子公司是否资本严重不足？（4）母公司是否将子公司的财产作为自己的财产直接使用？（5）子公司的董事经理是否并不为子公司的利益服务，而是直接受母公司的指令？对于第二个因素，法院要考虑：（1）母公司是否利用子公司进行犯罪或其他违法活动？（2）母公司是否转移了子公司的财产以至于子公司没有财产留给债权人？（3）母公司是否利用子公司进行虚假陈述？（4）母公司是否利用子公司进行侵权？[1]

由以上可以看出，在母子公司结构中，有限责任是原则，人格否认是例外。在世界范围内，各国对公司集团的人格否认制度都持克制态度，董事的交叉任职、母公司对子公司发挥影响等都不足以让母公司承担责任，需要考虑其他很多因素。尤其是，对于上市公司人格否认的适用更为谨慎。在德国和法国，仅对有限责任公司适用刺破制度；在美国，存在对上市公司适用人格否认的理论，但在实践中并没有出现这样的案例。而我国虽然没有规定人格否认制度的适用公司类型，但在司法实践中对上市公司的人格否认也从未运用，信宜紫金矿业案件是要求上市公司人格否认第一例，但最终也未判决。因此，在司法实践中，法院考虑到母子公司的特殊性，倾向于对母子公司的认定持谨慎态度，认定标准较为严格。

（二）生态环境损害赔偿案件中适用人格否认制度的特殊性

《公司法》对股东滥用公司法人独立地位和股东有限责任，损害公司债权人利益的情形规定了公司法人人格否认。《民法典》第83条第2款[2]也对营利法人的人格否认制度进行了确认。从现有制度规定来看，公司人格否认

［1］ See B. C. Reed, " Clearing away the Mist: Suggestions for Developing a Principled Veil Piercing Doctrine in China", *Vanderbilt Journal of Transnational Law*, Vol. 39, NO. 5. , 2006, p. 1670.

［2］《民法典》第83条：“营利法人的出资人不得滥用出资人权利损害法人或者其他出资人的利益；滥用出资人权利造成法人或者其他出资人损失的，应当依法承担民事责任。营利法人的出资人不得滥用法人独立地位和出资人有限责任损害法人债权人的利益；滥用法人独立地位和出资人有限责任，逃避债务，严重损害法人债权人的利益的，应当对法人债务承担连带责任。”

制度中所保护的利益主体为"债权人"。债权人分为自愿债权人与非自愿债权人，所谓自愿债权人是指基于合同等包含了自己意志的方式而成为公司的债权人，如合同债权人；所谓非自愿债权人则是指由于侵权等并非由于自己的意志而成为公司的债权人，如劳动关系债权人，但主要是侵权行为之债的债权人，如产品质量损害的债权人、消费者权益损害的债权人、环境损害中的债权人、无因管理的债权人和不当得利之债的债权人等。[1]一般认为，有权提起公司法人格否认之诉的原告包括自愿债权人和非自愿债权人。揭开公司面纱的制度是债权人利益保护的尚方宝剑，但是这一事后救济原则是否对自愿债权人和非自愿债权人同等适用，学者观点并不统一。笔者认为，从构成要件来看，适用人格否认制度需要满足一定的结果要件，公司法人人格利用者滥用公司法人人格的行为必须给他人或社会造成了损害。这种损害既包括现实损失，亦包括潜在损失，还包括债权人、第三人、国家利益和社会公共利益的损失。[2]债权人是否是自愿与公司进行交易是决定股东是否应当对损害后果承担责任的一个重要考虑因素，自愿债权人与非自愿债权人在适用条件上应有一定的区别，侵权债权人是非自愿债权人而合同债权人是自愿债权人，因此，侵权案件与合同案件中的揭开公司面纱的标准应有不同。

在合同案件中，债权人作为商主体，其在与公司交易之前，有能力也有可能对公司进行充分的了解，以确认公司是否存在实质条件的缺陷。如在债权人没有进行调查就签订了合同，而公司没有欺诈行为的情况下，应视为债权人自愿承担风险。如果债权人经过调查发现债权人有不能偿还债务的危险或存在缺乏实质的情况，他可以要求公司提供担保。如公司拒绝或不能提供担保，债权人可以放弃交易。如债权人在此种情况下仍与公司签订合同，实际上也意味着他自愿承担债务可能不能偿还的风险。因此，在合同案件中，债权人有预先防范风险的能力。而在侵权案中，侵权行为之债的债权人（受害人）在通常情况下往往缺乏事先与侵权人讨价还价的机会，更无从容的时间与机会向侵权人索要真实、合法、有效的担保手段。而且，在侵权行为发生之

---

〔1〕　参见何尧德：《现代公司民事责任制度研究——以股东和经营管理者为重心》，法律出版社2011年版，第138~139页。

〔2〕　参见薛波："公司法人格否认制度'入典'的正当性质疑——兼评《民法总则》'法人章'的立法技术"，载《法律科学（西北政法大学学报）》2018年第4期。

前，侵权的具体损害往往并不确定。鉴于侵权行为中的受害人往往是社会弱势群体，为充分体现以人为本的思想，法官在应债权人之所请、揭开公司面纱之时，应当对非自愿的债权人（侵权行为的受害者）稍微宽容一些。[1]并且，在我国当前的经济发展状况下，公司利用有限责任肆意污染环境或侵犯员工利益等现象普遍，造成后果严重，法院应通过公司人格否认保护侵权案件受害人的利益。在美国的判例中，侵权案件与合同案件揭开面纱的标准也不同。在合同案件中，法院经常围绕两个方面的要件作出分析，来确定是否要揭开公司面纱，让母公司承担责任，这两个要件是：其一，母公司支配着子公司；其二，母公司有欺诈、违法及其他不正当的产生不公正后果的行为。与合同案件不同，在侵权案件中，法院主要审查母公司对子公司的控制程度。美国的一些法院这样认为：如果母公司对子公司实施了控制，并且母公司的行为在道德上是可谴责的，并导致了损害，则公司的面纱将会被揭开。[2]据此，有学者甚至公开支持放弃侵权案件中公司的有限责任。

环境污染除造成人身和财产损害外还会造成环境本身的损害，生态环境损害属于对社会公众利益的损害，这种损害的恢复一般数额巨大且影响了不特定公众的环境利益，在这种情况下，更应该适用法人人格否认制度，要求母公司承担连带责任。以首开"公司法人格否认"之先河而著称于世界的美国法官桑伯恩在美国诉密尔沃基冷藏运输公司一案中如此描述法人人格否认规则：一般规则是公司被认为是法人实体，但是当有足够的理由认为相反情况存在时，法人的存在被用来损害公共利益，将错误行为合理化，保护欺诈或者保护犯罪，法律将把公司视为人的集合。[3]在美国，不同州的法院在决定是否刺破公司面纱时考虑的因素有所不同。但共同的因素包括欺诈、违法、违反合同、公共不法行为、不公平以及公司成立的目的是否是损害公共利益。[4]

我国并未对侵权案件与合同案件中揭开公司面纱的适用情形进行区分性

---

〔1〕 参见刘俊海："揭开公司面纱制度应用于司法实践的若干问题研究"，载《法律适用》2011年第8期。

〔2〕 参见胡田野编：《公司法律裁判》，法律出版社2012年版，第636页。

〔3〕 参见朱慈蕴："公司法人格否认：从法条跃入实践"，载《清华法学》2007年第2期。

〔4〕 See Oscar Shub, "Separate Corporate Personality: Piercing the Corporate Veil", *Fdcc Quarterly*, Vol. 56, Iss. 2. , 2006, p. 253.

规定，在生态环境损害赔偿制度中也并未对母公司的责任进行专门规定。在法律缺失的情形下，通过以上分析可以看出，在司法实践中进行认定时，应考虑到生态环境损害赔偿案件的特殊性，对生态环境损害赔偿案件中人格否认的认定标准较为宽松。

（三）母子公司与生态环境损害赔偿案件适用情形的冲突

是否符合适用情形是认定母公司对子公司造成的环境损害是否承担责任的关键。从上述分析我们可以看出，母子公司的特殊性要求公司人格否认的条件在对母子公司进行适用时应该持谨慎的态度，而侵权案件的特殊性却要求在揭开公司面纱之时持宽容的态度。生态环境损害赔偿案件相比一般侵权案件的特殊性，又导致这种冲突加剧。生态环境损害赔偿案件的特殊性体现在：第一，损害后果为公共利益的受损。一些大型的环境案件造成的后果严重，损失巨大，责任的承担与社会的稳定紧密相关，造成的损害严重，影响极大，如不能及时进行救济，对环境本身、人体健康与社会稳定都会产生恶劣影响；第二，环境案件因果关系的认定困难。生态环境损害与一般损害相比，具有长期性、潜伏性、复杂性、广泛性和科技性等特征，这使得生态环境损害因果关系的判断困难重重。因此，当母子公司人格否认在生态环境损害赔偿案件中认定时，是维护公司的本质适用母子公司的较严格标准，还是维护环境公共利益适用侵权案件的较宽松标准，存在问题。

面对上述两种认定标准、适用情形的冲突，在《公司法》和其他相关法律规定不明确的情况下，应分析该冲突背后隐藏的利益冲突，通过价值选择，来确定生态环境损害赔偿案件中是否适用人格否认以及如果可以适用，具体的适用情形如何确定。公司人格否认制度的确立就是为了保护债权人、社会公共利益，实现法律的正义而做出的选择。母子公司人格否认在环境案件的运用中之所以出现适用情形的冲突，是所体现的不同利益之间的冲突，需要我们对这些交织的利益进行评估、衡量和平衡。这些需要衡量的利益体现在：

第一，有限责任与企业社会责任之间的衡量。有限责任是公司制定的基石，保证投资者在对公司承担有限责任的基础上大胆进行投资，促进经济的发展。[1]公司法人格否认制度是有限责任的例外和补充。但随着社会的发

---

[1]　参见覃文光："建立我国公司法人人格否认制度的法理透视与思考"，载《河北法学》2004年第11期。

展，现代公司的数量、规模不断增大，公司对环境保护、社会稳定、经济发展等各方面的作用越来越大。这就要求公司不应只谋求盈利，更需承担起对债权人、社会公众等与企业发展相关主体的责任，公司人格否认制度就是对违反社会责任的一种矫正。但在实际运用中，这种矫正要达到哪种程度需要我们考虑。

第二，经济发展与社会公共利益之间的衡量。公司法之所以对适用人格否认持谨慎态度的原因：一方面有限责任制度是为了通过股东和债权人之间的风险负担，减少投资者的风险，鼓励扩大公司规模，促进经济发展。尤其是对于开放式公司即上市公司适用人格否认，更可能对整个市场经济产生影响。但另一方面，有限责任这种制度设计对债权人尤其是非自愿债权人非常不公平，尤其是如公司造成生态环境损害，更损害了社会公共利益，两者之间如何平衡需要考虑。

第三，民商法"利益最大化"与环境法"损失最小化"的衡量。民商法是为保障利益最大化的法律，公司法更是为了保障人们更有效率地追求财富而创设的法律。而环境法的价值追求为"损失最小化"。"损失最小化"应包含两个要素：确实受到损失且必须付出；损失为别人所得，因此利益的获得者必须支付对价。[1] 母公司设立子公司是为了利益最大化的需求，而造成了环境受害人的损失，按照"损失最小化"的原则，除需子公司承担责任外，母公司也应该承担一定的责任。但直接要求母公司承担责任会限制经济发展，因此，在经济发展与环境保护两者的正当利益之间，需要我们进行利益衡量寻找平衡点。

四、母公司生态环境损害赔偿责任的认定与规则完善

（一）母子公司人格否认在生态环境损害赔偿案件中运用的方法论基础：利益衡量

罗·庞德认为，法律秩序所保护的是利益而不是法律权利，法律的功能在于调节、调和与调解各种错杂和冲突的利益……以便使各种利益中大部分或

---

[1] 参见李启家："中国环境法的代际发展——兼议环境法功能的拓展"，载《上海法治报》2009年3月11日，第B05版。

我们文化中重要的利益得到满足，而使其他的利益最少地牺牲。[1]无论是立法还是司法的作用都在于，在多元而复杂的利益矛盾中进行衡量，协调各方关系。那么，我们在进行利益衡量时应该坚持在"最少的阻碍和浪费的情况下给整个利益方案以最大的效果"。具体到母子公司人格否认在生态环境损害赔偿案件中的运用时，我们应坚持以下原则对利益冲突进行平衡。

第一，公平正义原则。法律在进行价值衡量时考虑最多的是效率与公平的价值选择与平衡问题。法人人格否认制度的设立就是公平正义原则的体现。从立法目的上来看，该制度的设计就是通过法官在个案中对否认制度的适用，来达到对有限责任的完善，维护公平正义，因此，公平、正义是我们在衡量时考虑的关键。另外，在不同的时期对公平和效率有不同的选择，当社会的公平度较高，而社会的效率较低时，就应当考虑让利益受损者的利益适当受损以换取得利者利益的较大幅度增长。改革开放初期，我国经济水平发展低下，这个时候应适用效率优先，我国第一部《公司法》就是在那个时代背景下制定的。但当社会的效率较高，而社会公平度较低时，就应当考虑让现实中已经得利的一方做出适当让步，通过减少既得利益者的部分利益来换取利益受损者利益较大幅度的增长，从而实现利益平衡。在当前社会，以环境污染为代价发展经济已经换来了高速的GDP，在这种情况下，在效率和公平之间，应该更加重视公平的价值，加强对受损生态环境的救济与保护。因此，从该条的立法目的和公平正义的原则来看，应更重视保护环境公共利益，实现环境正义。

第二，综合利益最大化原则。立法上的利益衡量不仅要在共时性的诸种利益之间进行评估和比较，还要对历时性的利益态势作出评估，选择最佳的利益方案以达到综合利益最大化、代价最小化的目的，这就是综合利益最大化的原则。[2]利益的选择需要考虑社会环境和社会背景，而我国当前处于环境事件多发时期，民众对环境的要求提高，对环境现状不满，而很多大型公司却为追求经济利润忽视环境社会责任。在这种情况下，应重视公司社会责

---

〔1〕　参见［美］罗·庞德：《通过法律的社会控制 法律的任务》，沈宗灵、董世忠译，杨昌裕、楼邦彦校，商务印书馆1984年版。

〔2〕　参见张斌："现代立法中的利益衡量——以个体主义方法论为研究视角"，吉林大学2005年博士学位论文。

任，优先保护环境利益这一紧缺利益、优先利益。

因此，综上所述，通过利益衡量，对于母子公司人格否认在生态环境损害赔偿案件中的运用，更要重视保护环境公共利益，对人格否认的认定条件要宽松适用。但宽松适用并不是意味着毫无条件的保护，而应有明确的条件。

（二）母子公司人格否认在生态环境损害赔偿案件中的适用情形

在具体实践中，对于揭开公司面纱的适用情形应进行类型化区分，区分侵权案件和合同案件下揭开面纱的不同适用条件。而具体到母子公司人格否认在生态环境损害赔偿案件中的认定，因该类处于两种分类的交叉点且所保护利益具有公共属性，通过利益衡量，对该类案件的适用条件，应宽松而明确。因此，母子公司人格否认在生态环境损害赔偿案中运用时只需要考虑母公司对子公司的控制程度，只要母公司违背诚实信用原则对子公司进行不恰当的控制就应当承担责任。具体来讲：

第一，如果母子公司之间符合一般公司人格否认制度的适用情形当然需要承担责任。这种情形包括资本显著不足或者股东与公司人格高度混同等子公司法人人格被滥用或形骸化。具体可以考虑以下因素：

（1）母公司与子公司之间存在代理关系。例如，母公司对子公司进行绝对控制，以至于子公司不再追求自己的利益，日常的经营活动是基于母公司的利益出发，或者子公司实际上仅是母公司的一个分支机构。

（2）子公司一直被声称是母公司的一部分，例如，作为一个"分支机构"或"地方机构"而不是作为一个子公司。

（3）子公司作为独立公司的程序要求未被遵守。

（4）子公司被以一种"不公正的方式"经营，例如，母子公司之间的交易条款是如此规定以至于利润归母公司而损失归子公司。

（5）没有明确一致地区分哪些交易是母公司的，哪些是子公司的。[1]

第二，母公司对子公司进行不正当支配和控制，也当然可以认定母公司需对子公司承担责任。母子公司不正当支配主要表现在：母公司通过与子公司的关联交易，非法隐匿、转移子公司的财产。

第三，母公司违背诚实信用原则，对子公司进行不恰当的控制，就应当

---

〔1〕 参见［美］罗伯特·W.汉密尔顿：《美国公司法》，齐东祥译，法律出版社2008年版，第113页。

承担责任，包括母公司对子公司的经营场所有控制权，或能够对子公司的环境政策施加影响等，可以考虑以下因素：

（1）子公司受其母公司的指示或安排从事某项活动造成环境损害；

（2）母公司能够对环境损害的发生或环境政策的制订进行实质性控制；

（3）母公司对子公司的日常经营活动或场所的日常经营活动进行了实际控制；

（4）母公司对子公司的危险物质或危险设施有控制权；

（5）母公司有能力阻止环境损害的发生或对场所、设施有阻止的权限与能力；

（6）子公司和母公司基本上经营的是同一个完整的业务的不同部分，并且子公司没有足够的资本应付从事特定经营所不可避免的并且可以合理预见的风险；

（7）母公司是子公司的唯一股东，且子公司没有足够的资本应付从事特定经营所不可避免的并且可以合理预见的风险。

（三）母公司承担生态环境损害赔偿责任的规则完善

在司法实践中，法院可以结合上述适用情形在具体案件中认定母公司应对子公司造成的生态环境损害承担赔偿责任，并通过出台司法解释或发布指导性案例对股东承担公司环境侵权的补充责任进行全面规定。[1] 从长期来看，还应通过生态环境损害赔偿制度与公司法律制度的共同完善，明确母公司的生态环境损害赔偿责任。在具体的立法实现路径上，需从两方面着手：一是生态环境损害赔偿专门立法中进一步扩大义务主体的范围，确立母公司生态环境损害赔偿义务人的地位，并明确母公司承担生态环境损害赔偿责任的具体条件。二是完善我国现有的公司人格否认制度，对揭开公司面纱的适用情形进行类型化规定，区分母子公司和公司与自然人股东之间揭开面纱的不同适用条件，区分侵权案件和合同案件下揭开面纱的不同适用条件等，明确人格否认制度的适用情形等具体规则。综合来看，母公司承担生态环境损害赔偿责任的制度完善，应通过环境责任法与公司法的联动，明确人格否认制度在生态环境损害赔偿案件中的构成要件、举证责任规则、责任性质与范围等具体问题。

---

〔1〕参见王艳梅、祝雅柠："论公司环境侵权后股东损害赔偿责任——基于事故成本法经济学理论"，载《西安交通大学学报（社会科学版）》2019年第6期。

第一，明确生态环境损害赔偿案件中法人人格否认制度的适用要件。一般认为，公司法人人格否认制度的适用条件：（1）公司已经合法取得独立人格；（2）股东客观上实施了滥用公司独立地位和股东有限责任的行为；（3）股东滥用权利的行为严重损害了公司债权人的合法权益，也就是说，滥用行为应与损害结果之间存在因果关系。所谓严重损害了债权人利益，是指股东滥用控制权的行为导致公司丧失了偿债能力。如果公司具有清偿能力，则不存在否定公司法人人格否认的问题，不能要求股东对公司债务直接承担责任。根据上述构成要件，母子公司人格否认在生态环境损害赔偿案件中运用还需符合人格否认制度的适用条件，包括：（1）母子公司都具有独立的法律地位，取得了法人资格。（2）由生态环境损害赔偿权利人、环境社会组织等主体为公共利益提出法人人格否认，而不能由公司本身或公司的董事、监事、高级管理人员等提起，即公司不能进行自我否定。（3）母公司违背诚实信用原则，对子公司实施了不恰当的控制；（4）子公司的行为造成了生态环境的损害。

第二，明确生态环境损害赔偿案件中人格否认制度适用举证责任倒置规则。揭开公司面纱的关键是举证责任的问题，但公司法对举证责任问题并未明确规定。据"谁主张，谁举证"这一民事诉讼举证责任的基本原则，在公司人格否认案中，公司债权人必须提供充分的证据证明母公司进行了滥用股东权的行为并损害了环境公共利益。[1]但环境侵权作为一种特殊的民事侵权行为，现有法律中对当事人的举证责任也进行了特殊的规定。《公司法》第63条对一人公司也采取了法人人格滥用推定的态度，即举证责任倒置的态度。虽然一人公司与多人公司的举证责任有所不同，但基于环境侵权案件的特殊性，在生态环境损害赔偿案件中对人格否认的证明应采用宽松的证明标准。为避免权利人没有任何证据而提起人格否认，造成人格否认制度的滥用，应采用有条件的"举证责任倒置"。即由生态环境损害赔偿权利人提供一定的初步证据，证明母公司对子公司实施了不恰当的控制，并且该控制使生态环境受到了损失。母公司需证明其行为是善意且符合公平原则，否则承担证明不利的后果。

第三，明确生态环境损害赔偿案件中母子公司应承担共同连带责任。一

---

〔1〕 参见高旭军："论《公司法》第20条第3款的适用要件"，载《同济大学学报（社会科学版）》2015年第3期。

般认为，公司股东对公司债权人承担的是连带责任，但对具体的连带责任类型存在不同认识，有共同连带责任说、补充连带责任说、资本充实连带责任说等。具体到环境案件中对母子公司责任认定时，母公司是仅就子公司无法清偿的部分对债权人承担补充责任，还是母子公司在承担责任时没有先后次序，债权人可以要求任何一方承担，需要予以确定。笔者认为，共同连带责任说较合理。理由如下：首先，共同连带责任说契合《公司法》第20条第3款的文义；其次，股东和公司共同对公司债权人承担连带责任并不损害那些没有滥用股权的无辜股东的利益。若公司因承担连带责任而受损，则不仅公司自己可以另行起诉滥用控制权的股东，而且在公司自身怠于诉讼时，其他没有滥用股权的无辜股东还可以提起股东派生诉讼；最后，补充连带说中的先诉抗辩权说和先执行公司财产说为债权人追究股东的侵权责任设置了人为障碍，与公司人格否认制度保护债权人的立法本意背道而驰。综上所述，母公司对子公司的生态环境损害应承担一般的共同连带责任。具体到实践中应注意以下几个问题：一是母公司承担一般连带责任的前提是有证据表明子公司不具有足够的清偿能力。二是生态环境损害赔偿权利人可以将子公司与母公司列为共同被告，要求母公司承担一般连带责任。三是如果在生态环境损害赔偿权利人对子公司的诉讼结束后，发现子公司没有足够资产进行清偿，可另行提起诉讼。

第三节 贷款人生态环境损害赔偿责任的认定与规则完善

随着环境责任追究制度的不断完善，承担生态环境修复与治理责任的主体范围呈现扩张趋势。在美国、加拿大等国家，在符合法定条件时，贷款人被认为是生态环境损害修复与赔偿的潜在责任主体。在我国，当生态环境损害结果出现时，贷款人是否可能因其向借款人提供信贷支持的行为承担修复与赔偿责任，现有法律并无直接规定。随着生态环境损害赔偿制度与绿色信贷制度的发展，贷款人环境责任的确认与承担受到越来越多的关注。在实践中，环保组织等主体开始探索尝试要求贷款人承担相关环境责任。2018年7月，在福建省绿家园环境友好中心针对宜城市襄大农牧有限公司提起的环境民事公益诉讼中，该中心向十堰市中级人民法院申请追加中国农业银行股份有限公司宜城市支行、湖北宜城农村商业银行股份有限公司作为该案的共同被告参加诉讼。[1]2018年9月19日，该案在湖北省十堰市中级人民法院召开庭前会议，法官对追加银行为共同被告申请作出口头裁定，不予以追加。在无认定贷款人生态环境损害赔偿责任直接法律依据的情况下，该案能否根据我国现有相关法律中的一般规定追究贷款人的生态环境损害赔偿责任，在理论和实务界引起了较大争议。

对此，笔者认为，在立法缺失的背景下，可以运用文义解释、论理解释、目的解释、体系解释等多种狭义法律解释方法，对贷款人责任进行认定。具体包括：运用文义解释的方法，结合立法的目的，对作为责任主体的"污染者""所有者"等法律概念进行推演，明确贷款人符合法律规范内涵的条件和情形；运用体系解释方法，从法律体系的整体性、协调性出发，援引公司法、银行法等其他法律规范，对贷款人单纯提供资金的行为构成侵权责任进行说明和论理；运用扩张解释方法，结合相关法律规范的关系与立法价值，将高度危险责任的损害后果进行扩张，使其致损后果不仅包括传统的人身财产损害，还包括生态环境损害等。从法律解释的作用来看，利用各种解释方法可以填补我国现有规则的空缺，从而使相关案件出现时能够使其判决恢复到清晰明确的状态，这是一种拯救法律确定性的学术努力。[2]在直接法律依据缺失的情况下，法律解释学方法为运用一般法律规定确定贷款人环境责任提供了可能的工具。但在我国，法律的适用要严格遵守法律文本的规定，不得随意进行解释，有效的法律解释只能在现有制度框架内发挥作用。而上述分析从性质上看不属于具有法律效力的立法解释和司法解释，而属于一种学理解释。在我国现有法律对贷款人生态环境损害责任存在立法空白的情况下，该学理解释的作用存在局限性。贷款人责任的确立与认定属于交叉法律问题，涉及环境法、公司法、银行法、侵权法等多部门法律体系的不同层次法律规

---

〔1〕 在襄大农牧生产期间，农行宜城市支行和宜城农商银行共同向襄大农牧发放了流动资金贷款，支持其畜牧养殖生产。负责代理本案的湖北隆中律师事务所律师吴安心认为，襄大农牧未建农田灌溉设施，未通过环保竣工验收，其生产活动违反环保法规定。农行宜城市支行、宜城农商银行违反贷款人合规审查义务，向襄大农牧发放流动资金贷款，支持其违法生产，从其违法生产所得中获取贷款利息盈利，造成污染持续扩大，存在过错，与襄大农牧构成共同侵权，依法应当承担连带责任。参见王玮："两银行向违法排污企业贷款成共同被告"，载《中国环境报》2018年8月15日，第8版。

〔2〕 参见桑本谦："法律解释的困境"，载《法学研究》2004年第5期。

范。随着生态环境损害赔偿制度和绿色信贷制度的不断推进，在环境、金融等相关法律体系中设立贷款人环境责任逐渐形成共识。《关于构建绿色金融体系的指导意见》指出，研究明确贷款人环境法律责任。《生态环境损害赔偿制度改革方案》也提出各地区可根据需要扩大生态环境损害赔偿义务人范围，提出相关立法建议。在未来的立法中，一方面，应在生态环境损害赔偿立法中将贷款人纳入义务人范围，并明确其责任的归责原则、构成要件及性质与范围等内容；另一方面，应在《中华人民共和国商业银行法》（以下简称《商业银行法》）等相关法律规范中明确细化贷款人绿色信贷的审慎注意义务，使其环境社会责任的承担具有强制力和威慑力。

一、贷款人生态环境损害赔偿责任认定的法解释学路径

（一）贷款人污染或破坏行为的责任认定

《生态环境损害赔偿制度改革方案》并无生态环境损害赔偿责任构成要件的直接规定，但在赔偿义务人确定的相关规定中指出：违反法律法规，造成生态环境损害的单位或个人，应当承担生态环境损害赔偿责任，做到应赔尽赔。《民法典》第 1234 条也规定，违反国家规定造成生态环境损害，生态环境能够修复的，国家规定的机关或者法律规定的组织有权请求侵权人在合理期限内承担修复责任或承担修复费用。结合两者的规定，生态环境损害赔偿的责任人应为"违反法律规定，实施环境污染或破坏行为，造成生态环境损害的主体"。虽然我国环境法规中没有明确规定贷款人的责任，但法律规定中的一般条款应适用贷款人。也就是说，银行金融机构等贷款人基于自己直接实施的污染环境、破坏生态的行为，存在成为生态环境损害赔偿责任主体的可能性。结合相关法律法规的规定，当借款人违约时，贷款人违反法律规定处置抵押物或者维持抵押物的运营，造成生态环境损害的，应承担相应责任。具体而言：

第一，贷款到期后，借款人未清偿债务或出现当事人约定的实现抵押权的情形，贷款人取得污染设施等抵押物的所有权，在对抵押物处置之前以违法方式继续经营，造成生态环境损害的，应承担责任。在此情况下，贷款人因其直接实施的经营管理行为，成为造成生态环境损害的"污染者"或"破坏者"。

第二，贷款到期后，借款人未清偿债务或出现当事人约定的实现抵押权的情形，贷款人通过变卖等方式处置已抵押的自然资源使用权时，违反法律规定造成生态环境损害的，应承担责任。根据《民法典》《中华人民共和国农村土地承包法》（以下简称《农村土地承包法》）等相关法律及政策，[1]我国部分土地资源、森林资源、海洋资源的使用权可以进行抵押贷款。但在借款人到期不能清偿贷款时，发放贷款的银行等金融机构处置抵押权应遵守自然资源使用权的相关限制性规定。在抵押权实现过程中违反法律规定造成生态环境损害的，贷款人应作为破坏生态环境的行为人承担责任。例如，自开展林权改革以来，福建、湖南、浙江等地积极开展了林权抵押贷款工作。在林权抵押贷款中，银行业金融机构以借款人本人或第三人合法拥有的林权作抵押担保发放贷款。当借款人违约时，金融机构为及时收回信贷资金，可以选择通过林木采伐对抵押物进行处置。但《森林法》对林木采伐的条件、范围等进行了具体而严格的规定。金融机构处置抵押物必须符合采伐条件，并取得林业部门的采伐许可。在实现抵押权的过程中，金融机构在明知应当取得林木采伐许可证而未予办理的情况下，将抵押林权范围内的林木予以砍伐，或者金融机构超过林木采伐许可证许可范围采伐林木，造成生态环境破坏的，应承担生态环境修复与赔偿的责任。再例如，天津、山东、浙江等沿海省市都开展了海域使用权抵押贷款业务，并出台了关于海域使用权抵押贷款的地方性法律规范，[2]对抵押贷款的范畴、申请条件、办理条件等进行了明确。在海域使用权抵押贷款中，借款人以依法取得的、由县级以上人民政府审批的海域使用权作为担保向金融机构申请贷款。借款人到期不能清偿债务的，发放抵押贷款的金融机构可以依法处置抵押的海域使用权，并就处置所得优先受偿。但发放抵押贷款的金融机构在依法处置抵押的海域使用权时，未经批准不得任意改变海域使用权的原有用途，并应遵守海域使用权转让、登记等方面的规定。金融机构在依法处置抵押的海域使用权时，违反相关法律规定，造成海洋生态环境损害的，应承担相应的生态环境修复与赔偿责任。

---

〔1〕 具体参见《民法典》第395条、《农村土地承包法》第49条、《海域使用权管理规定》第41条至第43条的规定。

〔2〕 例如，山东省在2011年出台了《山东省海域海岛使用权抵押贷款实施意见》，天津市在2009年出台了《天津市海域使用权抵押登记办法》及《天津市海域使用权抵押贷款实施意见》。

（二）贷款人作为高度危险物所有者与占有人的责任认定

从我国民法现有的制度体系和立法规定来看，环境侵权责任与高度危险责任在不同章节予以规定，并分别适用了不同的责任认定方式。但从造成生态环境损害的原因行为角度考虑，高度危险责任与环境侵权责任存在重合和交叉之处。从事高度危险的作业，或者易燃、易爆、剧毒、放射性等高度危险物是造成生态环境损害的重要原因。也就是说，高度危险活动及高度危险物不仅会致人损害还会导致生态环境损害。对高度危险活动而言，责任的承担者主要是从事或实施有关活动的主体。高度危险活动的范围，主要包括从事高空、高压、地下采掘活动，使用高速轨道运输工具等。从责任主体的认定来看，一般是专门的经营主体或从业主体，如电网公司、铁路运输企业等。贷款人在不参与相关行业借款人直接经营的情况下，很难符合该类责任的构成要件，对其成为高度危险活动的潜在主体的情形可不予考虑。但在高度危险物致损的情况下，责任的承担者通常是物的现实的管领和控制者或者所有者。[1]《民法典》第 1239 条、第 1241 条和第 1242 条，规定了占有人、所有人和管理人对高度危险物导致损害承担责任的情形和具体条件，主要包括：（1）易燃、易爆、剧毒、高放射性等高度危险物造成他人损害的，占有人或者使用人应承担侵权责任。（2）抛弃高度危险物造成他人损害的，由所有人承担侵权责任。所有人将高度危险物交由他人管理的，由管理人承担侵权责任；所有人有过错的，与管理人承担连带责任。（3）非法占有高度危险物造成他人损害的，所有人、管理人不能证明对防止他人非法占有尽到高度注意义务的，与非法占有人承担连带责任。

所有人或占有人对高度危险物所负责任与行为责任不同，这种责任与德国土壤污染防治立法中的"状态责任"及美国超级基金法中的"身份责任"极其类似，主张以对物具有事实性的管领力作为导致排除危险义务的因素。也就是说，所有人或占有人承担维护其所有物处于合法与安全状态之义务，若物之状态产生危险，此时状态责任人即具有排除危险的义务。[2]但如何界定"占有人"及"所有人"，我国现有法律并未给出明确的概念和界定。一

---

〔1〕 参见薛军："'高度危险责任'的法律适用探析"，载《政治与法律》2010 年第 5 期。

〔2〕 参见秦天宝、赵小波："论德国土壤污染立法中的'状态责任'及其对我国相关立法的借鉴意义"，载《中德法学论坛》2010 年第 0 期。

般认为，判断高度危险责任的关键是实际控制，所有人或占有人应该是危险物的实际控制人。[1]从这个角度分析，在借款人丧失抵押品赎回权和占有权的情况下，贷款人可能成为高度危险物的"所有者"或"占有者"。也就是说，如果抵押物为高度危险物，贷款人在其拥有抵押物所有权或对抵押物实际控制的情况下，可能面临承担高度危险物致损的责任。

（三）贷款人间接帮助行为的责任认定

根据直接责任原则，贷款人作为污染或破坏行为的实施者，应对自己的行为负责，成为生态环境损害的直接责任人。但在不存在上述贷款人直接责任的情况下，贷款人通过提供资金使借款人能够从事污染或破坏行为，是否可以认为贷款人"间接"造成了污染。也就是说，贷款人对其单纯发放贷款的商业行为是否可能承担责任。这也是上述福建绿家园环境友好中心在环境公益诉讼案件中追加银行为被告引发争议的关键问题所在。很多人认为，贷款人运营的目标是利益最大化。为规避自身风险，贷款人在订立借款合同时会对借款人进行尽职调查，但这并不意味着贷款人对环境公共利益的维护负有法定义务。贷款人作为债权人并不参与企业的生产经营决策，不存在要求其承担责任的基础，无需为提供贷款的商业行为承担环境责任。正如有些学者所言，银行不会污染河流。他们为什么要对借款人的活动负责？如果有人买车并杀死行人，提供贷款的银行并不承担责任。[2]对此，笔者认为，贷款人提供给借款人资金用以某项建设或活动，借款人的行为造成了环境损害结果的发生。虽然，借款人是造成损害的直接原因，也是承担责任的当然主体。但贷款人从提供信贷的商业行为中获利，且对借款人的活动或项目具有一定的控制权。[3]基于贷款人所处地位及其为借款人提供条件的行为，在某些情况下，对贷款人施加环境责任具有正当性。具体而言：

第一，从经济角度分析，贷款人可以以最小的成本避免环境损害的发生。贷款人拥有各种财务和法律工具，并对贷款项目具有较强的控制能力，其可

---

〔1〕 参见唐超："论高度危险责任的构成——《侵权责任法》第 69 条的理解与适用"，载《北方法学》2017 年第 4 期。

〔2〕 See Jarvis, John, Qc and M. Fordham, "Lender liability : environmental risk and debt", *Wiener Zeitschrift Für Die Kunde Des Morelandes*, Vol. 9, 1993, p. 133.

〔3〕 See Tareq Nail Al-Tawil, "Is a lender environmentally liable for the simple act of lending money?", *International Journal of Law and Management*, Vol. 59, No. 3. , 2017, p. 341.

以较早地发现环境损害发生的可能性，并通过不予提供贷款或者要求借款人遵守法律等方式，防止借款人从事有害环境的活动。在为借款人提供信贷支持的法律关系中，贷款人的主要利益是确保借款人能够偿还贷款，次要利益是确保作为贷款担保的财产保留其价值。在此情况下，为避免风险的发生和利益的受损，贷款人在同意提供融资前会对项目以及贷款人的偿债能力进行审查评估，并在贷款期限内监督借款人在项目中的活动。而环境问题也可能会给贷款人带来风险，使其利益受到损害。具体而言，由于环境损害而对借款人提起的法律索赔会削弱借款人偿还贷款的能力，可能会给银行带来信用风险；作为担保的财产遭受污染以及环境清理成本的负担，可能会使财产的价值下降，使银行信贷风险增加；因为对导致环境损害的借款人进行投资，银行也可能会间接承担声誉风险。[1]在此情况下，贷款人有防范环境风险的内在动力及有利条件。银行用于评估和监督借款人的工具也可以扩展到环境风险方面，在审查时增加旨在发现环境问题的评估和调查。而这种义务的增加并不会使原有审查费用大幅增加。并且，作为获得贷款的条件，贷款人还可以要求借款人提供环境合规性的报告，可以在贷款文件中增加关于环境守法的约定、保证，以及允许贷款人在贷款期间检查环境合规状况的条款等。[2]这些举措可以以较低的成本激励借款人采取有利于环境保护的措施。

　　第二，从侵权责任的认定来看，贷款人承担生态环境损害赔偿责任的基础在于"违反法定注意义务"。根据《商业银行法》《流动资金贷款管理暂行办法》《中华人民共和国银行业监督管理法》[3]等相关银行法律规范的规定，银行业金融机构应当严格遵守审慎经营规则，履行信贷审查义务，与借款人约定明确、合法的贷款用途。《公司法》也规定了公司应当承担环境保护、安全生产等方面的社会责任。在此基础上，《绿色信贷指引》《关于构建绿色金融体系的指导意见》《关于落实环保政策法规防范信贷风险的意见》等政策文

---

〔1〕　See Richard Hooley, "Lender liability for environmental damage", *The Cambridge Law Journal*, Vol. 60, No. 2., 2001, p. 406.

〔2〕　See Ruth Plato-Shinar, Marcia Gelpe, "Lenders' liability for environmental damages in the absence of statutory regulation—lessons from the Israeli model: part 1", *Law and Financial Markets Review*, Vol. 5, 2011, p. 367.

〔3〕　具体参见《商业银行法》第 7 条及第 35 条、《流动资金贷款管理暂行办法》第 9 条、《中华人民共和国银行业监督管理法》第 21 条的规定。

件，对金融机构的绿色信贷义务进行了细化，规定了银行等金融机构应严格对拟授信客户进行环境和社会方面的合规审查，并应根据国家建设项目环境保护管理规定和环境保护部门通报情况，严格贷款审批、发放和监督管理，对未通过环评审批或者环保设施验收的项目、限制和淘汰类新建项目不得提供或新增任何形式的信贷支持。这些法律规范为贷款人考虑和维护环境公共利益，履行绿色信贷义务提供了理论和制度基础。在环境法的相关法律中，也有金融机构信贷义务的禁止性条款。例如，《中华人民共和国循环经济促进法》第45条第3款规定："对生产、进口、销售或者使用列入淘汰名录的技术、工艺、设备、材料或者产品的企业，金融机构不得提供任何形式的授信支持。"根据现有规定，当贷款人未对借款人是否属于淘汰项目等进行严格审查，或审查发现借款人存在禁止提供信贷的情形后仍同意为其提供贷款时，贷款人构成了对法定信贷注意义务的违反。此时，贷款人未尽到合理的注意义务，主观上具有过错，客观上为借款人的污染或破坏行为提供了条件，当造成环境损害结果时，贷款人应承担间接侵犯环境公共利益的赔偿责任。

二、贷款人生态环境损害赔偿责任法解释学认定路径的不足

（一）贷款人生态环境损害直接责任的判断标准模糊

在上述分析中可以看到，将高度危险责任所造成损害运用扩张解释扩展到环境损害后，一般的生态环境损害赔偿责任可能与高度危险责任发生重叠与竞合的情形。高度危险物与污染或破坏行为都有可能成为导致损害发生的原因。从责任性质来看，无论贷款人是基于环境污染、生态破坏行为还是高度危险物的所有人、占有人的身份承担责任，责任的原因均在于自己行为或者身份关系，而不是借款人的行为，贷款人是责任的直接承担者。在通过解释学方法根据侵权责任法的规定要求贷款人承担直接责任时，存在以下问题：第一，对于责任主体的规定分散、模糊，不易适用。[1]当前我国生态环境损害赔偿制度是在环境侵权的基础上发展出来的，关于生态环境损害赔偿责任的规定，实行民法和环境保护法的"双轨制"，环境责任并无专门立法。而对于高度危险责任与环境侵权责任的关系及适用问题，法律更是空白。现有生

---

〔1〕 参见冯汝："母子公司人格否认在环境侵权案件中的运用：由信宜紫金矿业溃坝事件引发的思考"，载《河北法学》2014年第2期。

态环境损害赔偿义务人规定的分散、不统一，将会导致法律适用的混乱。第二，在高度危险责任的适用中，高度危险物质的范围不确定。侵权责任法规定，高度危险物包括易燃、易爆、剧毒、放射性等危险物品，这种开放性、抽象式立法方式为可能出现的符合高度危险特征的物品提供了适用条件，但也使得法律适用存在不确定性。有学者认为，应根据《危险货物分类和品名编号》《化学品分类和危险性公示通则》《危险货物品名表》等国家标准对高度危险物质予以判断。[1]由于实践的复杂和生态环境损害责任的特殊性，所有人责任的范围如果仅限于上述标准中的物质，较为狭窄。第三，现有法律对责任主体如所有人、占有人的内涵与判断标准并未进行明确界定，在适用时如何解释存在模糊。例如，在借款人无法偿还资金时，贷款人成为高度危险物质的占有人，其是否需要为借款人占有抵押物时危险物质泄漏造成的环境损害后果承担责任？第四，从字面解释来看，高度危险责任的损害后果不包括生态环境损害。在高度危险责任的相关民事条款中，都使用了"造成他人损害的"的法律表述。一般认为，"他人损害"指传统的人身、财产损害，不包括生态环境损害，通过损害后果进行扩展解释具有不确定性。

（二）贷款人生态环境损害间接责任认定的法律依据不足

在贷款人间接责任的认定中，注意义务是责任成立的积极要素。作为责任认定和承担的前提和条件，贷款人违反的审慎注意义务应为法定义务。该注意义务的来源应为法律、行政法规等法律规范性文件，对其义务的规定应是明确且具体的强制性、禁止性条款。但从我国现有法律规范来看，贷款人绿色信贷具体义务的主要依据《公司法》第 5 条[2]关于"社会责任"的宣示性条款，《节能减排授信工作指导意见》、中国人民银行《关于改进和加强节能环保领域金融服务工作的指导意见》、中国银监会办公厅《关于加强银行业金融机构社会责任的意见》、《绿色信贷指引》、《关于构建绿色金融体系的指导意见》等政策性文件以及行业协会、各个银行对于绿色信贷的指引与规定。从法律规范规定的内容与性质来看，社会责任条款的规定较为简单抽象

---

〔1〕　参见王胜明主编：《中华人民共和国侵权责任法释义》，法律出版社 2013 年版，第 362 页。

〔2〕　《公司法》第 5 条："公司从事经营活动，必须遵守法律、行政法规，遵守社会公德、商业道德，诚实守信，接受政府和社会公众的监督，承担社会责任。公司的合法权益受法律保护，不受侵犯。"

且无具体的责任及惩罚后果，将其作为责任认定的依据，约束力不足；而绿色信贷义务主要为倡导性、政策性的规定，将其作为责任认定的依据，法律效力层级较低且强制力不足。

从实践中看，《公司法》第5条中的"遵守社会公德、商业道德，诚实守信"在司法实践中还会被偶尔作为判决依据，但"承担社会责任"从未被直接作为判决的依据。环境社会责任的承担也未从实质上影响银行金融机构等贷款人的决策和立场。近两年来，随着国家对绿色信贷制度的重视，《绿色信贷指引》等法律规范逐渐得到贯彻实施。2018年6月，天津市银监局针对平安银行股份有限公司贷前调查不到位，向环保未达标的企业提供融资；贷后管理失职，流动资金贷款被挪用等违法违规事实，决定对其罚款人民币50万元。[1]这是我国首次依据绿色信贷相关规定[2]作出的处罚决定，标志着贷款人所承担的环境行政法律责任由制度走向了实践。但从该案件的处罚依据来看，《绿色信贷指引》《节能减排授信工作指导意见》并未规定违反信贷注意义务的制裁性条款，平安银行承担责任的依据为《中华人民共和国银行业监督管理法》第46条[3]的法律责任规定。但在该条中，对银行业金融机构严重违反审慎经营规则的责任形式只有行政处罚与刑事责任，并未有民事责任或生态环境损害赔偿责任的规定。通过贷款人信贷审查义务追究其生态环境损害修复与赔偿责任，仍存在法律依据缺失的问题。因此，要从根本上解决贷款人提供资金行为的生态环境损害赔偿责任认定及承担问题，需要通过立法将贷款人的注意义务具体化，并对其生态环境损害赔偿责任的性质、责任承担方式等予以明确，对相关法律内容进行补充和完善。

（三）贷款人生态环境损害责任的限度及免责不明确

确立贷款人环境责任的目的是以更经济的方式间接激励污染企业采取最

---

〔1〕　参见中国银行业监督管理委员会："天津银监局行政处罚信息公开表"，载 http://www.cbrc.gov.cn/chinese/home/docView/72DADDD519DD430CAA428275A3F198AD.html，最后访问日期：2021年5月5日。

〔2〕　主要处罚依据为《中国银监会关于印发〈节能减排授信工作指导意见〉的通知》第5条、《中国银监会关于印发绿色信贷指引的通知》第17条、《流动资金贷款管理暂行办法》第9条、第13条、第30条以及《中华人民共和国银行业监督管理法》第21条、第46条。

〔3〕　《中华人民共和国银行业监督管理法》第46条："银行业金融机构有下列情形之一，由国务院银行业监督管理机构责令改正，并处二十万元以上五十万元以下罚款；情节特别严重或者逾期不改正的，可以责令停业整顿或者吊销其经营许可证；构成犯罪的，依法追究刑事责任：……（五）严重违反审慎经营规则的；（六）拒绝执行本法第三十七条规定的措施的。"

有效率的环境管理和事故预防措施，从而降低环境损害事故发生的概率。[1]然而，过度或不明确的贷款人环境责任不仅无法起到激励作用，还会产生较多负面影响。在我国现有法律规定中，贷款人责任的构成要件、认定标准等多方面内容都是空白、模糊的。在具体的法律适用中，不同主体对规则含义的理解与认识存在差异。通过运用法解释学方法根据现有一般规定认定贷款人责任时，贷款人的环境责任边界是不清晰的。贷款人环境责任边界和限度的模糊，将会导致两方面的问题：一是贷款人履行环境审慎注意义务的能力和可能性是有限度的，过高限度的环境责任是其不能胜任的，也是不公平的。借款人从银行获得信贷支持从事经营活动或进行项目建设，从贷款前的环境合规审查到贷款后资金使用状况的监督，贷款人在整个过程中主要是基于借款人向其提供的文件和报告等书面形式来进行调查与评估的。贷款人并不是环境监管者，也不是环境公共利益的主要维护者，其不具备对借款人行为进行实质性审查或检查监测的专业能力。二是对贷款人施加环境损害责任可能会增加环境高风险企业贷款的困难。贷款人采取一切适当的步骤来评估环境风险的最主要目的是保障资金的安全性。而如果对贷款人施加过高的注意义务，可能会导致贷款人为免于自己承担责任而采取两种极端的措施：一种是过度介入客户经营事务，对借款人的环境相关事宜进行干预甚至直接作出决定；另一种是为了避免可能要承担的责任，而直接回避审查评估义务，拒绝向从事环境高风险行业的借款人提供信贷支持。这两种方式都是不可取的，前者会影响借款人的自主经营权，且贷款人并不直接从事企业的经营，不可能比借款人更了解其自身的业务，预防或纠正环境问题等相关环境决策的决定权最好交给借款人；后者不仅会使责任的激励引导作用无法发挥，还会出现与制度预期相反的结果，对企业造成重大损害，甚至影响经济发展。

美国贷款人环境责任的发展历程，也体现了确定责任限度、明确责任适度性条件的重要性。根据美国《超级基金法》的规定，贷款人可能成为承担环境治理修复费用的潜在责任主体。在法案制定初期，贷款人责任处于宽泛、不确定状态，在司法实践中对于贷款人责任的限度也处于摇摆之中。例如，在涉及银行取消抵押品赎回权时是否承担环境责任的问题，不同法院就持不

---

〔1〕　参见王璇："我国商业银行环境责任的适度性研究"，载《金融经济》2011年第12期。

同态度。"第十一巡回区上诉法院要求银行承担较多责任，在'美利坚合众国诉福利特法克特公司'（United States v. Fleet Factors Corp.）一案中，法院认定银行无论是否积极参与了污染场址的管理，在取消作为抵押品的污染场址的赎回权之后，都属于潜在责任方。与此相对，第九巡回区上诉法院认定银行的法律责任相对狭窄。"[1]有证据表明，贷款人潜在责任范围的不确定性以及可能产生的对巨大不可保险损失承担责任的风险会影响银行的资本充足率要求，并可能会抑制其对环境敏感行业贷款的意愿。银行只愿意贷款给拥有环境责任保险的企业，环境敏感行业的企业从银行筹集资金更加困难。[2]为平衡各方利益，美国国会于1996年通过《资产保护、债权人责任和存款保险法》修正了《超级基金法》的规定，增加了贷款人承担责任的除外情形，并对所有者和参与经营管理行为的判断标准进行了明确细致的规定。[3]2002年美国国会为进一步减少《超级基金法》的负面影响，通过了《小企业责任减免及棕地再生法》，根据该法的规定，贷款人在取消抵押品赎回权后购买该财产时，如果符合诚信购买者的条件，其所有者身份责任将会减轻。[4]美国的经验表明，对贷款人责任的施加需要兼顾环境和经济发展的关系，综合考虑各方主体的利益，在立法中对责任的归责原则、免除情形予以明确，并对认定贷款人责任的条件、性质及标准等进行规定，以保证责任的公平性和合理性。

三、贷款人生态环境损害赔偿责任的立法确立与规则完善

（一）明确贷款人生态环境损害赔偿责任的归责原则

归责原则是侵权责任认定的核心与指导准则。生态环境损害赔偿责任的承担需以加害人实施了污染环境或破坏生态的违法行为为前提，以过错为归责原则。具体到贷款人生态环境损害责任的认定上，其责任认定一般也应以

---

[1]　[美]詹姆斯·萨尔兹曼、巴顿·汤普森：《美国环境法》，徐卓染、胡慕云译，北京大学出版社2016年版，第195~196页。

[2]　See Richard Hooley, "Lender liability for environmental damage", *The Cambridge Law Journal*, Vol. 60, No. 2., 2001, p. 418.

[3]　具体规定参见《超级基金法》101条（20）款（E）项、（F）项和（G）项。

[4]　参见翁孙哲："美国贷款人环境责任立法历程及其对我国的启示"，载《理论月刊》2014年第3期。

"违反法定注意义务"为前提,只有在因与物的特殊关系而承担环境致损的法定责任时,才适用无过错责任。并且,需要注意的,并不是所有涉及贷款人身份责任的认定,都必然适用无过错责任。以高度危险责任为例,对高度危险物适用特殊无过错责任,是由于高度危险物本身所具有的不可控制性。该不可控制性是源于物品本身的特质,而不是源于相关主体的不当行动。如果危险是因人的过错所致,那么就属于可控制的,行为人完全可以通过善尽注意义务而彻底消除危险和完全避免其转化为损害,此时仍适用的过错责任原则。[1]例如,所有人因贮存危险物质不符合规定而造成损害,此时适用的仍是未尽到注意义务的过错责任。只有在相关主体尽到最大注意义务,而环境损害结果是物品本身固有的易燃易爆等高度危险特性所导致的情况下,才适用无过错责任。贷款人责任的认定以过错责任原则为一般,无过错责任为特殊与补充。过错归责原则的确定,是平衡环境公共利益保护与贷款人行动自由的最好方式,能够使相关主体之间的责任分配公允相称,可以从根本上解决贷款人责任范围过宽所产生的不公平及影响经济等问题。

(二)明确贷款人的绿色信贷法律注意义务

在未来的立法中,除在生态环境损害赔偿责任法律制度中对归责原则予以明确外,还需要在银行金融等法律规范中,对贷款人在提供贷款整个过程中的注意义务进行具体、细致的法定化。具体而言,贷款人在签订和履行合同中的审慎注意义务包括:

第一,贷款人决定提供贷款前应进行授信尽职调查,针对不同行业特点、贷款用途及阶段,制定环境风险审查清单,进行严格的环境合规审查。具体来讲,信贷审查应至少包括:所从事行业是否为淘汰类项目;化工、钢铁、水泥、煤焦化及煤炭开采等产业的企业设立、生产经营和新建项目是否满足产业标准、准入标准和环境标准;是否依法进行环境影响评价;污染物排放是否经过许可且达标;危险化学品生产和储存企业是否取得相应资质等。

第二,贷款人在贷款期间应对资金的使用情况进行监督。贷款人应通过财务账户的监督、现场检查等方式对借款人的环境守法情况进行监督。如果发现借款人在生产经营或项目实施中有环境违法行为,应及时向环境主管部

---

〔1〕　参见窦海阳:"《侵权责任法》中'高度危险'的判断",载《法学家》2015年第2期。

门报告，并采取停止发放贷款或提前收回贷款等行动进行适当矫正。

第三，贷款人取消抵押品赎回权之后至处置之前，应遵守环境法律规范的要求，以合法的方式保有或经营作为抵押物的财产或项目。贷款人以出售或者其他方式处置抵押物的，不得违反环境法律规范的相关规定。

(三) 明确贷款人生态环境损害赔偿直接责任的认定标准

贷款人直接责任的认定依赖于生态环境损害赔偿构成要件及义务人范围的一般性规定。在未来的生态环境损害赔偿立法中，应将现有分散的法律规定进行整合，根据致损原因进行类型化划分，并建立行为责任与身份责任并行的双重责任人认定方式，将贷款人、母公司、公司管理者等相关主体纳入责任范围内。

在上述基础上，在立法中应明确贷款人承担生态环境损害赔偿责任的行为包括：借款人违约，贷款人取得抵押物所有权后，违反环境法律规定进行经营的行为或者违反环境法律规定处置变卖抵押物的行为；在贷款期间，贷款人实际参与借款人业务决策的行为或者对环境事项进行决策的行为等。为避免贷款人责任范围的扩大，应借鉴美国的经验，在立法中明确贷款人行为责任认定的具体判断标准及免责情形，将贷款人要求借款人遵守环境法律的行为、监督借款人项目实施中环境方面的行为、提供旨在保护贷方安全利益价值建议的行为等，纳入豁免范围之内。也就是说，只要贷款人未直接实施环境违法行为或在正常的商业活动中并没有实际地参与借款人造成环境损害的行为，则应免除责任。此外，贷款人也可能作为下列几类潜在责任主体承担责任：易燃、易爆、剧毒、放射性、氧化等危险物质的所有人或占有人、被污染的工业用地、矿坑、填埋场等场所的土地使用权人等。由于危险物质的泄漏、溢出具有被动及逐步扩散的特征，而土壤污染损害具有累积性，在对责任主体进行界定时，为避免影响财产流转，应将潜在责任主体限定在危险物质释放时的实际控制者，以及土地污染损害结果发生和发现时的使用权人。

(四) 明确贷款人生态环境损害赔偿共同责任的构成要件及性质

贷款人提供资金的行为为责任人违法行为的实施创造了条件，对于行为造成的环境损害后果，贷款人应与直接责任人共同承担损害修复与赔偿责任。然而，学界对于贷款人行为的性质及承担责任的样态存在不同意见。有学者认为，商业银行承担环境侵权责任是基于法律规定的安全保障义务理论。商业银行承担环境侵权责任是对商业银行作为潜在责任人在环境安全保障义务上的要求。[1]而根据杨立新教授的观点，未尽到安全保障义务的行为为侵权行为的实施提供了方便，与损害结果的发生具有因果关系，因而行为人应当承担相应的补充责任，这是典型的竞合侵权行为。竞合侵权行为是在多数人侵权行为中存在的独立侵权行为形态类型，是指两个以上民事侵权主体，其中有的实施直接侵权行为，该行为与损害结果之间具有直接因果关系，有的实施间接侵权行为，为侵权行为的发生提供了条件，其行为与损害结果之间具有间接因果关系[2]在我国现有法律中，对于竞合侵权行为并没有明确的规定。笔者认为，贷款人提供借款的行为不属于具有主从关系的竞合侵权行为中的从行为，而应该属于环境侵权中的"帮助行为"。《民法典》第 1169 条第 1 款规定："教唆、帮助他人实施侵权行为的，应当与行为人承担连带责任。"贷款人违反金融机构授信和环境保护相关的禁止性规定，明知借款人所从事行为具有污染环境、破坏生态的后果，仍向其提供资金的，符合帮助侵权行为的构成要件，应当与造成环境污染和生态破坏的其他责任者承担连带责任。具体而言：

第一，贷款人实施了提供资金的积极帮助行为。"帮助行为，是指给予他人以帮助，如提供工具或者指导方法，以便使该他人易于实施侵权行为。帮助行为通常是以积极的作为方式作出。"[3]贷款人对借款人从事违法行为的帮助是物质上的，表现为提供资金。

第二，贷款人违反信贷注意义务，明知或应知借款人的行为可能发生环境损害的后果，仍实施了提供信贷支持的行为。贷款人违反信贷注意义务，对生态环境损害后果的发生具有一定过错。此种过错包括"明知或应知"，即明知借款人的行为可能发生环境损害后果，仍放任自己的行为；或应当知道借款人的行为可能发生损害后果，但是由于审查时的疏忽大意或者轻信能够避免环境损害结果的发生。

第三，借款人实施了环境污染或破坏行为，且帮助行为与侵权行为造成

---

〔1〕　参见周杰普："论我国绿色信贷法律制度的完善"，载《东方法学》2017 年第 2 期。

〔2〕　参见杨立新："论竞合侵权行为"，载《清华法学》2013 年第 1 期。

〔3〕　王胜明主编：《中华人民共和国侵权责任法释义》，法律出版社 2013 年版，第 60 页。

的生态环境损害后果之间具有因果关系。在环境责任认定中，因果关系的证明是最大的难点。环境损害可能由多种原因造成，并且通常在事故发生多年后损害结果才显现出来。针对环境侵权的特殊性，我国相关法律和司法解释规定，由行为人对其行为与损害之间不存在因果关系承担举证责任。被侵权人只需要证明污染者排放的污染物或者其次生污染物与损害之间具有关联性。但如果原告无法证明借款人的项目或活动与损害之间的初步联系，那么贷款人将不承担责任。此外，即使原告能够证明借款人项目中的问题造成了损害，仍然有必要确定贷款人的行为或不作为是否可以被视为原因。当多个人的行为造成一个损害结果时，通常应按照相当因果关系理论判断。但在司法实践中，法官在以此为标准认定因果关系的相当性时，常会受到行为人过错程度的影响。[1]而在侵权责任的具体判断中，可预见性标准具有界定过错成立与判断因果关系的双重功能。在非严格责任下，侵权构成要件的判断一般遵循的判断流程为"损害后果→加害行为→事实因果关系→过错（可归责性问题，初步考虑预见性问题）→法律因果关系（责任范围问题，进一步考察预见性问题）"。[2]在贷款人生态环境损害赔偿责任的判断中也可遵循该流程，并在过错与因果关系的判断中引入可预见性标准。例如，如果贷款人为项目提供资金而未尽到审慎注意义务，借款人在未取得必要环境许可证的情况下，以违反环境法的方式实施项目，造成环境损害的发生。在这种情况下，贷款人的注意义务是其预见义务的来源。贷款人预见能力的判断标准不能以一般人的能力为标准，而应以金融机构等专业从业主体的预见能力为标准，以贷款人正当勤勉地履行了审查义务为限度。在借款人未取得许可证的情况下，贷款人具有预见借款人违法性行为的能力及法定义务，其未能预见存在过错。以可预见性标准进行判断，贷款人行为与损害结果也存在明显的事实因果关系及法律因果关系：贷款人应该预见到，如果没有检查借款人是否拥有适当的环境许可证，该项目可能会以造成环境损害的方式实施；贷款人有责任保护第三方免受环境损害发生的风险；而且常识告诉我们，贷款人没有采取简

---

〔1〕 参见顾铮铮、周科、刘英："资质出借者环境侵权之责任承担"，载《法律适用》2016年第2期。

〔2〕 参见于雪峰：《侵权法可预见性规则研究——以法律因果关系为视角》，北京大学出版社2017年版，第61页。

单的步骤检查借款人是否有许可证导致了造成损害的违规行为的实施。[1]一般情况下，因果关系判断中预见的时间一般应以提供贷款时为准，但提供资金后贷款人仍负有对资金使用情况进行监督的义务，如果贷款人继续提供资金但未对项目期间借款人是否违反环境法律履行审查义务，或者对环境损害的发生或扩大有预见，但未采取措施防止时，则上述论证与结论同样适用，贷款人仍应承担责任。

综上所述，在违反法定绿色信贷注意义务的情形中，贷款人提供资金的行为与借款人的行为结合，共同引起了损害结果的发生，贷款人的行为是造成环境损害的重要原因。从责任性质来看，贷款人应与造成环境污染和生态破坏的其他责任人承担连带责任，贷款人承担责任后可向借款人追偿。连带责任的范围要根据案件的情况，结合贷款期限、过错程度、损害发生的时间、可预见损害的范围等进行具体判断。

---

〔1〕　See Ruth Plato-Shinar, Marcia Gelpe, "Lenders' liability for environmental damages in the absence of statutory regulation—lessons from the Israeli model: part 2", *Law and Financial Markets Review*, Vol. 5, 2011, p. 462.

政府提起生态环境损害赔偿
诉讼的范围界定与规则完善

第一节　政府提起生态环境损害赔偿诉讼适用范围的界定与完善

　　在自然资源国家所有权的理论下，以产权主体与损害结果性质的不同，生态环境损害赔偿诉讼与相关财产损害赔偿诉讼相区分。但在符合生态环境损害条件的范围内，也并非所有的生态环境损害后果都有必要提起诉讼。由于生态环境损害磋商、诉讼与鉴定评估成本高昂，政府提起生态环境赔偿诉讼的适用范围应有所限制。作为制度启动的先决与前提条件，生态环境损害赔偿诉讼适用范围的界定为制度后续的运转奠定了基础。然而，从理论来看，生态环境损害赔偿制度改革实施以来，学者们围绕该制度的理论基础、赔偿权利人、赔偿义务人、与环境民事公益诉讼的关系等方面进行了广泛探讨，但对制度的适用范围研究较少。在制度上，《民法典》并未对生态环境损害赔偿诉讼的范围进行限制。但在《生态环境损害赔偿制度改革方案》与最高人民法院《关于审理生态环境损害赔偿案件的若干规定（试行）》中却对生态环境损害赔偿制度的适用范围进行了明确规定。《生态环境损害赔偿制度改革方案》出台后，各地区也根据实际情况，综合考虑造成的环境污染、生态破坏程度以及社会影响等因素，明确了生态环境损害赔偿制度的适用情形。对比中央与地方层面法律规范中关于适用范围的有关规定可以发现，中央与地方关于适用范围的规定并不一致，各地区的实施方案在适用范围方面也呈现纷繁不一的现象。在实践中，生态环境损害赔偿适用范围出现了不同地区规则不统一、具体界定标准矛盾、排除适用范围不周延等诸多问题。针对实践中的问题，对生态环境损害赔偿制度适用范围进行专门的研究，明确适用范围的界定标准，并建立统一的适用范围规则，可以为生态环境损害赔偿制度的完善及有效适用提供助力。

一、生态环境损害赔偿诉讼适用范围的现有制度规定

（一）中央层面生态环境损害赔偿诉讼适用范围的规定

随着《民法典》的颁布，政府提起生态环境损害赔偿诉讼有了明确的实体法律依据。但《民法典》第1234条[1]在规定生态环境修复与赔偿责任时并未对"生态环境损害"作出进一步解释，也并未规定生态环境损害赔偿诉讼的适用情形。在法律依据缺失的情况下，对于生态环境损害赔偿诉讼适用范围的确定仍需依据最高人民法院《关于审理生态环境损害赔偿案件的若干规定（试行）》《生态环境损害赔偿制度改革方案》等规范性文件的规定。

从内容上看，最高人民法院《关于审理生态环境损害赔偿案件的若干规定（试行）》第1条和第2条中关于生态环境损害赔偿诉讼适用范围的规定是对《生态环境损害赔偿制度改革方案》中相关规定的细化与确认（具体内容详见表3-1）。两者都采用列举式和排除式的方法，规定了生态环境损害赔偿诉讼的适用情形和限定情形。归纳起来，生态环境损害赔偿诉讼的适用情形包括三种：发生较大、重大、特别重大突发环境事件的；在国家和省级主体功能区规划中划定的重点生态功能区、禁止开发区发生环境污染、生态破坏事件的；发生其他严重影响生态环境后果的。排除适用情形有两种：涉及人身伤害、个人和集体财产损失要求赔偿的，适用侵权责任法等法律规定；涉及海洋生态环境损害赔偿的，适用海洋环境保护法等法律及相关规定。个人或集体财产损失不属于生态环境损害赔偿制度所维护的范畴，其应属于私法调整的利益，理应将其排除适用。由于《海洋环境保护法》、最高人民法院《关于审理海洋自然资源与生态环境损害赔偿纠纷案件若干问题的规定》等法律规范已经对海洋生态环境损害赔偿作出具体规定，《生态环境损害赔偿制度改革方案》将其排除符合法律效力规则，这种做法避免了制度之间的重叠。[2]

---

〔1〕《民法典》第1234条："违反国家规定造成生态环境损害，生态环境能够修复的，国家规定的机关或者法律规定的组织有权请求侵权人在合理期限内承担修复责任。侵权人在期限内未修复的，国家规定的机关或者法律规定的组织可以自行或者委托他人进行修复，所需费用由侵权人负担。"

〔2〕参见汤威："生态环境损害赔偿制度适用范围研究"，西南政法大学2019年硕士学位论文。

表 3-1 中央层面生态环境损害赔偿诉讼适用范围的具体规定

适用范围	《关于审理生态环境损害赔偿案件的若干规定（试行）》	《生态环境损害赔偿制度改革方案》
适用情形	第1条 具有下列情形之一，……可以作为原告提起生态环境损害赔偿诉讼： （一）发生较大、重大、特别重大突发环境事件的； （二）在国家和省级主体功能区规划中划定的重点生态功能区、禁止开发区发生环境污染、生态破坏事件的； （三）发生其他严重影响生态环境后果的。 ……	三、运用范围 …… （一）有下列情形之一的，按本方案要求依法追究生态环境损害赔偿责任： 1. 发生较大及以上突发环境事件的； 2. 在国家和省级主体功能区规划中划定的重点生态功能区、禁止开发区发生环境污染、生态破坏事件的； 3. 发生其他严重影响生态环境后果的。各地区应根据实际情况，综合考虑造成的环境污染、生态破坏程度以及社会影响等因素，明确具体情形。
排除情形	第2条 下列情形不适用本规定： （一）因污染环境、破坏生态造成人身损害、个人和集体财产损失要求赔偿的； （二）因海洋生态环境损害要求赔偿的。	（二）以下情形不适用本方案： 1. 涉及人身伤害、个人和集体财产损失要求赔偿的，适用侵权责任法等法律规定； 2. 涉及海洋生态环境损害赔偿的，适用海洋环境保护法等法律及相关规定。

（二）地方层面生态环境损害赔偿诉讼适用范围的规定

根据《生态环境损害赔偿制度改革方案》的规定，各地区应根据实际情况，综合考虑造成的环境污染、生态破坏程度以及社会影响等因素，明确具体情形。《生态环境损害赔偿制度改革方案》发布以来，各地结合当地的实际情况，在生态环境损害赔偿制度改革实施方案中对适用范围进行了许多探索和补充。从内容来看，部分省市在中央规定的基础上，增加了适用与排除情形，并对"发生其他严重影响生态环境后果的"的情形进行了细化。（各省市增加的规定详见表3-2）归纳起来，各地增加的适用情形，可以分为以下几类。

第一，将生态保护红线区、自然保护区等范围内发生环境污染、生态破坏事件的情形纳入其中，并对特殊保护区域外纳入适用范围的具体条件进行明确。一些省、市地区对《生态环境损害赔偿制度改革方案》规定的特殊适用区域进行了扩大。例如，上海市、浙江省、福建省、北京市、河北省将在该省市生态红线保护区范围内发生环境污染、生态破坏事件的情形纳入适用范围。再例如，广西壮族自治区和内蒙古自治区将自然保护区、森林公园、地质公园、湿地公园、风景名胜区、世界文化遗产、世界自然遗产、水产种质资源保护区受到严重环境污染、生态破坏的情形纳入适用范围。对特定保护区域外的生态环境损害是否需要纳入适用范围，不同省市的规定并不相同。其中，福建省、北京市、山西省等地明确规定，在重点生态功能区、禁止开发区及生态保护红线区范围以外的其他地区导致区域大气、水、土壤、生态等环境质量等级下降的，属于生态环境损害赔偿制度的适用情形。其他省份的适用区域基本同中央《生态环境损害赔偿制度改革方案》一致。

第二，援引刑事法律规范，直接将因污染环境、破坏生态构成犯罪并造成严重生态环境损害的情形纳入适用范围，或者将环境刑事司法解释中严重污染环境的具体情形纳入适用范围。例如，浙江省、内蒙古自治区等地区增添了涉嫌污染环境、破坏生态或被依法追究刑事责任的情形。这些规定大同小异，基本都是将刑事犯罪作为追究生态环境损害赔偿责任的前提。再例如，天津市将最高人民法院、最高人民检察院《关于办理环境污染刑事案件适用法律若干问题的解释》中认定为"严重污染环境"或"后果特别严重的"的情形直接作为生态环境损害赔偿制度的适用范围；安徽省、云南省、河北省则引用了上述司法解释中的部分情形。

第三，扩张了生态环境损害赔偿制度适用范围的兜底性条款，增加了可以判断和决定是否属于生态环境损害赔偿诉讼适用范围的主体。例如，上海市规定，检察机关提出索赔建议或者赔偿权利人认为有必要提起生态环境损害赔偿的，也属于可以提起生态环境损害赔偿诉讼的范围。这实际上是将适用范围的判断标准授予了检察机关和生态损害赔偿权利人，更加凸显了诉讼权利人的"强势地位"。而福建省则规定，各设区市和平潭综合实验区应根据实际情况，综合考虑造成的环境污染、生态破坏程度以及社会影响等因素，明确具体情形。这实际上是将生态环境损害适用范围的判断进一步地授权和下放。

在排除情形方面，大部分省市的规定基本与中央一致，个别省市增加了适用范围的排除情形。例如，上海市、河北省、内蒙古自治区、宁夏回族自治区、广西壮族自治区、湖北省、辽宁省七个地区在适用范围内新增添了一种排除情形，即"历史遗留且责任主体不明确的生态环境损害问题，由所在地政府纳入正常生态环境治理工作解决，不适用本实施方案"。

表 3-2 地方层面生态环境损害赔偿诉讼适用范围的具体规定

省 市	适用情形（除中央现有的适用情形外）
上海市	1. 上海市生态保护红线范围内（禁止开发区以外的陆域）发生一般及以上突发环境事件的； 2. 违法排放污染物，造成生态环境严重损害，导致耕地、森林、绿地、滩涂、湿地、渔业水域及其他水资源等基本功能丧失或者其他严重后果的； 3. 其他生态环境严重损害行为，检察机关提出索赔建议或者赔偿权利人认为有必要提起生态环境损害赔偿的。
浙江省	1. 在浙江省生态保护红线陆域范围内发生环境污染、生态破坏事件的； 2. 涉嫌环境污染犯罪，造成生态环境严重损害的。
福建省	1. 在全省陆域生态保护红线范围内发生环境污染、生态破坏事件的； 2. 在重点生态功能区、禁止开发区以及陆域生态保护红线以外的其他地区发生环境污染、生态破坏事件，直接导致区域水、大气、土壤等环境质量等级下降，或耕地、林地、绿地、湿地、饮用水水源地等功能性退化的； 3. 发生其他严重影响生态环境后果的。各设区市和平潭综合实验区应根据实际情况，综合考虑造成的环境污染、生态破坏程度以及社会影响等因素，明确具体情形。
北京市	1. 本市生态保护红线区发生环境污染、生态破坏事件的； 2. 在国家和市级主体功能区规划中确定的重点生态功能区、禁止开发区以及本市生态保护红线区以外的其他地区直接导致区域大气、水、土壤等环境质量等级下降，或造成耕地、林地、绿地、湿地、饮用水水源地等功能性退化的。

续表

省　市	适用情形（除中央现有的适用情形外）
河北省	1. 生态保护红线区发生环境污染、生态破坏事件的； 2. 受到环境污染或生态破坏导致国家重要水功能区水质下降或不达标、饮用水水源水质下降的； 3. 因污染或生态破坏致使基本农田、国有防护林地、特种用途林地 5 亩以上，一般农田 10 亩以上，国有草原或草地 20 亩以上基本功能丧失或遭受永久性破坏的；致使国有森林或其他林木死亡 50 立方米以上，或幼树死亡 2500 株以上的； 4. 向环境非法排放、倾倒和处置有放射性、含传染病病原体的或其他危险的废物、有毒物质。
山西省	1. 在重点生态功能区、禁止开发区及泉域重点保护区范围以外的其他地区造成耕地、林地、绿地、湿地、饮用水水源地和古稀濒危动植物等基本功能丧失或遭受永久性破坏的。
广西壮族自治区	1. 自然保护区、森林公园、地质公园、湿地公园、风景名胜区、世界文化遗产、世界自然遗产、水产种质资源保护区受到严重环境污染、生态破坏的。
湖南省	1. 在重点生态功能区和禁止开发区以外的其他地区直接导致区域大气、水、土壤等环境质量等级下降，或造成耕地、林地、湿地、饮用水水源地等功能性退化的。
天津市	1. 据最高人民法院、最高人民检察院《关于办理环境污染刑事案件适用法律若干问题的解释》被认定为"严重污染环境"或"后果特别严重的"： （1）在饮用水水源一级保护区、自然保护区核心区排放、倾倒、处置有放射性的废物、含传染病病原体的废物、有毒物质的； （2）非法排放、倾倒、处置危险废物三吨以上的； （3）排放、倾倒、处置含铅、汞、镉、铬、砷、铊、锑的污染物，超过国家或者地方污染物排放标准三倍以上的； （4）排放、倾倒、处置含镍、铜、锌、银、钒、锰、钴的污染物，超过国家或者地方污染物排放标准十倍以上的； （5）通过暗管、渗井、渗坑、裂隙、溶洞、灌注等逃避监管的方式排放、倾倒、处置有放射性的废物、含传染病病原体的废物、有毒物质的； （6）致使乡镇以上集中式饮用水水源取水中断 12 小时以上的； （7）致使基本农田、防护林地、特种用途林地 5 亩以上，其他农用地 10 亩以上，其他土地 20 亩以上基本功能丧失或者遭受永久性破坏的； （8）致使森林或者其他林木死亡 50 立方米以上，或者幼树死亡 2500 株以上的。

续表

省　市	适用情形（除中央现有的适用情形外）
云南省	1. 非法排放、倾倒和处置有放射性的废物、含传染病病原体的废物、有毒物质，造成生态环境损害的； 2. 因环境污染或生态破坏，造成永久基本农田、国有防护林地、特种用途林地 5 亩以上，一般耕地、其他林地 10 亩以上，国有草原或草地 20 亩以上基本功能丧失或遭受永久性破坏的；造成国有森林或其他林木死亡 50 立方米以上，或幼树死亡 2500 株以上的； 3. 因环境污染或生态破坏，造成经过认定的湿地自然状态改变、生态特征及生物多样性明显退化、湿地生态功能严重损害的。
安徽省	1. 非法排放、倾倒、处置固体废物造成环境污染、生态破坏的。
四川省	1. 在被追究刑事责任的生态环境资源类案件中，对生态环境造成损害的，其中法律法规对违法行为造成生态环境损害有明确赔偿或处罚规定的，从其规定。
河南省	1. 因污染环境、破坏生态构成犯罪并造成严重生态环境损害的。
江西省	1. 被依法追究刑事责任的生态环境资源类案件中，存在生态环境损害的。
内蒙古自治区	1. 因污染环境、破坏生态构成犯罪且造成生态环境损害的； 2. 因非法排放、倾倒、处置有放射性的废物、含传染病病原体的废物、有毒物质（包括危险废物、持久性有机污染物、含重金属的污染物和其他具有毒性、可能污染环境的物质），造成生态环境损害的； 3. 在自然保护区核心区、森林公园、地质公园、湿地公园、风景名胜区、世界文化与自然遗产保护区等禁止开发区发生环境污染、生态破坏事件的。
宁夏回族自治区	1. 在重点生态功能区和禁止开发区以外的其他地区直接导致区域大气、水、土壤等环境质量等级下降，或造成耕地、林地、湿地、饮用水水源地等功能性退化的； 2. 因污染环境、破坏生态构成犯罪，造成生态环境损害的。

二、生态环境损害赔偿诉讼适用范围规则存在的缺陷

（一）不同地区适用范围的规定不统一

由于生态环境损害赔偿制度在法律层面上无专门立法。从立法体系来看，《民法典》的概括条款+最高人民法院司法解释+中央及地方的政策性规定构

成了生态环境损害赔偿制度体系的整体。由于《生态环境损害赔偿制度改革方案》第2条工作原则中鼓励各地区立足地方实际，由易到难、稳妥有序开展生态环境损害赔偿制度改革工作。对法律未作规定的具体问题，根据需要提出政策和立法建议。在《生态环境损害赔偿制度改革方案》、最高人民法院《关于审理生态环境损害赔偿案件的若干规定（试行）》对适用范围作出一般规定的同时，各地结合各地区的地域特征、生态破坏程度以及社会影响等因素进行综合考量，对生态环境损害赔偿制度的适用范围作出了不同的规定。从上述地方规定的评述中可以看出，生态环境损害赔偿制度存在不同地区适用范围规定不统一的问题。各地适用范围规定的不统一，可能会导致制度适用的混乱与冲突，同一损害行为可能因发生在不同地方而产生差异化结果，出现"同案不同判"现象。例如，根据北京市的规定，在生态功能区等重点保护区域以外的其他地区造成耕地、林地等功能性退化的，都需承担生态环境损害赔偿责任。而在河北，因污染或生态破坏致使基本农田、国有防护林地、特种用途林地5亩以上，一般农田10亩以上，国有草原或草地20亩以上基本功能丧失或遭受永久性破坏的，才属于生态环境损害赔偿制度的适用范围。耕地、林地的功能性退化需达到一定"量"的要求，才需要承担生态环境修复与赔偿责任。再例如，河北省的实施方案规定，向环境非法排放、倾倒和处置有放射性、含传染病病原体的或其他危险的废物、有毒物质，属于生态环境损害赔偿制度的适用范围。该规定与《中华人民共和国刑法》第338条污染环境罪的规定相比，减少了"严重污染环境"的要求。而《天津市生态环境损害赔偿制度改革方案》中则直接引用了最高人民法院、最高人民检察院《关于办理环境污染刑事案件适用法律若干问题的解释》被认定为"严重污染环境"或"后果特别严重"的情形作为适用范围的具体情形。这相当于将承担环境刑事责任的条件直接作为了承担生态环境损害民事责任的标准。与上述河北省的规定相比，该标准更为严格，生态环境损害赔偿制度的适用范围较窄。各地适用范围规定的宽窄不同，会导致同一件案子在不同地区可能会面临不同的法律后果，不利于生态环境损害的救济，更不利于环境正义与公平的实现。环境问题具有整体性与区域性的特征，环境污染与破坏行为往往会造成跨区域污染的严重影响，适用范围的不统一将会引发不同地区环境治理的混乱。

此外，生态环境损害赔偿制度适用范围判断权限的转移以及制定权限的下放，也会造成生态环境损害赔偿制度权威性、中立性的削弱。从性质来看，生态环境损害赔偿诉讼的本质是具有公益性质的民事诉讼。与环境行政行为不同，行政机关在生态环境损害赔偿诉讼中虽具有特殊性，但在案件的启动方面却应依据法律的规定，而非自行选择决定。而在上海等部分省市的规定中，赔偿权利人认为有必要提起生态环境损害赔偿的，也属于制度的适用范围。这种规定会造成生态环境损害赔偿诉讼成为行政机关自由裁量的范围，生态环境损害赔偿诉讼的公平与合理性会受到质疑。

（二）适用范围的判断标准存在逻辑混乱

从《生态环境损害赔偿制度改革方案》的规定来看，生态环境损害赔偿诉讼适用范围的确定，主要考虑了以下两个因素：第一，行为的严重程度。根据《生态环境损害赔偿制度改革方案》中关于生态环境损害概念定义可得知，生态环境损害主要是指"生态要素的不利改变"和"生态系统功能退化"。从人与环境的关系来看，人类的生产和生活活动都会在一定程度上对环境造成影响，需要予以救济的生态环境损害在程度和量上需达到一定的要求。从此角度考虑，《生态环境损害赔偿制度改革方案》中规定，只有较大及以上的突发环境事件适用生态环境损害赔偿制度，以及将"发生其他严重影响生态环境后果的"情形作为兜底性条款，都表现出制度的适用范围是以生态环境损害的严重程度为首要且重要的判断标准。第二，特殊区域的重点保护。《生态环境损害赔偿制度改革方案》适用情形中包含"在国家和省级主体功能区规划中划定的重点生态功能区、禁止开发区发生环境污染、生态破坏事件的"情形。国家重点生态功能区是指承担水源涵养、水土保持、防风固沙和生物多样性维护等重要生态功能，关系全国或较大范围区域的生态安全，需要在国土空间开发中限制进行大规模高强度工业化城镇化开发，以保持并提高生态产品供给能力的区域。禁止开发区是指依法设立的各类自然保护区域，包括自然保护区、风景名胜区、森林公园、地质公园等。环境资源的生态价值始终是不可忽视的客观存在，上述区域作为重点保护区域，对生态系统的可持续发展具有显著作用。对于这些特殊区域需要用更严格的制度进行保护，对区域内发生的环境污染与生态破坏事件都应适用生态环境损害赔偿制度，无需达到较大及以上突发环境事件的程度。

　　各地改革实施方案中关于适用范围的规定也基本考虑了以上两种因素的影响。例如，各地援引相关刑事规范作为生态环境损害赔偿诉讼的前提，并将特殊保护区域的范围扩展到生态保护红线内等。从表面来看，生态环境损害赔偿诉讼适用范围的确定标准是清晰明确的。但如果从生态环境损害赔偿制度设立的目的来看，现有适用范围的确定标准却存在内在逻辑的混乱。首先，将一般突发环境事件与特殊区域以外的环境污染与生态破坏情形排除在适用范围之外依据不足。按照损害担责原则，造成生态环境损害后果的责任人应承担生态环境修复治理的责任。而现有适用范围的规定中，却以较大及以上突发环境事件和特定区域作为限制条件。该限制背后的原因及依据并不明确。以突发环境事件为例，国务院办公厅印发的《国家突发环境事件应急预案》按照环境事件严重程度，将突发环境事件分为特别重大、重大、较大和一般四级。《生态环境损害赔偿制度改革方案》根据《国家突发环境事件应急预案》的划分标准，将适用范围中环境事件的类型列为较大及以上的突发环境事件，各地方的改革方案与中央方案相同，并未对此作出变动。《国家突发环境事件应急预案》中一般环境突发事件[1]主要包括因环境污染直接导致3人以下死亡或10人以下中毒或重伤的；因环境污染疏散、转移人员5000人以下的；因环境污染造成直接经济损失500万元以下的……突发环境事件没有固定的排放方式，事件的发生有很强的偶然性与意外性，往往突然形成。即使是一般类型的突发环境事件，由于其污染物排放途径和方式不定，也能在瞬间或极短时间内就造成人员伤亡、社会财产的巨大损失和生态环境的重大破坏，损害后果严重且很难在短期内控制。倘若发生了一般突发环境事件，对于损害事实和修复责任却无法通过生态环境损害赔偿制度申请赔偿，这不符合《生态环境损害赔偿制度改革方案》中"环境有价，损害担责"的工作原则，不利于该制度的践行。

---

　　[1]　《国家突发环境事件应急预案》：凡符合下列情形之一的，为一般突发环境事件：（1）因环境污染直接导致3人以下死亡或10人以下中毒或重伤的；（2）因环境污染疏散、转移人员5000人以下的；（3）因环境污染造成直接经济损失500万元以下的；（4）因环境污染造成跨县级行政区域纠纷，引起一般性群体影响的；（5）Ⅳ、Ⅴ类放射源丢失、被盗；放射性同位素和射线装置失控导致人员受到超过年剂量限值的照射的；放射性物质泄漏，造成厂区内或设施内局部辐射污染后果的；铀矿冶、伴生矿超标排放，造成环境辐射污染后果的；（6）对环境造成一定影响，尚未达到较大突发环境事件级别的。

另外，以人身、财产损害的严重程度与区域特殊保护的需要作为适用范围的判断标准与制度的概念与定位不符。较大及以上突发环境事件和特定区域的限制性规定，致使该制度并不具备普适性，以规范形式制造了"圈里"和"圈外"两极分化的现象。[1]如果按照现有适用范围的制度逻辑，为了完善生态环境损害赔偿制度，应将一般突发环境事件纳入适用范围，并明确特殊区域保护范围之外纳入生态环境损害赔偿制度的具体情形。但这种完善建议并不能从根本上改变适用范围规定与制度定位相悖的局面。生态环境损害赔偿制度保护的客体是环境要素与生物要素本身，以及各环境要素之间在总体上所体现的生态功能与价值。而环境突发事件的判断标准却是人员和财产损失，在特殊区域中的适用也是以发生环境污染、生态破坏事件为条件，但事件造成的生态环境损害后果如何却并不明确。以人身财产损害的标准来作为生态环境损害适用范围的依据，与损害赔偿制度设立的目的不符。在各个省份的改革方案中，对于适用范围的标准与生态环境损害赔偿制度设立目的冲突已经有所认识和改观。上海、福建、山西、河南、宁夏等省或自治区在增加的适用情形中，都增加了生态环境损害具体后果的条件和要求。例如，对特色区域以外造成生态环境损害的具体情形进行了明确。在重点生态功能区、禁止开发区及泉域重点保护区范围以外的其他地区造成耕地、林地、绿地、湿地、饮用水水源地和古稀濒危动植物等基本功能丧失或遭受永久性破坏的；在重点生态功能区和禁止开发区以外的其他地区直接导致区域大气、水、土壤等环境质量等级下降，或造成耕地、林地、湿地、饮用水水源地等功能性退化的。再例如，在援引刑事犯罪行为的条款时，明确了造成生态环境损害的要求。作为最严厉的责任形式，需承担刑事责任的情形必定属于环境违法行为造成严重后果的，但该严重后果可能是人身和财产损害的严重后果，而非生态环境的严重损害。因此，河南、内蒙古、宁夏等省或自治区，都明确了因污染环境、破坏生态构成犯罪，造成生态环境损害或严重生态环境损害的，才属于生态环境损害赔偿制度的赔偿范围。虽然地方性规范对生态环境损害适用范围的判断标准进行了修正，但从总体来看，适用范围的具体情形仍处于混乱状态，各个具体适用情形之间存在冲突、不周延等问题。

---

〔1〕 参见李树训、冷罗生："'反思和厘定：生态环境损害赔偿制度的'本真'——以其适用范围为切口"，载《东北大学学报（社会科学版）》2020年第6期。

(三) 累积性生态环境损害是否应纳入适用范围不明

根据造成损害的原因及形成过程的不同，生态环境损害可以分为累积性生态环境损害与突发事故性生态环境损害。一般认为，累积性生态环境损害是指因化学品、农药、重金属、转基因等物质长期不断累积导致生态环境发生的不利变化。累积性生态环境损害是与突发事故性生态环境损害相对应的概念。突发事故性生态环境损害的原因行为、责任主体较为容易确定。而累积性环境损害的原因行为复杂，且损害过程缓慢累积、时间跨度长，生态环境损害修复与赔偿责任认定更为困难。从中央与地方的规定来看，生态环境损害赔偿制度的适用范围为各类"环境事件""环境污染、生态破坏事件"，并不包括各类累积性生态环境损害。

由于改革开放初期我国环境法制体系的不完善及环境保护意识的缺失，过往的法律制度在累积性环境污染的防范方面存在明显不足，主要表现在污染防治立法对排污行为"过度容忍"的立法传统、环境影响评价制度在方法和内容上的局限等。[1]这导致当前我国正处于累积性环境污染的高发时期，以土壤污染为代表的累积性环境污染问题成为环境治理的痛点难点。以损害结果的发生时间为标准，累积性生态环境损害可以分为两类：一类是已经发生的累积性损害，是指经过数十年不断污染与破坏积累叠加，已经出现生态环境本身的不利改变、生态系统的退化等不利后果，这种损害是已经发生的、可计量的，属于历史造成的现实损害。另一类是未来发生的累积性损害，是指违法行为已经实施，但因污染的累积量还未超出环境承载能力，不可逆转的环境损害后果还未明显显现。由于后者属于还未发生的、不能评估计量的损害，不宜纳入损害赔偿的范围内。生态环境损害赔偿制度的适用范围主要考虑的是已经发生损害后果的累积性生态环境损害。从各地的规定来看，河北省[2]等地区明确了历史遗留且责任主体不明确的生态环境损害应属于生态环境损害赔偿制度的排除范围。历史遗留污染场地是累积性生态环境损害在土壤污染领域的表现。对于历史遗留且责任主体不明确的生态环境损害问题，

---

〔1〕 参见张璐："论累积性环境污染法律防范的不足与完善"，载《华东理工大学学报（社会科学版）》2013年第6期。

〔2〕 《河北省生态环境损害赔偿制度改革实施方案》："涉及历史遗留且无责任主体的生态环境损害问题，由所在地政府纳入正常环境治理工作。"

因赔偿义务人的缺失，应由所在地政府纳入正常生态环境治理工作解决，不适用生态环境损害赔偿制度。虽然累积性生态环境损害具有潜伏期漫长、积累过程缓慢、侵害后果不确定、侵害机理复杂与综合等特征，但是并不是所有的累积性生态环境损害都无法确定责任主体，并且累积性生态环境损害并不局限于土壤污染领域。对于与突发环境事件对应的一般性累积性环境污染事件可否纳入适用范围，从现有规定来看，并不明确。

三、生态环境损害赔偿诉讼适用范围的界定与规则完善

(一) 厘清生态环境损害的内涵

生态环境损害赔偿制度的适用范围是对生态环境损害救济范围的限制，对生态环境损害概念与内涵的分析是确定生态环境损害赔偿适用范围的前提。从当前规定来看，在法律层面上并未对"生态环境损害"作出明确界定。《民法典》增加了生态环境修复与赔偿责任的规定，但并未对生态环境的内涵进行解释。《环境保护法》对"环境"的概念与范围以定义加列举的方式进行了界定，[1]但对生态环境损害并未提及。生态环境损害的概念主要规定在《生态环境损害赔偿制度改革方案》《环境损害鉴定评估推荐方法》《生态环境损害鉴定评估技术指南总纲和关键环节第 1 部分：总纲》等制度文件中。原环保部 2014 年发布的《环境损害鉴定评估推荐方法（第 II 版）》，对生态环境损害给出定义并明确了相关含义，"生态环境损害"即"指由于污染环境或破坏生态行为直接或间接地导致生态环境的物理、化学或生物特性的可观察的或可测量的不利改变，以及提供生态系统服务能力的破坏或损伤"；2017 年《生态环境损害赔偿制度改革方案》则规定，生态环境损害是指因污染环境、破坏生态造成大气、地表水、地下水、土壤、森林等环境要素和植物、动物、微生物等生物要素的不利改变，以及上述要素构成的生态系统功能退化；2020 年生态环境部发布的《生态环境损害鉴定评估技术指南总纲和关键环节第 1 部分：总纲》规定：因污染环境、破坏生态造成环境空气、地表水、沉积物、土壤、地下水、海水等环境要素和植物、动物、微生物等生

---

〔1〕《环境保护法》第 2 条："本法所称环境，是指影响人类生存和发展的各种天然的和经过人工改造的自然因素的总体，包括大气、水、海洋、土地、矿藏、森林、草原、湿地、野生生物、自然遗迹、人文遗迹、自然保护区、风景名胜区、城市和乡村等。"

物要素的不利改变，及上述要素构成的生态系统的功能退化和服务减少。从上述制度规定来看，生态环境损害的概念包含以下三方面的具体内涵：

第一，造成生态环境损害的原因行为是污染环境或破坏生态的行为。"人为活动"是造成生态环境损害的重要原因行为，人为活动是与自然活动相对应的，因自然原因而造成的生态环境损害是不在此规制范围之内的。

第二，生态环境损害的核心是生态环境的物理、化学或生物特性的不利改变和生态系统服务功能的破坏和损坏。生态系统是生态学上的概念，[1]这一概念强调生态系统之间各组成要素的整体性、互动性，但环境污染或破坏行为对生态系统的损害是通过对单个自然要素的破坏来实现的，因此，在损害的界定中包含了生态环境本身的不利改变，并逐渐明确了生态环境本身的不利改变是指气、地表水、地下水、土壤、森林等环境要素和植物、动物、微生物等生物要素的不利改变。从损害结果来看，因"人为"的环境污染以及生态破坏行为造成的损害包括仅仅对生态环境本身造成的损害以及通过"人—自然—人"的互动[2]而造成的生态环境损害。生态环境损害不包括任何人身或财产损害，只包含承载公共环境利益的生态环境非经济价值的损害。

第三，生态环境损害的程度是可量化或可观察的。从上述制度文件来看，《生态环境损害赔偿制度改革方案》与《生态环境损害鉴定评估技术指南总纲和关键环节第1部分：总纲》并未对生态环境损害的程度与范围进行限定，只有在《环境损害鉴定评估推荐方法（第Ⅱ版）》的定义中对损害的后果提出了可观察的或可测量的量化要求。然而，如果仅仅根据上述两项条件来进行认定，生态环境损害的范围过于广阔，上至天空的万物，下至地上的微生物，只要造成不利改变，即认定为生态环境损害。从世界范围的规定来看，美国的《综合环境反应、赔偿与责任法》（即前文的《超级基金法》）、欧盟的《环境责任指令》都对损害的程度进行了要求。《环境责任指令》强调损害应当是资源的可测量的不利改变或因之直接或间接导致的自然资源服务的可测量的损害。美国的自然资源评估规则也明确了损害认定的具体指标，要求受损资源的物理、化学或生物特性存在可测量的改变。[3]综上所述，我国

---

〔1〕　参见梅宏："生态损害预防的法理"，中国海洋大学2007年博士学位论文。
〔2〕　参见吕忠梅："'生态环境损害赔偿'的法律辨析"，载《法学论坛》2017年第3期。
〔3〕　参见刘静："生态环境损害赔偿诉讼中的损害认定及量化"，载《法学评论》2020年第4期。

法律制度中规定的生态环境损害也应当是可量化或可观察的。

(二) 明确适用范围的统一标准

从生态环境损害的概念来看，其适用范围的限制存在两种路径：一是通过对环境污染或破坏行为的列举或限定限制其适用范围。二是以生态环境损害的具体后果来限制其适用范围。从生态环境损害的概念来看，其内涵中包含了环境污染或生态破坏的行为已经造成了生态环境受到损害的事实。从生态环境损害赔偿制度设立的功能来看，该制度并非着重于对环境污染或破坏行为的预防，而是对已经出现的损害后果的救济，这也是生态环境损害赔偿诉讼与环境民事公益诉讼的重要区分。[1]从以上分析来看，生态环境损害的适用范围应侧重于对生态环境损害结果的要求。生态环境损害赔偿制度适用范围的界定不应以人身和财产后果作为适用该制度的前提，而应结合环境损害评估鉴定的文件与要求，对生态环境及其服务功能具体损害事实与损害后果的具体表现，生态环境损害的范围和程度的可量化程度进行限制。

在具体适用范围规则的确立过程中，需注意中央规范与地方性规范的统一性，应通过尽快立法将生态环境损害赔偿制度纳入法律或行政法规的框架，在整体的生态环境损害法律制度体系中对适用范围进行规定。生态环境损害赔偿制度源于《生态环境损害赔偿制度改革方案》的出台，然而由中共中央办公厅、国务院办公厅印发的《生态环境损害赔偿制度改革方案》属于党内文件或一般规范性文件，并不能作为该制度的法律依据。地方改革方案在试点改革推进过程中对适用范围的规定进行了不同程度的完善与修改，但也出现了适用范围宽窄不一、具体判断标准逻辑混乱等情形。为解决生态环境损害赔偿制度适用的混乱，避免环境法律责任公平性的缺失，中央应统一制定生态环境损害赔偿制度的适用范围。统一生态环境损害赔偿制度适用范围的明确标准有助于各省（市、区）政府在统一的规则下开展生态环境修复活动、索赔活动，同时也可以避免各地方在具体实施改革方案时产生相互矛盾、治理混乱的现象。此外，生态环境损害概念的厘清是界定适用范围的前提，因

---

〔1〕 根据《环境保护法》第58条："对污染环境、破坏生态，损害社会公共利益的行为……"和最高人民法院《关于审理环境民事公益诉讼案件适用法律若干问题的解释》第1条关于已经损害社会公共利益或者具有损害社会公共利益重大风险的行为的规定，环境民事公益诉讼的适用范围比生态环境损害赔偿诉讼的范围要广。

此，仍应采取直接定义与列举组分相结合的方式对生态环境损害的内涵与适用范围进行具体界定，同时视具体情况配以某些相关概念的定义，[1]如生态环境、生态系统功能等。

（三）将累积性生态环境损害纳入并建立特殊规则

从上述分析来看，生态环境损害赔偿制度应摒弃环境突发事件或环境污染、生态破坏事件的条件限制，以生态环境损害的范围与程度作为适用范围的判断标准。这意味着，从损害发生的原因来看，无论是突发事件性环境损害还是累积性生态环境损害都应纳入生态环境损害赔偿制度的适用范围。然而，与突发事故性生态环境损害相比，累积性环境污染具有发生周期长、累积变化缓慢、隐蔽性强、因果关系证明困难等特征。[2]首先，累积性生态环境损害往往潜伏期长，其有一个从少到多的累积过程，历史跨度较长。其次，治理累积性环境污染要求较高的风险鉴定评估技术，资金需求大，治理的专业性强。再次，累积性环境污染事故是由于长期的排污造成的累积性损害，通常涉及的环境侵权主体不止一个单位或者法人，当环境侵权主体为两个或者两个以上时，具体侵权责任主体的界定以及侵权主体之间进行赔偿责任的划分较为困难。[3]最后，累积性生态环境因果关系证明困难，造成累积性生态环境损害的行为主体很多时候为多数，污染行为具有复合性，造成的生态损害一般是逐渐显现出来的，污染行为与损害后果之间往往不是直接因果关系。[4]由于行为与后果之间的因果关系往往存在时间上的隔断，在现有的科技实力下，甄别不同主体、因素对环境损害结果的作用比重极为困难。[5]例如，在常州毒地案件[6]中，案涉地块环境污染系数十年来化工生产积累叠加造成，常隆公司、华达公司、常宇公司与改制前各阶段生产企业各自应当承

---

〔1〕　参见竺效："论我国'生态损害'的立法定义模式"，载《浙江学刊》2007年第3期。

〔2〕　参见左建华、张敏纯："重金属污染致害的私法应对"，载《环境保护》2013年第6期。

〔3〕　参见张伟、张三峰、金山："累积性环境污染的权责划分与保险补偿"，载《保险研究》2016年第9期。

〔4〕　参见孔东菊："事故性生态损害的侵权法救济及其责任构成"，载《西安电子科技大学学报（社会科学版）》2012年第5期。

〔5〕　参见庄超："环境法律责任制度的反思与重构"，武汉大学2014年博士学位论文。

〔6〕　北京市朝阳区自然之友环境研究所、中国生物多样性保护与绿色发展基金会与江苏常隆化工有限公司、常州市常宇化工有限公司等环境污染责任纠纷案，案号：(2016)苏04民初214号、(2017)苏民终232号、(2019)最高法民申1168号。

担的环境污染侵权责任范围、责任形式、责任份额以及责任金额很难确定。

针对累积性生态环境损害赔偿责任追究中责任主体认定困难、责任范围划分不清晰、赔偿数额巨大等特征，应结合效率与公平原则，在维持责任的有效追究与责任的负担相互平衡的基础上，通过建立溯及既往规则[1]、减轻因果关系证明的程度、引入保险制度与基金制度作为补充等措施，建立累积性生态环境损害赔偿制度的特殊规则。

第二节 政府提起生态环境损害赔偿诉讼赔偿范围的界定与完善

生态环境损害与传统的人身及财产损害不同，是一种新的损害类型。《生态环境损害赔偿制度改革方案》以列举的方式对生态环境损害赔偿范围进行了明确的规定。最高人民法院《关于审理生态环境损害赔偿案件的若干规定（试行）》对生态环境损害赔偿范围进行了进一步的细化。《民法典》生态环境损害赔偿责任的确立从法律层面上对赔偿范围进行了确认与完善。从现有制度规定来看，生态环境损害的具体赔偿类型在各类制度文件中的规定并不完全一致。在具体适用中，赔偿范围的确定也面临着环境应急处置费用性质模糊、生态服务功能损失量化困难、惩罚性赔偿是否适用不明等诸多困难。生态环境损害赔偿范围的确立实际上是对环境赔偿义务人承担赔偿责任的量化过程。针对上述制度冲突与适用困境，应对生态环境损害的具体赔偿项目进行类型化界定，并在生态环境损害公私法救济机制区分与协动的背景下，正确界定具体生态环境损害赔偿制度案件中责任人承担赔偿责任的范围。

一、生态环境损害赔偿范围现有制度规定的梳理分析

（一）中央层面生态环境损害赔偿范围制度规定的梳理分析

生态环境损害赔偿制度是追究生态环境损害赔偿责任、保护生态环境资源和推动生态文明制度建设的重要举措。党的十八届三中全会明确提出对造成生态环境损害的责任者严格实行赔偿制度。2015 年，中共中央办公厅、国务院办公厅制定《生态环境损害赔偿制度改革试点方案》，对改革试点工作进

---

〔1〕 参见翁孙哲、陈奇敏："土壤污染防治法律溯及既往问题研究"，载《广西社会科学》2018年第 9 期。

行部署。[1]其后，根据国务院授权，江苏、重庆等 7 省市进行了为期 2 年的生态环境损害赔偿制度改革试点。在总结 7 省市试点成果的基础上，2017 年，中共中央办公厅、国务院办公厅印发了《生态环境损害赔偿制度改革方案》。在生态环境损害赔偿范围方面，《生态环境损害赔偿制度改革方案》与《生态环境损害赔偿制度改革试点方案》保持了一致性。《生态环境损害赔偿制度改革方案》规定：生态环境损害赔偿范围包括清除污染费用、生态环境修复费用、生态环境修复期间服务功能的损失、生态环境功能永久性损害造成的损失以及生态环境损害赔偿调查、鉴定评估等合理费用。2019 年最高人民法院《关于审理生态环境损害赔偿案件的若干规定（试行）》对赔偿范围及其适用情形进行了细化完善。

《民法典》对生态环境损害赔偿的范围厘定有了更为明确的法律规定。《民法典》第 1232 条[2]和第 1235 条[3]对生态环境损害赔偿的范围作出了明确规定。与《生态环境损害赔偿制度改革方案》相比较，《民法典》增加了防止损害发生和扩大所支出的合理费用以及惩罚性赔偿的规定。《民法典》实施后，为保持与法律的一致性，最高人民法院对《关于审理生态环境损害赔偿案件的若干规定（试行）》[4]进行了修正，将"实施应急方案以及为防

---

[1] 参见贺震："生态环境损害赔偿范围究竟包括哪些方面？"，载《中国环境监察》2020 年第 6 期。

[2] 《民法典》第 1232 条："侵权人违反法律规定故意污染环境、破坏生态造成严重后果的，被侵权人有权请求相应的惩罚性赔偿。"惩罚性赔偿是否适用于生态环境损害赔偿责任存在争议，该问题将在下文进行专门论述。

[3] 《民法典》第 1235 条："违反国家规定造成生态环境损害的，国家规定的机关或者法律规定的组织有权请求侵权人赔偿下列损失和费用：（一）生态环境受到损害至修复完成期间服务功能丧失导致的损失；（二）生态环境功能永久性损害造成的损失；（三）生态环境损害调查、鉴定评估等费用；（四）清除污染、修复生态环境费用；（五）防止损害的发生和扩大所支出的合理费用。"

[4] 最高人民法院《关于审理生态环境损害赔偿案件的若干规定（试行）》第 12 条："受损生态环境能够修复的，人民法院应当依法判决被告承担修复责任，并同时确定被告不履行修复义务时应承担的生态环境修复费用。生态环境修复费用包括制定、实施修复方案的费用，修复期间的监测、监管费用，以及修复完成后的验收费用、修复效果后评估费用等。原告请求被告赔偿生态环境受到损害至修复完成期间服务功能损失的，人民法院根据具体案情予以判决。"第 13 条："受损生态环境无法修复或者无法完全修复，原告请求被告赔偿生态环境功能永久性损害造成的损失的，人民法院根据具体案情予以判决。"第 14 条："原告请求被告承担下列费用的，人民法院根据具体案情予以判决：（一）实施应急方案、清除污染以及为防止损害的发生和扩大所支出的合理费用；（二）为生态环境损害赔偿磋商和诉讼支出的调查、检验、鉴定、评估等费用；（三）合理的律师费以及其他为诉讼支出的合理费用。"

止生态环境损害的发生和扩大采取合理预防、处置措施发生的应急处置费用"修改为"实施应急方案、清除污染以及为防止损害的发生和扩大所支出的合理费用"。现有中央层面法律规范中，对于生态环境损害赔偿范围的规定总结如表3-3。

表3-3　中央层面生态环境损害赔偿范围的制度规定

法律规范名称	赔偿范围
《生态环境损害赔偿制度改革方案》	清除污染费用；生态环境修复费用；生态环境修复期间服务功能的损失；生态环境功能永久性损害造成的损失；生态环境损害赔偿调查、鉴定评估等合理费用。
最高人民法院《关于审理生态环境损害赔偿案件的若干规定（试行）》	实施应急方案、清除污染以及为防止损害的发生和扩大所支出的合理费用；生态环境修复费用（包括制定、实施修复方案的费用，修复期间的监测、监管费用，以及修复完成后的验收费用、修复效果后评估费用等）；生态环境修复期间服务功能的损失；生态环境功能永久性损害造成的损失；为生态环境损害赔偿磋商和诉讼支出的调查、检验、鉴定、评估等费用；合理的律师费以及其他为诉讼支出的合理费用。
《民法典》	防止损害的发生和扩大所支出的合理费用；清除污染、修复生态环境费用；生态环境受到损害至修复完成期间服务功能丧失导致的损失；生态环境功能永久性损害造成的损失；生态环境损害调查、鉴定评估等费用。

（二）地方层面生态环境损害赔偿范围制度规定的梳理分析

生态环境损害赔偿范围的规定是对赔偿义务人承担赔偿责任化的列举。由于中央层面的范围厘定仅是对一些基本问题作出原则性的规定，为使生态环境损害赔偿制度实践更具针对性与灵活性，《生态环境损害赔偿制度改革方案》也给予了地方政府细化赔偿范围的探索空间。《生态环境损害赔偿制度改革方案》明确规定，各地区可根据生态环境损害赔偿工作进展情况和需要，提出细化赔偿范围的建议。各省市结合本地实际出台了更加细化的生态环境损害赔偿。笔者整合了各地有关生态环境损害赔偿范围的细化规定（具体内容详见表3-4），试图对现有层面的立法规定予以分析。

表 3-4 地方层面生态环境损害赔偿范围的制度规定

省 市	赔偿范围规定
内蒙古自治区	1. 应急处置费用，即为预防或减少生态环境损害支出的污染控制、清除污染、应急监测等合理费用； 2. 生态环境修复费用，即采取或将要采取措施恢复或部分恢复受损害生态环境功能所需合理费用； 3. 生态环境修复期间服务功能的损失，即受损生态环境功能部分或完全恢复前，其直接或间接为人类提供惠益功能的损失； 4. 生态环境功能永久性损害造成的损失，即受损生态环境及其功能难以恢复，其向公众或其他生态系统提供服务的能力完全丧失造成的损失； 5. 调查、鉴定评估费用，即调查、勘查污染破坏区域和鉴定评估污染破坏损害风险与实际损害等所发生的合理费用，以及生态环境损害修复后评估所发生的合理费用； 6. 诉讼费用，即赔偿权利人因提起生态环境损害赔偿民事诉讼所发生的合理费用。赔偿义务人因同一生态环境损害行为需承担行政责任或刑事责任的，不影响其依法承担生态环境损害赔偿责任。赔偿权利人与赔偿义务人经磋商达成一致，由赔偿义务人负责污染清除或生态修复的，污染清除、生态修复费用不再纳入赔偿范围，但需达到磋商确定的修复效果。
安徽省	生态环境损害赔偿范围包括应急处置费用、清除污染费用、生态环境修复费用、生态环境修复期间服务功能的损失、生态环境功能永久性损害造成的损失以及生态环境损害赔偿调查（含监测分析）、鉴定评估、专家咨询、律师代理等合理费用。同时，积极开展环境健康损害赔偿探索性研究与实践。
山西省	生态环境损害赔偿范围包括为防止污染或破坏扩大、消除污染而采取必要合理措施所产生的清除污染费用、处置突发环境事件的应急监测费用、生态环境修复费用、生态环境修复期间服务功能的损失、生态环境功能永久性损害造成的损失，以及生态环境损害赔偿调查、环境损害司法鉴定等合理费用。 经磋商达成一致，由赔偿义务人进行污染清除或生态修复且达到预定修复效果的，污染清除、生态修复费用不再纳入赔偿范围。
北京市	生态环境损害赔偿范围包括清除污染费用（含应急处置费用、环境监测费用）、生态环境修复费用、生态环境修复期间服务功能的损失、生态环境功能永久性损害造成的损失以及生态环境损害赔偿调查、鉴定评估等合理费用。
河北	生态环境损害赔偿范围包括清除污染费用、生态环境修复费用、生态环境修复期间服务功能的损失、生态环境功能永久性损害造成的损失、生态环境损害赔偿调查、鉴定和评估以及控制和减轻损害、修复方案制定、修复效果后评估、律师代理、诉讼、第三方监理等合理费用。

续表

省　市	赔偿范围规定
天津市	生态环境损害赔偿范围可以包括以下一项或多项内容： 1. 清除污染费用，即清洗被污染的动植物和公共建筑、集中处理和处置污染物、回收废物、应急物资产生的费用； 2. 生态环境修复费用，即生态环境损害发生后，为防止污染物扩散迁移、降低环境中污染物浓度，将环境污染导致的人体健康风险或生态风险降至可接受风险水平而开展的必要的、合理的行动或措施而产生的费用； 3. 生态环境修复期间服务功能损失费用，即受损生态环境从损害发生到其恢复至原始状态期间提供生态系统服务的损失补偿； 4. 生态环境功能永久性损害造成的损失费用，即指受损生态环境及其服务难以恢复，向公众或其他生态系统提供服务能力完全丧失的损失补偿； 5. 事务性费用，即赔偿权利人及其指定的部门开展现场调查、勘验勘查、环境监测、鉴定评估、专家咨询、信息公开、第三方审计、验收、诉讼、律师代理等必要费用。
四川省	生态环境损害赔偿范围包括应急处置费用、清除污染费用、生态环境修复费用、生态环境修复期间服务功能的损失、生态环境功能永久性损害造成的损失，以及生态环境损害赔偿调查、鉴定评估等合理费用。积极开展环境健康损害赔偿探索性研究与实践，逐步将环境健康损害纳入赔偿范围。
广西壮族自治区	生态环境损害赔偿范围包括清除污染费用、生态环境修复费用、生态环境修复期间服务功能的损失、生态环境功能永久性损害造成的损失以及生态环境损害赔偿调查、鉴定评估等合理费用。 经磋商达成一致，由赔偿义务人负责进行污染清除和生态修复并达到磋商确定的修复效果的，清除污染费用、生态修复费用可以不纳入赔偿范围。
河南省	生态环境损害的赔偿范围包括： 1. 应急处置费用，即为预防或减少生态环境损害支出的污染控制、清除污染、应急监测等合理费用。 2. 生态环境修复费用，即采取或将要采取措施恢复或部分恢复受损害生态环境功能所需合理费用。 3. 生态环境修复期间服务功能的损失，即受损生态环境功能部分或完全恢复前，其直接或间接为人类提供惠益功能的损失。 4. 生态环境功能永久性损害造成的损失，即受损生态环境及其功能难以恢复，其向公众或其他生态系统提供服务的能力完全丧失造成的损失。 5. 调查、鉴定评估费用，即调查、勘查污染破坏区域和鉴定评估污染破坏损害风险与实际损害等所发生的合理费用。

续表

省　市	赔偿范围规定
	赔偿义务人因同一生态环境损害行为需承担行政责任或刑事责任的，不影响其依法承担生态环境损害赔偿责任。 鼓励各省辖市开展环境健康损害赔偿探索性研究和实践。
江西省	根据生态环境保护损害造成的实际损失，我省生态环境保护损害赔偿范围为： 1. 生态环境损害应急费用，包括应急监测、排查以及清除污染费用； 2. 生态环境损害调查评估费用，包括赔偿调查、鉴定评估、修复方案制定、第三方监理、修复效果后评估等合理费用； 3. 生态环境损害损失费用，包括生态环境修复期间服务功能的损失、生态环境功能永久性损害造成的损失费用； 4. 生态环境修复费用； 5. 其他应当赔偿的费用。
重庆市	明确生态环境损害赔偿范围包括清除污染费用、生态环境修复费用、生态环境修复期间服务功能的损失、生态环境功能永久性损害造成的损失以及生态环境损害赔偿调查、鉴定评估、修复效果后评估等合理费用。
吉林省	生态环境损害赔偿范围包括清除污染费用、生态环境修复费用、生态环境修复期间服务功能的损失、生态环境功能永久性损害造成的损失以及生态环境损害赔偿调查、鉴定评估、修复方案制定、修复效果评估等合理费用。
新疆维吾尔自治区	生态环境损害赔偿范围包括清除污染的费用、生态环境修复费用、生态环境修复期间服务功能的损失、生态环境功能永久性损害造成的损失以及生态环境损害赔偿调查（含监测分析）、鉴定评估、生态环境损害修复后评估等合理费用。鼓励开展环境健康损害赔偿探索性研究与实践。
江苏省	生态环境损害赔偿范围包括清除污染的费用、生态环境修复费用、生态环境修复期间服务功能的损失、生态环境功能永久性损害造成的损失以及生态环境损害赔偿调查、鉴定评估、律师代理、诉讼等合理费用。

从具体赔偿范围来看，除了云南、宁夏、辽宁等省市自治区与中央保持一致外，绝大部分省份都在《生态环境损害赔偿制度改革方案》的基础上对赔偿范围进行了扩充和细化规定。各省市关于生态环境损害赔偿制度范围规定的细化突出表现在两点：一是在对主体费用项目进行保留的同时，增加了应急处置费的类型，并明确了污染清除、生态修复费用不再纳入赔偿范围的

情形。《生态环境损害赔偿制度改革方案》中规定的生态环境损害赔偿范围主体费用主要包括清除污染费用、生态环境修复费用、生态环境服务功能损伤费用及损害赔偿调查、鉴定评估等合理费用。综观各个省市自治区的方案，对这几类费用的规定贯穿始终，但对每一类型的具体项目类型，部分地区进行了细化。其中，内蒙古、北京、安徽、江西、江苏、河南等省市自治区在赔偿范围中增加了应急处置费用。但应急处置费用与消除污染费用的关系，在各地区的规定中却有所不同。从法律规范的表达来看，存在应急处置费包含消除污染费用、消除污染费用与应急处置费并列、消除污染费用包含应急处置费三种观点。此外，在生态环境损害赔偿的制度设计中，磋商是诉讼的前置程序。在磋商过程中，如果赔偿义务人已经完成了污染清除和环境修复的义务，污染清除费用和生态环境修复费用就不宜再纳入赔偿范围中。对此，内蒙古、山西等省市自治区都增加了赔偿权利人与赔偿义务人经磋商达成一致，由赔偿义务人负责污染清除或生态修复的，污染清除、生态修复费用不再纳入赔偿范围，但需达到磋商确定的修复效果的规定。二是增加了"其他合理费用"的范围。《生态环境损害赔偿制度改革方案》中的费用项目"损害赔偿调查、鉴定评估等合理费用"这一项，为地方因地制宜地细化规定预留了很大的空间。如江苏、河北、安徽等省份都对其他合理费用进行了更为详细的规定，合理费用的范围增加了监测费用、第三方监理费用、专家咨询费、修复效果评估等。

（三）生态环境损害赔偿范围的类型化分析

从生态环境损害赔偿制度的发展历程及中央与地方生态环境损害赔偿范围的对比来看，法律及司法解释的规定与各地规范性文件的规定并非完全一致。在此情况下，依据上位法优先于下位法的原则，生态环境损害赔偿范围的确定应以《民法典》的规定为基本依据，以司法解释的规定为细化规则，以生态环境损害赔偿制度改革的各类规定作为补充综合确定。归纳起来，生态环境损害赔偿的范围可以分为以下几个部分：

第一，防止损害的发生和扩大所支出的合理费用。根据《生态环境损害赔偿制度改革方案》的规定，生态环境损害赔偿制度主要适用于各类环境事件。在环境事件发生后，会造成突发的、严重的污染后果，为防止损害后果的扩大，需要对污染进行及时处理。在《生态环境损害赔偿制度改革方案》

的规定中，对于防止生态环境损害扩大所发生的清除污染费用作了明确规定。然而从实践来看，环境应急处置措施是一个系统工程，防止损害扩大的措施也不仅仅是简单的清除污染。生态环境损害的后果包括环境污染和生态破坏两种类型，也并不是所有生态环境损害案件都需要清除污染。在此情况下，各地生态环境赔偿制度规范性文件以及最高人民法院《关于审理生态环境损害赔偿案件的若干规定（试行）》中，增加了应急处置费以及为预防或减少生态环境损害支出的污染控制费等费用类型。《民法典》吸纳了生态环境损害赔偿地方性法律规范关于赔偿范围的规定，并将应急处置阶段的各类费用明确为"防止损害的发生和扩大所支出的合理费用"，却将清除污染的费用与生态修复费用进行了并列规定。《民法典》出台后，最高人民法院《关于审理生态环境损害赔偿案件的若干规定（试行）》第14条对该类费用的表述为"实施应急方案、清除污染以及为防止损害的发生和扩大所支出的合理费用"，将清除污染的费用与应急处置费等为防止损害发生和扩大支出的费用并列。从《民法典》与最高人民法院《关于审理生态环境损害赔偿案件的若干规定（试行）》的规定来看，两者对于清除污染费用的性质存在不同理解。对此，笔者认为，根据现有法律制度的规定，政府负有监督管理职责，在环境违法行为发生后，负有环境监督管理职责的行政主体应当及时采取监管措施，避免污染物的扩散与蔓延。[1]在这之后，政府尽到了环境治理义务并采取措施，但因污染行为造成的损害后果仍在持续的，就应该追究相关侵权人的责任。也就是说，应急处置费等各项为防止损害的发生和扩大所支出的合理费用往往是政府在应急处理阶段先行支付的。而《民法典》中将清除污染与修复生态环境费用并列，此处"清除污染"的费用并不仅仅限于应急处置阶段的污染紧急处理的费用，还包括事后责任追究中赔偿权利人自行或者委托他人进行污染清除等修复措施的费用。因此，笔者认为，在应急处置阶段政府为了能够及时清理污染物所自行或委托他人进行污染清除所产生的费用应列入防止损害的发生和扩大所支出的合理费用之中，而在责任追究过程中，消除污染与恢复生态环境所需的费用应归于生态修复费用中，无需单独列出。

第二，生态环境修复费用。生态环境修复费用主要是指采取措施恢复或

---

〔1〕　参见吕忠梅："'生态环境损害赔偿'的法律辨析"，载《法学论坛》2017年第3期。

部分恢复受损害生态环境功能所需合理费用。最高人民法院《关于审理生态环境损害赔偿案件的若干规定（试行）》明确规定生态环境修复费用包括制定、实施修复方案的费用，修复期间的监测、监管费用，以及修复完成后的验收费用、修复效果后评估费用等。将最高人民法院司法解释与地方层面的制度性文件的规定进行对比可以发现，修复期间的监测费用、修复效果评估费用等其他合理费用被纳入了生态环境修复费用的范围内。从费用支出的目的来看，修复期间与修复完成后的各类监测与评估都是为了保证生态环境修复能够达到生态环境功能恢复的目的，将这些费用纳入生态环境修复费用较为妥当。

第三，生态环境服务功能损失。生态环境服务功能损失包括生态环境受到损害至修复完成期间服务功能损失以及永久性功能损失两种。从功能上来看，两者都是对生态服务功能损失的填补，但从适用条件与情形来看，两者并不相同。根据《民法典》以及最高人民法院《关于审理生态环境损害赔偿案件的若干规定（试行）》的规定，期间损失主要适用于生态环境具有修复的可能性与必要性，在修复完成前生态环境损害功能存在损失的情形。而永久性功能损失主要适用于受损生态环境无法修复或者无法完全修复的情形，不适用于生态环境可以通过人工修复或自然恢复的情形。也就是说，期间损失相当于采取补偿性恢复措施的费用，修复费用相当于采取基本恢复措施的费用，生态环境恢复成本是修复费用和期间损失的总和。[1]而永久性损失赔偿是在"如果既无法将受损的环境恢复至基线，也没有可行的补偿性恢复方案弥补期间损害，或只能恢复部分受损的环境"[2]时，对无法恢复的生态环境系统服务功能损失的赔偿。

第四，为生态环境损害赔偿磋商和诉讼支出的调查、检验、鉴定、评估费、律师费以及其他为诉讼支出的合理费用。与《民法典》的规定相比，最高人民法院《关于审理生态环境损害赔偿案件的若干规定（试行）》吸纳了各地生态环境损害赔偿制度与实践中的做法，对生态环境损害调查、鉴定评估等为磋商与诉讼支出的事务性费用类型规定较为完备。在实践中，赔偿权利人请求支付评估费、律师费、公告费等其他合理费用，也应予以支持。在

---

〔1〕 参见王小钢："《民法典》第 1235 条的生态环境恢复成本理论阐释——兼论修复费用、期间损失和永久性损失赔偿责任的适用"，载《甘肃政法学院学报》2021 年第 1 期。

〔2〕 《环境损害鉴定评估推荐方法（第 II 版）》第 8.3.3 条。

具体适用中，调查评估费用的请求是否应予全部支持需进行具体判断。调查评估费用属于赔偿过程中产生的必要费用，此项费用多发生在磋商前置和诉讼阶段，根据最高人民法院《关于审理生态环境损害赔偿案件的若干规定（试行）》和《民法典》的规定，对该笔费用进行赔付在理论上争议不大，在实践中也多能得到支持。问题的难点在于生态环境损害赔偿的调查通常与行政权力密不可分，因而，是否包括人力成本在内的所有的调查费用都应由赔偿义务人承担？笔者认为，政府不仅是生态环境损害赔偿的权利主体，也是履行生态环境损害赔偿监管职责的义务主体，应当根据具体行政机关调查评估行为的目的，对可得赔偿的调查评估费用的范围进行一定的限制。生态环境损害赔偿的调查需要调动人力、物力、财力，由赔偿义务人承担的费用应仅限于因损害评估调查而支出的必要费用，包括行政机关内部调查设备的支出、委托第三方进行调查以及鉴定评估的费用、专家咨询的费用等。[1]行政机关由此产生的公务人员的人力成本等行政调查费用应由行政机关自行承担，不应向赔偿义务人进行索赔。在实践中，为避免重复鉴定与评估的发生，应针对鉴定与评估发生的原因进行准确的审核，[2]以防止给赔偿义务人造成不必要的负累。

表 3-5　生态环境损害赔偿具体费用的类型化归纳

费用类型	费用具体项目
防止损害的发生和扩大所支出的合理费用	1. 应急处置费用：环境应急处置方案制定费用、实施费用、环境应急监测费用等； 2. 清除污染费用：为防止损失扩大所必需的清除污染费用、污染清除后的检查、评估费用等； 3. 防止损害的发生和扩大所支出的其他合理费用：预防方案的制定费用、预防措施的实施费用等。
生态环境修复费用	1. 制定、实施修复方案的费用； 2. 修复期间的监测、监管费用； 3. 修复完成后的验收费用、修复效果后评估费用等。

---

〔1〕 参见程锡海："生态环境损害赔偿范围研究"，海南大学 2018 年硕士学位论文。

〔2〕 参见刘倩："生态环境损害赔偿：概念界定、理论基础与制度框架"，载《中国环境管理》2017 年第 1 期。

续表

费用类型	费用具体项目
生态环境服务功能损失	1. 生态环境受到损害至修复完成期间服务功能损失； 2. 生态环境服务功能永久性损失。
为生态环境损害赔偿磋商和诉讼支出的合理费用	1. 环境损害调查费用：自行调查的费用和委托第三方调查费用； 2. 环境损害鉴定评估费用：生态环境损害鉴定评估费用、生态环境服务功能损失鉴定评估、专家咨询费用等； 3. 诉讼相关费用：律师费用、交通住宿费、调查取证费用、诉讼材料打印费用等； 4. 其他合理费用：公告费用、其他合理的事务性费用等。

二、生态环境损害赔偿范围规则在实践中的适用困境

（一）环境应急处置费用性质存在争议

应急处置费用指突发环境事件应急处置期间，为减轻或消除对公众健康、公私财产和生态环境造成的危害，各级政府与相关单位针对可能或已经发生的突发环境事件而采取的行动和措施所发生的费用。[1]自生态环境损害赔偿制度展开实践以来，环境应急处置费用是否属于生态环境损害赔偿诉讼范围，理论与实践中一直存在争议。从制度规范来看，2014年颁布的《环境损害鉴定评估推荐方法（第Ⅱ版）》明确指出："本方法适用于因污染环境或破坏生态行为（包括突发环境事件）导致人身、财产、生态环境损害、应急处置费用和其他事务性费用的鉴定评估。"根据该评估推荐方法的规定，生态环境损害包括了生态环境修复费用、生态环境服务功能期间损失、永久性功能损失三种类型的损害赔偿，但不包括应急处置费用。[2]之后，2017年《生态环境损害赔偿制度改革方案》只是列明了清除污染的费用属于赔偿范围，而未将环境应急处置费列入其中。为解决实践中行政机关通过生态环境损害赔偿诉讼追缴预先支付费用无具体制度依据的问题，部分地区生态环境损害赔偿制度改革方案中增加了环境应急处置费用。最高人民法院《关于审理生态环

---

〔1〕 2014年《环境损害鉴定评估推荐方法（第Ⅱ版）》第4.6条。

〔2〕 参见陈幸欢："生态环境损害赔偿司法认定的规则厘定与规范进路——以第24批环境审判指导性案例为样本"，载《法学评论》2021年第1期。

境损害赔偿案件的若干规定（试行）》[1]进一步明确规定了原告可主张实施应急方案和为防止生态环境损害的发生和扩大采取合理预防、处置措施发生的应急处置费用。但在《民法典》确立的生态环境损害赔偿责任条款中，对于生态环境损害赔偿范围的规定，却并未完全借鉴最高人民法院司法解释的规定。从制度文本来看，《民法典》仅仅原则性规定了"防止损害的发生和扩大所支出的合理费用"属于生态环境损害赔偿的范围，但环境应急处置费是否属于该费用的范围并不清晰。从最高人民法院《关于审理生态环境损害赔偿案件的若干规定（试行）》的修改内容来看，最高人民法院保留了"环境应急处置费"的表述，并将其作为防止损害的发生和扩大所支出的费用类型。但最高人民法院司法解释对《民法典》该类费用的扩展是否合理与正当仍需探讨。

在司法实践中，对于环境应急处置费用的性质也存在不同认识。从笔者搜集的几十例生态环境损害赔偿诉讼案例来看，大部分法院支持了原告要求被告承担已实际支出的应急处置费、污染清除费等应急费用的诉讼请求。尤其是2019年最高人民法院《关于审理生态环境损害赔偿案件的若干规定（试行）》第19条第1款的规定更是为法院支持原告的诉讼请求提供了直接依据。但是在实践中，也有个别法院认为应急处置费用是行政机关履行职责而支出的费用。例如，在云南省泸水市环境保护局与泸水县康辉实业有限公司、何立永土壤污染责任纠纷案[2]中，原告泸水市环境保护局主张应急处置费用应遵循谁污染谁治理的原则，由责任人负责承担。而审理法院则认为，环保局是环保行政执法机关，代表国家和人民对相应的环境资源进行管理。一旦环境资源受到破坏，环保局有权依照相关法律法规，对相对人作出行政处罚。环保局在发现污染事件后，应当及时履行其监督管理环境的职责，对相对人作出行政处罚，现未履行职责而造成的损失不属于人民法院受理民事诉讼的范围。

---

〔1〕　最高人民法院《关于审理生态环境损害赔偿案件的若干规定（试行）》第19条第1款规定："实际支出应急处置费用的机关提起诉讼主张该费用的，人民法院应予受理，但人民法院已经受理就同一损害生态环境行为提起的生态环境损害赔偿诉讼案件且该案原告已经主张应急处置费用的除外。"

〔2〕　（2018）云3321民初216号。

表3-6 涉及环境应急处置费用的相关案例

案件名称	事实依据	诉讼请求	法院裁判结果
无锡市锡山区人民政府厚桥街道办事处与上海市闵行区梅陇镇城市网格化综合管理中心、陈某东等环境污染责任纠纷	为防止污染扩大，原告对被告非法倾倒的生活垃圾进行了应急处置，并由江苏省生态环境评估中心出具了应急处置方案及应急处置阶段损失费用评估报告。	支付已实际支出的应急处置费、应急处置方案编制费。	支持诉讼请求。
烟台市生态环境局与张某波、曹某山侵权责任纠纷	被告非法对废弃矿井进行渗透炼金，将所使用的"金蝉"、氢氧化钠等有毒有害物质利用渗坑进行排放、处置，严重污染环境，为避免污染继续扩大，原告委托第三方对污染的环境进行治理，治理费用共计639 424元。	支付已经实际支出的环境污染治理费用、审计费用等。	支持诉讼请求。
贵港市生态环境局与李某裕等环境污染责任纠纷	被告违反国家规定，无危险废物经营许可而共同从事贮存、利用危险废物经营活动，严重污染环境。为消除污染危险，经招投标，覃塘区生态环境局与中标单位签订《工业固废安全处置合商》，委托该公司处置上述具有毒性的危险废旧电容，并为此支付了清除污染费人民币489 900元。	承担已经支付的危险废物清除污染费。	支持诉讼请求。
泸水市环境保护局与泸水县康辉实业有限公司、何某永土壤污染责任纠纷	由于被告与何某永之间因土地使用权和房屋所有权的拆迁补偿问题存在纠纷，2016年1月15日晚上，被告公司的厂房被何某单方面拆除，导致存放在房内的硫酸和盐酸外泄。原告组织开展了污染清除等污染事故应急处置工作，共花费99 158.36元。	承担原告垫付的污染事故应急处置费用99 158.36元。	驳回诉讼请求理由：属于环境行政机关监督管理环境的职责，不属于民事诉讼范围。

在理论上，对于将环境应急处置费用纳入生态环境损害赔偿范围存在诸

多反对意见。有学者认为，环境行政应急处置费用偿付请求权是因债权人财产损失而产生的对污染责任人的债权。环境应急处置费用是污染责任人的民事责任，应依托民事私益诉讼进行求偿。将应急处置费用与生态修复费用合置于生态环境损害赔偿诉讼中进行合并审理在形式上是正义的，但在结果上是非正义的，应将应急处置费用纳入私益诉讼的范畴，并尝试建立合并审理法律机制。[1]还有学者认为，应急处置费用和行政代履行是部分重合的关系，如果应急处置程序能够符合法律规定的行政代履行的特点，则该笔应急处置费用可以以行政代履行为由进行主张。[2]

（二）生态环境服务功能损失量化困难

根据一般侵权的理论，损害赔偿的方法分为金钱赔偿和恢复原状两种：恢复原状又称回复原状，是指回复受害人所受侵害权益的原貌，如同损害事故没有发生；金钱赔偿，是指给付金钱以填补赔偿权利人权益所蒙受的损害，如同损害事故没有发生。[3]在侵权发生后，民法对损害的救济以恢复原状优先为原则。恢复原状具有优先性，金钱赔偿固然便捷，但恢复原状较合损害赔偿目的。不能恢复原状或恢复原状显有重大困难者，应以金钱赔偿其损害。[4]在进行赔偿时，应坚持全部赔偿原则，即赔偿义务人应赔偿被害人因侵权事由所致的全部损害，包括受到损害及所失利益。[5]虽然生态环境损害在所保护利益的性质、赔偿请求权主体等方面与传统侵权有所不同，但在目的和赔偿原则上较为一致。生态环境损害赔偿制度设立的目的在于填补和恢复已受损的生态环境，使其受损的生态环境回复到如同损害没有发生时的水平。根据该目的，生态环境损害赔偿的方式以恢复原状为原则，以金钱赔偿为例外。生态环境恢复是指采取必要、合理的措施将受损生态环境及其服务功能恢复至基线并补偿期间损害的过程，包括环境修复和生态服务功能的恢复。按照恢复目标和阶段不同，生态环境恢复可分为基本恢复、补偿性恢复和补充性

---

〔1〕　参见郑泽宇："环境行政应急处置费用的法律性质辨析"，载《大连理工大学学报（社会科学版）》2021年第5期。

〔2〕　参见刘国臣："实际支出的应急处置费用具有可诉性——《最高人民法院关于审理生态环境损害赔偿案件的若干规定（试行）》的理解与适用"，载《中国环境报》2019年7月26日，第6版。

〔3〕　参见曾世雄：《损害赔偿法原理》，中国政法大学出版社2001年版，第148页。

〔4〕　参见王泽鉴：《损害赔偿》，北京大学出版社2017年版，第124页。

〔5〕　参见王泽鉴：《损害赔偿》，北京大学出版社2017年版，第113~114页。

恢复。根据完全赔偿原则，当行为人不承担生态环境恢复责任时，赔偿请求权人可以请求其承担生态环境损害赔偿责任，赔偿责任的范围不仅包括环境修复的费用，还包括生态环境服务功能的损失费用。生态环境服务功能损失是环境生态价值功能的重要体现。

根据生态环境部与国家市场监督管理总局制定的《生态环境损害鉴定评估技术指南总纲和关键环节第 1 部分：总纲》的规定，生态服务功能是指生态系统在维持生命的物质循环和能量转换过程中，为人类与生物提供的各种惠益，通常包括供给服务、调节服务、文化服务和支持功能。生态环境损害发生之后，修复工作具有长期性、复杂性的特征，在损害发生后至修复完成前，生态环境的服务功能和利用价值必将受到影响，比如森林植被受到破坏之后，当地的水源涵养、水土保持、防风固沙、气候调节等功能将会降低；河流污染之后，其具有的水源供给、物种栖息、水文调控、气候调节、自我净化等功能能力也会降低。因此，生态环境遭到破坏之后，对服务功能的损失主张相应的赔偿是现实之需要。根据上述分析，损害赔偿的范围应是所受之损害和所失之利益。关于后者所失之利益，即本应获得但未获得之利益，此处便可以理解为生态环境服务功能的损失。

生态环境服务功能损失是生态环境损害赔偿制度对自然环境生态价值认可的最直接体现。但对于该类损失，《民法典》《生态环境损害赔偿制度改革方案》等各类法律规范中并未有详细界定，关于其内在本质、识别方法以及其与生态环境修复费用的区别等问题，立法者并未同步给出相对权威的解释。生态环境服务功能损失的费用如何计算，生态环境损害鉴定评估技术文件中也并未有清晰明确的规定。[1]这就导致在实践中对该类费用的评估方法和具体适用存在混乱的情形。有学者指出，在其统计的 46 起提出具体损害赔偿请

---

〔1〕《生态环境损害鉴定评估技术指南总纲和关键环节第 1 部分：总纲》规定，生态环境损害的价值量化应遵循以下原则：（1）污染环境或破坏生态行为发生后，为减轻或消除污染或破坏对生态环境的危害而发生的污染清除费用，以实际发生费用为准，并对实际发生费用的必要性和合理性进行判断；（2）当受损生态环境及其服务功能可恢复或部分恢复时，应制定生态环境恢复方案，采用恢复费用法量化生态环境损害价值；（3）当受损生态环境及其服务功能不可恢复、或只能部分恢复、或无法补偿期间损害时，选择适合的其他环境价值评估方法量化未恢复部分的生态环境损害价值；（4）当污染环境或破坏生态行为事实明确，但损害事实不明确或无法以合理的成本确定生态环境损害范围和程度时，采用虚拟治理成本法量化生态环境损害价值，不再计算期间损害。

求的案件中，有 25 起皆通过虚拟治理成本法予以量化。而且，法院在采用虚拟治理成本法量化损害的时候，对于其评估的到底为哪一类损害看法并不一致。绝大多数（20 起）认为虚拟治理成本法量化的是全部的生态环境损害（判决书中用语为环境污染损失或修复费用）。1 起认为虚拟治理成本法仅赔偿了修复费用，而修复至基线状态期间的过渡期损失还需另行计算。4 起认为污染者应赔偿修复费用，此外还应赔偿通过虚拟治理成本法量化的过渡期损失。在采用虚拟治理成本法量化损害的案例中，仅有 8 起解释了为何采用此方法：4 起因为测量损害难度大，3 起因为难以修复且修复成本远大于收益，1 起因为无法恢复。即使是这 8 起给出解释的案例中，也仅仅简单提及这些原因，而未就之进行具体说明。[1]

生态环境服务功能损失费用评估与适用的困境也导致具体生态环境损害赔偿诉讼案件中具体赔偿范围与赔偿数额的公平性与合理性遭到质疑。例如，在江苏省人民政府与安徽海德化工科技有限公司环境污染责任纠纷[2]案件中，江苏省人民政府以被告安徽海德化工科技有限公司非法排放危险废物造成长江水体严重污染，新通扬运河水体严重污染和靖江市城区集中式饮用水源被迫断水 40 多个小时为由，向江苏省泰州市中级人民法院诉请判决被告赔偿生态环境修复费用 3 637.90 万元（靖江和新通扬运河水体污染生态环境损害修复费用），赔偿生态环境服务功能损失费用 1 818.95 万元（按照第一项诉请的 50% 计算）。最终，江苏省泰州市中级人民法院对原告的上述诉求予以准许。在该案中，法院仅仅根据被告存在非法处置危险废物造成生态环境损害的情形，就直接推定被告的行为必然对两地乃至下游的生态环境服务功能均造成了巨大的损失，并且认为生态环境损害修复费用的评估中，不包括生态环境修复期间的服务功能损失。在此情形下，"法院应当发挥积极能动性，依职权考量具体因素，合理酌定生态环境修复期间的服务功能损失费的具体数额。具体而言，应当综合污染区域的特性、污染因素的种类及浓度、污染行为的持续时间、污染情节的轻重以及污染行为人主观恶性、违法所得等因素。具体到本案而言，法院确定生态环境修复期间的服务功能损失数额时，综合考虑了案涉污染区域的特殊性、重要性，污染行为后果的严重性、行为

---

〔1〕　参见刘静："生态环境损害赔偿诉讼中的损害认定及量化"，载《法学评论》2020 年第 4 期。

〔2〕　（2017）苏 12 民初 51 号。

人的主观恶性以及《评估报告》的评估方式等因素。"[1]然而，按照《生态环境损害鉴定评估技术指南总纲和关键环节第 1 部分：总纲》中关于生态环境损害价值量化方法的规定，当污染环境或破坏生态行为事实明确，但损害事实不明确或无法以合理的成本确定生态环境损害范围和程度时，采用虚拟治理成本法量化生态环境损害价值，不再计算期间损害。法院认为生态环境修复费用评估不包含期间功能损失，且直接按照生态环境修复费用的 50%确定生态环境服务功能费用的做法是否合法合理，值得商榷。

（三）环境修复效果评估费用适用无序

生态环境损害的修复与生态环境服务功能的恢复是生态环境损害赔偿制度的根本与核心目标。为确保生态环境及时有效修复，对于赔偿义务人自行修复或委托具备修复能力的社会第三方机关进行修复的效果，赔偿权利人及其指定的部门或机构应进行监督。《生态环境损害赔偿制度改革方案》明确规定，赔偿权利人及其指定的部门或机构对磋商或诉讼后的生态环境修复效果进行评估，确保生态环境得到及时有效修复。在生态环境损害赔偿制度改革的具体实施中，部分地区出台了相关规范性文件对该工作的具体程序进行了规定。例如，山东省专门出台了《生态环境损害修复效果后评估工作办法》，陕西省在《生态环境损害修复管理办法（试行）》中对生态环境修复后效果评估的申请、评估的效力等进行了明确规定。这些省份的规定都明确指出，赔偿权利人及其指定的部门或机构应当在收到赔偿义务人生态环境损害修复效果评估申请后，及时委托具备评估能力的社会第三方机构对修复效果进行评估验收。那么，作为确保生态环境损害修复效果的保障，该笔费用也应由赔偿义务人承担。最高人民法院《关于审理生态环境损害赔偿案件的若干规定（试行）》中明确规定，生态环境修复费用包括修复效果后评估费用等。然而，在具体实践中，对于该笔费用支出的合理性与必要性却存在不同意见。例如，在重庆市渝北区生态环境局与重庆大脚板汽车清洗服务有限公司环境污染责任纠纷案[2]中，被告违法倾倒了属于危险废物的废机油，导致倾倒地的土壤受到污染，被告委托有资质的第三方机构对污染现场进行了转移和处

〔1〕 顾金才、蔡鹏："浅析生态环境损害赔偿诉讼案件审理的三大要点——评江苏省人民政府诉安徽海德化工科技有限公司生态环境损害赔偿一案"，载《法律适用》2019 年第 20 期。

〔2〕 （2019）渝 01 民初 1171 号。

置。渝北区生态环境局作为原告认为，被告消除了污染可以抵扣其生态环境修复费用 1 万元，但对另外的鉴定评估费用 1 万元应予赔偿，故起诉要求被告支付原告委托鉴定评估机构所支出的费用 1 万元。在该案中重庆市第一中级人民法院在判决中指出：被告应承担的清除污染、修复环境责任已在本案诉讼前，乃至原告委托鉴定评估前即已履行完毕。被告已支付了污染物处置费用，并实际履行完毕生态环境修复责任，受损的生态环境已得到修复。原告明知上述事实，仍委托相关机构进行生态环境损害评估鉴定，系对生态环境损害赔偿制度督促修复功能的误读，亦没有对赔偿义务人积极履行义务、主动修复环境的行为给予应有的肯定。原告委托相关机构进行鉴定评估并支付鉴定评估费 1 万元实无必要，诉请被告承担评估鉴定费 1 万元亦缺乏合理性，因此驳回了原告的诉讼请求。生态环境损害修复效果评估费用是否必要以及评估费用是否过高的问题仍需探讨。

三、完善生态环境损害赔偿范围的对策建议

（一）厘清环境应急处置费的性质

对于上述理论与实践中的争议，笔者认为，环境应急处置费用性质争议的解决应回答以下两个层次的问题：第一，环境应急处置费是行政机关履行职责的行政支出还是行为人应承担的垫付费用，也就是说，环境应急处置费用是否可以要求义务人承担。第二，如果环境应急处置费可以要求义务人承担，那么行政机关应以民事私益诉讼、生态环境损害赔偿诉讼抑或行政执行程序进行费用追缴。也就是说，行政机关是否可以通过生态环境损害赔偿诉讼进行费用追缴。

从上述案例来看，行政机关基于属地管理的原则或监督管理的职责对责任人造成的生态环境污染自行或委托第三方公司进行了应急治理。因各级政府和相关环境主管部门负有环境管理与监督职责，对于突发环境事件负有采取应急措施防止污染扩大的义务，[1] 行政机关垫付的应急处置费用常常被误认为是行政机关的行政支出。但根据《突发环境事件应急管理办法》等相关

---

〔1〕《土壤污染防治法》第 44 条："发生突发事件可能造成土壤污染的，地方人民政府及其有关部门和相关企业事业单位以及其他生产经营者应当立即采取应急措施，防止土壤污染，并依照本法规定做好土壤污染状况监测、调查和土壤污染风险评估、风险管控、修复等工作。"

制度的规定，在环境突发事件发生后，造成突发事件的主体应当立即启动突发环境事件应急预案，并采取切断或者控制污染源以及其他防止危害扩大的必要措施。[1]造成环境损害后果的责任人是防止损害的发生和扩大的直接义务主体，采取污染清除等应急处置措施并恢复受损生态环境是义务人的责任。从《民法典》《环境保护法》《行政强制法》以及环境单行法的规定来看，我国生态环境损害赔偿的救济存在公私法的双重救济模式，环境行政处罚费用性质不明的根本原因也在于对两种救济和追偿模式的和重叠。

从公法救济来看，对造成环境损害的主体，行政机关可以通过行政决定、行政命令等方式要求其承担防止和扩大损害发生、修复生态环境的义务。通过行政命令型生态环境修复责任的设置，行政机关可以责令行为人限期改正、恢复生态环境，行为人拒不履行的，行政机关可以代为履行，所需费用由违法者承担。《行政强制法》第50条和第52条[2]对环境行政代履行以及环境行政即时代履行进行了明确具体的规定。在行为人的环境违法行为已经造成严重后果时，行政机关可以立即清除河道、航道、道路或公共场所的污染物、障碍物或遗洒物，当事人拒绝或无能力清除的，行政机关可以决定当即实施行政代履行，或委托没有利害关系的第三人代履行。由于《行政强制法》对行政机关的代履行作了统一规定，不需要其他法律、行政法规、地方性法规等再作专门规定。执法主体在执法过程中遇到符合这些条款的情况时，就可以直接实施行政强制的具体行政为。[3]基于此，在环境事件发生后，行政机关可以基于《行政强制法》的规定，及时采取应急措施，实施行政代履行。然而，在实践中，由于行政代履行的适用需有具体的相对人等条件的限制，

---

〔1〕《突发环境事件应急管理办法》第23条第1款："企业事业单位造成或者可能造成突发环境事件时，应当立即启动突发环境事件应急预案，采取切断或者控制污染源以及其他防止危害扩大的必要措施，及时通报可能受到危害的单位和居民，并向事发地县级以上环境保护主管部门报告，接受调查处理。"

〔2〕《行政强制法》第50条："行政机关依法作出要求当事人履行排除妨碍、恢复原状等义务的行政决定，当事人逾期不履行，经催告仍不履行，其后果已经或者将危害交通安全、造成环境污染或者破坏自然资源的，行政机关可以代履行，或者委托没有利害关系的第三人代履行。"第52条："需要立即清除道路、河道、航道或者公共场所的遗洒物、障碍物或者污染物，当事人不能清除的，行政机关可以决定立即实施代履行；当事人不在场的，行政机关应当在事后立即通知当事人，并依法作出处理。"

〔3〕参见曹和平："浅析环境保护行政代履行制度的若干问题"，载《江淮论坛》2013年第5期。

环境行政代履行的适用困难重重。此外，即使满足行政代履行的条件，代履行完毕后义务人拒绝支付代履行费用，行政机关该如何追偿呢？对此，无论是《行政强制法》还是环境单行法都没有明确规定代履行费用"负担不能"的救济程序，[1]费用收缴的方式、未收缴的补救措施、第三人履行费用的保障等方面规定的缺失，导致了实践中经常出现无法追缴履行费用的情形，甚至导致环境执法机关弃"代履行"不用的情况发生。[2]在此情况下，有学者提出，生态环境损害赔偿请求权是一种"公法性质、私法操作"的公共利益保护请求权，生态环境损害赔偿诉讼弥补了"责令修复+代履行"机制在应对生态环境损害上的不足，本质上是环境行政执法的延伸和补充。[3]而这种认识也被吸纳进了最高人民法院的司法解释中。对此笔者认为，环境行政代履行的性质、适用条件、适用主体与生态环境损害赔偿制度并不相同。责令治理与修复+行政代履行构成了生态环境损害的行政救济机制。在公法救济不足的情况下，生态环境损害赔偿制度是以自然资源国家所有权为基础的私法救济机制。具体来讲，在突发环境事件发生后，应先适用行政修复责任机制，由行政机关责令行为人进行应急处置和生态修复，当事人逾期不履行或履行不当的，行政机关可以代履行。在符合"即时代履行"的条件时，行政机关也可以直接实施代为履行程序。根据《行政强制法》第51条第2款规定，代履行的费用按照成本合理确定，由当事人承担。但是，法律另有规定的除外。但当事人既不履行法定行为，又不承担代履行合理费用的，行政机关可以申请法院强制执行。《行政强制法》第13条规定，法律没有规定行政机关强制执行的，作出行政决定的行政机关应当申请人民法院强制执行。[4]当事人不承担代履行费用的，行政机关可以申请法院执行，当事人如有异议进入行政诉讼程序，如无异议进入非诉性质执行程序。在此情况下清除污染的环境应急处置费用应通过行政程序予以追偿。在采取污染清除等应急处置措施之后，为进一步

---

〔1〕　参见蒋云飞、唐绍均："论环境行政代履行费用的性质与征缴"，载《北京理工大学学报（社会科学版）》2018年第2期。

〔2〕　参见竺效、丁霖："论环境行政代履行制度入《环境保护法》——以环境私权对环境公权的制衡为视角"，载《中国地质大学学报（社会科学版）》2014年第3期。

〔3〕　参见张宝："生态环境损害政府索赔制度的性质与定位"，载《现代法学》2020年第2期。

〔4〕　参见杜佳蓉、杜敬波："代履行应成为环境修复的有效路径"，载《中国环境报》2018年4月19日，第8版。

降低环境中的污染物浓度，如果还需要采用工程和管理手段将环境污染导致的人体健康或生态风险降至可接受风险水平的，属于生态环境损害赔偿制度的适用范围。责任人应承担生态环境修复与生态环境服务功能损失的责任，具有赔偿请求权的主体可以通过磋商和诉讼要求责任人承担清除污染、修复生态环境等责任。此处的清除污染费用与行政机关已经垫付的应急处置费用性质完全不同，该笔费用应被并入环境修复费用中。

（二）完善生态环境损害评估鉴定制度

生态系统服务功能具有复杂性，生态系统服务功能的价值理论和评估方法也尚未形成科学体系。[1]在此情况下，针对生态系统服务功能损失费用计算困难与适用混乱的问题，应从完善赔偿范围的制度规定与建立更为完善的评估鉴定体系两方面着手予以解决。具体而言：

第一，梳理生态环境损害赔偿各类费用的关系，对生态环境修复费用、替代性修复费用、生态服务功能损失费用的概念、适用条件、叠加适用情形等进行明确规定，并在生态环境损害评估鉴定文件中对生态环境服务功能损失的内涵和计算办法进行详细规定。确定虚拟治理成本法的本质为生态环境修复费用，实现其与生态环境修复费用间的分立和有序并行。[2]

第二，结合环境系统的整体型特征，根据不同环境损害对生态系统服务功能造成的影响范围，对不同环境要素的生态系统服务功能评估方法进行具体构建，建立生态系统服务功能损失评估的制度体系。在此过程中可借鉴与引入经济学与生态学中关于生态系统服务价值评估的指标体系和评估规范，处理好生态系统服务与自然资本价值评估之间的关系。[3]

（三）明确环境修复效果评估费用的适用条件

为确保生态环境损害的效果，对义务人履行修复义务的监督与效果评价是必要的。但从监督形式来看，由于生态环境损害赔偿诉讼成本与鉴定评估费用高昂，在对生态环境损害赔偿适用范围以违法性与重大后果为前提进行

〔1〕参见蔡先凤、郑佳宇：“论海洋生态损害的鉴定评估及赔偿范围”，载《宁波大学学报（人文科学版）》2016年第5期。

〔2〕参见李树训：“回归裁判理性：明辨‘生态环境服务功能的损失’”，载《重庆大学学报（社会科学版）》。

〔3〕参见池上评：“桉树人工林生态系统服务功能价值损失赔偿”，载《林业科技通讯》2021年第2期。

限制的基础上，为避免无必要评估以及评估费用严重高于修复费用情形的出现，对于损害较小的生态环境损害修复效果评估可通过现场勘察、问卷调查、组织相关专家出具专家意见等多种形式进行。此外，如前所述，生态环境修复责任是一种综合型的环境法律责任，其具体责任性质是由责任追究方式的性质决定的，生态环境损害的救济存在公私法并行的两条路径。行为人对受损生态环境的修复既可以基于民事上赔偿权利人要求义务人承担生态环境损害赔偿责任的请求权，也可以是基于行政机关要求义务人采取损害评估和修复措施的行政决定或行政命令。由于生态环境损害的公共利益属性，在公私救济方法并存的情形下应坚持公法救济的优先性，生态环境损害赔偿诉讼是行政责任的补充。义务人承担限期改正、责令恢复等行政责任后，并不影响其依法承担生态环境损害鉴定评估费用、生态环境服务功能费用等生态环境损害赔偿责任。

第三节　政府提起生态环境损害诉讼中惩罚性赔偿的有限适用

在生态环境损害赔偿范围的确定中，惩罚性赔偿是否适用是其中争议最大的问题。随着《民法典》的颁布实施，环境侵权惩罚性赔偿制度在我国得以确立。《民法典》第 1232 条规定，侵权人违反法律规定故意污染环境、破坏生态造成严重后果的，被侵权人有权请求相应的惩罚性赔偿。由于对该条中"被侵权人"与"严重后果"的理解存在差异，生态环境损害赔偿责任是否适用惩罚性赔偿在理论和实务界存在较大争议。从环境侵权惩罚性赔偿在《民法典》中的确立历程及惩罚性赔偿功能等方面分析，生态环境损害惩罚性赔偿制度有适用的正当性与必要性。在《民法典》对惩罚性赔偿作出规定后，应根据生态环境损害的实际情况和自身特点，对生态环境损害赔偿诉讼中如何适用惩罚性赔偿作出具体的、具有针对性的规定，明确生态环境损害惩罚性赔偿的定位、适用范围、适用条件、赔偿金额的确定等具体规则。

一、在生态环境损害赔偿诉讼中适用惩罚性赔偿的理论争议

（一）在环境法律中确立惩罚性赔偿制度的尝试及失败

惩罚性赔偿起源于英国，其后成为英美法系国家的一项重要制度。一般

认为，惩罚性赔偿金主要具有惩罚、吓阻、补偿、鼓励私人执行法律等功能。很多大陆法系国家认为赔偿的目的主要在于损害填补而并未规定该项制度。随着对侵权行为惩罚和遏制功能的需要，惩罚性赔偿制度也被部分大陆法系国家逐步采用。我国在《中华人民共和国消费者权益保护法》《中华人民共和国食品安全法》等法律中确立了惩罚性赔偿制度。但按照原《侵权责任法》的规定，惩罚性赔偿在侵权领域的适用范围并不包括环境侵权责任。2014 年《环境保护法》修订，很多人呼吁应在该法中引入惩罚性赔偿制度，但该法最终并未对此进行规定。2014 年最高人民法院《关于审理环境民事公益诉讼案件适用法律若干问题的解释（征求意见稿）》第 21 条，首次规定了环境公益诉讼中的惩罚性赔偿："污染者有环境保护法第六十三条规定的行为之一，尚不构成犯罪，或者因污染环境、破坏生态行为被追究刑事责任，原告请求其承担生态环境修复费用一倍以下赔偿责任的，人民法院可以予以支持。污染者在一审庭审结束前积极采取有效措施修复生态环境的，可以减轻或者免除前款规定的赔偿责任。"但遗憾的是，2015 年 1 月最高人民法院《关于审理环境民事公益诉讼案件适用法律若干问题的解释》正式施行时，该条被删除。2016 年 5 月，最高人民法院《关于充分发挥审判职能作用为推进生态文明建设与绿色发展提供司法服务和保障的意见》（法发〔2016〕12 号）再次提出，落实生态环境修复制度，探索适用惩罚性赔偿责任，确保责任人依法承担生态环境修复费用和生态环境服务功能的损失，维护环境公共利益，让人民群众有更多的获得感。环境法律制度中惩罚性赔偿制度的立法努力表明，确立惩罚性损害赔偿制度是我国环境立法完善的趋势。

（二）《民法典》中环境侵权惩罚性赔偿制度的确立

新中国成立后，我国曾于 1954 年、1962 年、1979 年和 2001 年 4 次启动制定和编纂民法典的相关工作。因种种原因，4 次编纂工作都未能最终完成。2014 年，中共十八届四中全会审议通过《中共中央关于全面推进依法治国若干重大问题的决定》，首次在党的正式文件中明确指出要编纂民法典，民法典编纂工作再次提上日程。《民法典》的制定为环境侵权惩罚性赔偿制度的建立提供了契机。2018 年 8 月，提请第十三届全国人大常委会第五次会议审议的民法典各分编草案，增加了生态环境损害惩罚性赔偿的相关规定，明确了侵权人故意违反国家规定损害生态环境的，被侵权人有权请求相应的惩罚性赔偿。全国人大常委会法工委主任沈春耀在作草案说明时指出，该规定是为落实党的十八届三中全会提出的"对造成生态环境损害的责任者严格实行赔偿制度"要求，贯彻党的十九大报告提出的加大生态系统保护力度的决策部署。[1]全国人大常委会审议的《民法典侵权责任编（草案）》（二次审议稿）第1008条规定，侵权人故意违反国家规定损害生态环境造成严重后果的，被侵权人有权请求相应的惩罚性赔偿。该草案稿的规定公布后，很多学者提出，该条关于惩罚性赔偿的适用前提、范围与条件规定不清。[2]2020年5月，《民法典》正式审议通过，该法第1232条对草案稿的规定做了部分修改，环境侵权惩罚性赔偿的条款调整为："侵权人违反法律规定故意污染环境、破坏生态造成严重后果的，被侵权人有权请求相应的惩罚性赔偿。"惩罚性赔偿制度可以弥补补偿性赔偿损害填补功能之不足，达到抑制和预防违法行为发生和再犯、引导私人执行法律等目的，在我国环境侵权领域引入惩罚性赔偿体现了对环境正义的维护，是环境民事责任绿色化的应然要求。

（三）生态环境损害赔偿适用惩罚性赔偿的争议

民法典确立环境侵权惩罚性赔偿制度后，对于惩罚性赔偿在环境私益诉讼中的重要价值与意义基本没有争议，但对于环境侵权惩罚性赔偿应如何具体理解适用，是否应将环境民事公益诉讼与生态环境损害赔偿诉讼作为惩罚性赔偿的具体适用范围却存在不同意见。具体而言：第一，在适用范围上，《民法典》第1232条所规定的"严重后果"是否包括生态环境损害后果？作为环境侵权惩罚性赔偿求偿主体的"被侵权人"是否包括国家规定的机关或法律规定的组织。对此，有学者认为，被侵权人不包括国家规定的机关或法律规定的组织，从整个环境法律责任体系来看，惩罚性赔偿的适用可能会导致过度赔偿、重复赔偿等负面影响，在环境侵权诉讼中应慎用惩罚性赔偿，更不宜将惩罚性赔偿扩大至生态环境损害赔偿诉讼或者环境民事公益诉讼中。[3]但

---

〔1〕　参见陈菲、丁小溪："'损害生态环境要惩罚性赔偿'纳入民法典分编草案"，载http://www.npc.gov.cn/zgrdw/npc/cwhhy/13jcwh/2018-08/28/content_2059407.htm，最后访问日期：2021年6月10日。

〔2〕　参见王秀卫："论生态环境损害侵权责任的立法进路——《民法典侵权责任编（草案）》（二次审议稿）第七章存在的问题及解决"，载《中国海商法研究》2019年第2期。

〔3〕　参见陈学敏："环境侵权损害惩罚性赔偿制度的规制——基于《民法典》第1232条的省思"，载《中国政法大学学报》2020年第6期。

也有学者认为，对"被侵权人"应作扩大解释，除直接受害人外，还应包括国家规定的机关和法律规定的组织。[1]惩罚性赔偿制度是一种公法责任在私法制度上的具体体现，是为保护社会公共利益的特殊法律责任，惩罚性赔偿制度的公益性特征与生态环境损害赔偿制度和环境民事公益诉讼制度维护环境公共利益的价值目标契合，具有适用的正当性。[2]生态环境损害赔偿诉讼适用惩罚性赔偿制度的必要性与正当性亟需厘清。第二，在适用条件上，《民法典》第1232条明确了惩罚性赔偿以"违法"为前提，以"故意"为主观要件，以"污染环境、破坏生态造成严重后果"为客观结果要件。但侵权人的"故意"状态如何认定？"严重后果"如何界定？赔偿金的数额如何确定？惩罚性赔偿的具体适用规则还需进一步明确细化。

二、在生态环境损害赔偿诉讼中适用惩罚性赔偿的必要性

从《民法典》的立法历程与立法宗旨来看，环境侵权惩罚性赔偿制度引入的目的就是要针对"损害生态环境造成严重后果的"责任人实行严格赔偿制度。《民法典》正式文本中，虽然对"损害生态环境"的表述进行了修改，但从体系解释的角度来看，侵权责任编第七章"环境污染和生态破坏责任"中第1229条至第1233条系全章的一般规定，第1234条与第1235条是全章关于生态环境损害责任的特殊规定。凡是最后两条没有特殊规定的，应当适用包括环境侵权惩罚性赔偿在内的一般规定。[3]生态环境损害适用惩罚性赔偿制度具有正当性。此外，从功能角度来看，生态环境损害惩罚性赔偿制度的适用在理论与实践方面也具有必要性。

（一）生态环境损害惩罚性赔偿具有弥补补偿性赔偿不足的功能

惩罚性赔偿作为超过补偿性赔偿以外的损害赔偿，可以有效弥补"同质补偿"原则的不足，[4]是对补偿性赔偿制度的一种补足。损害赔偿的目的在

---

〔1〕 参见谢海波："环境侵权惩罚性赔偿责任条款的构造性解释及其分析——以《民法典》第1232条规定为中心"，载《法律适用》2020年第23期。

〔2〕 参见李华琪、潘云志："环境民事公益诉讼中惩罚性赔偿的适用问题研究"，载《法律适用》2020年第23期。

〔3〕 参见王旭光："《民法典》绿色条款的规则构建与理解适用"，载《法律适用》2020年第23期。

〔4〕 参见张驰、韩强："民法同质补偿原则新思考"，载《法学》2000年第3期。

于弥补因侵权行为所遭受的损害，其本质在于补偿损害，以求其结果如同损害事故未发生。但在环境侵权中，一方面，有些生态环境损害造成后现有技术并不能进行修复或替代性恢复，此时由于环境损害鉴定评估的困难，造成能确定的损失比实际损失数额要小。另一方面，损害赔偿仅仅具有补偿或赔偿的功能，即使能够准确地确定补偿性赔偿的金额，但侵权行为与损害结果之间的因果关系并不总是显而易见的，违法行为被起诉的概率很小，被惩罚的概率更小，从整体来讲责任人所负赔偿责任就少。这就造成在环境侵权中，同质赔偿常常无以给原告以完全的救济，无以实现侵权法的损害填补功能，对受害人的救济严重不足。[1]因此，通过确立生态环境损害惩罚性赔偿制度，可以填补无法确定的生态环境损害，弥补补偿性赔偿的不足。

（二）生态环境损害惩罚性赔偿具有吓阻的功能

惩罚性赔偿的吓阻功能也被称为抑制或威慑功能，是指通过加重行为人的赔偿数额，阻止侵权行为的发生，同时也警戒潜在的违法者。惩罚性赔偿吓阻功能的理论基础是吓阻理论（也有学者称为威慑理论）。波斯纳等法经济学家认为，相对于一个特定的威慑水平，违法者被惩罚的概率和被惩罚的严厉程度之间呈反相关关系。在侵权者可能会逃脱惩罚的情况下，通过提高惩罚的程度，可以保持惩罚的威慑水平。但惩罚性赔偿吓阻或威慑功能的使用必须满足"有效吓阻"的条件，即社会对吓阻不法行为花费的成本，不能大于该不法行为所生的社会成本。理论和实务界对惩罚性赔偿金的吓阻和威慑功能一般持肯定态度，但对于环境侵权惩罚性赔偿是否符合有效吓阻理论，有学者持怀疑态度。他们认为，在同质赔偿情况下实现无过错责任原则已经使被告有充分的动力采取有效率的预防措施，如果实现惩罚性赔偿，必然使得被告方采取过度的预防，产生低效率，这样的结果从社会整体上来讲是得不偿失的。[2]针对生态环境损害赔偿制度的特殊性，还需要考虑上述反对意见中责任过多施加所带来的公平与效率问题。也就是说，侵权人同一环境违法行为可能面临刑事、行政等多种性质的法律后果。在维护环境公共利益的方式中，生态环境损害赔偿惩罚性赔偿金的施加是否会导致行为人责任过重，

---

〔1〕　参见高利红、余耀军："环境民事侵权同质赔偿原则之局限性分析"，载《法商研究》2003年第1期。

〔2〕　参见高晋康等：《法律运行过程的经济分析》，法律出版社2008年版，第120~123页。

进而影响企业或市场的发展，使得该制裁的社会成本过大。对此，笔者认为：

第一，是否需要运用惩罚性赔偿制度实现制裁和威慑功能，取决于公共实施是否可以保证百分之百的惩罚概率或有较严厉的惩罚水平，保持相应的威慑水平。[1]如果行政处罚和刑事制裁对环境违法行为的威慑程度能够达到较高水平，运用惩罚性赔偿的制裁和威慑水平就是不必要，否则，就应充分发挥其在法实现中的作用。在我国实践中，现实情况是国家机关主导的公共实施对环境违法行为的威慑力较弱，环境法的实施状况较差，在这种情况下，应该运用惩罚性赔偿的吓阻功能。

第二，从成本与效益考虑来讲，惩罚性赔偿制度符合"有效吓阻"理论的要求。从一般环境侵权来看，我国规定了无过错责任，但由于私人没有提起诉讼的动力，私人诉讼数量很少，无过错责任的预防原则并未如愿起到相应的作用，被告并未采取相应的预防措施，更不要说过度的预防导致社会效率的减少。对于生态环境损害而言，环境污染或生态破坏行为造成人体健康、生态环境的损害的严重后果是更大的一笔潜在社会成本，该成本不能忽略不计。此外，惩罚性赔偿惩罚威慑功能的作用，替代、减轻了公共实施中发现、侦查、制裁等方面的成本。归纳起来，在社会成本的支出上，惩罚性赔偿可能造成的支出是环境违法者发展成本的提高，而收入则是环境污染造成的医疗、健康等费用的减少以及行政执法成本的降低，对社会整体而言，吓阻不法行为发生的成本小于该不法行为产生的成本。

（三）生态环境损害惩罚性赔偿具有激励与预防的功能

惩罚性赔偿的激励与预防功能，是指通过使原告从胜诉中获得超过其受到的损失及诉讼所花费的费用，给予私人以经济诱因，鼓励私人利用其所掌握的信息以私人检察长身份提起诉讼，填补公共执法的不足，实现执法目的，进而维护受害人权益及整体的社会公共利益，预防未来违法行为的发生。环境污染具有长期性、隐蔽性等特点，因而环境侵权案件具有鉴定费用庞大、耗时较长、因果关系证明困难等特殊性，在司法实践中存在通过法院作出正确决策解决赔偿数额与实际遭受损失相比过少的问题，可实现性较差。从经济成本方面考虑，环境诉讼的这些特殊性使得原告即使获得胜诉，其获得的

---

[1] 参见阳庚德："私法惩罚论——以侵权法的惩罚与遏制功能为中心"，载《中外法学》2009年第6期。

有限赔偿与诉讼所付出的成本相比意义不大，私人提起诉讼的风险和成本较高。并且，由于环境损害可能造成多数人的小额损失，如单独提起诉讼，其所付出时间、费用并不能通过获得的赔偿补足。很多情况下被害人实际损害甚微，或者只存在环境公共利益的损害，私人因没有经济动力，而不愿提起诉讼，这将导致环境污染者免于受到惩罚，也无法吓阻环境污染者再度进行环境侵权行为。但如果确立惩罚性赔偿制度，即使存在诉讼费用负担较高、可认定赔偿额度不高等问题，通过惩罚性赔偿金的获得也能转嫁负担。这将极大地增加私人提起诉讼的动力。

　　从性质来看，一般认为，社会组织提起的环境民事公益诉讼也属于私人执法的重要方式。环境民事公益诉讼中，社会组织提起生态环境惩罚性赔偿请求后，惩罚性赔偿金虽然不能直接归其所有。但从实践来看，公益诉讼惩罚性赔偿金一般由被告向环境公益诉讼专项资金账户支付。根据《昆明市环境公益诉讼救济专项资金管理暂行办法》《海南省高级人民法院关于开展环境资源民事公益诉讼试点的实施意见》等各地规范性文件的规定，环境公益诉讼专项资金是用于对提起环境公益诉讼涉及的诉讼费用进行补助和救济的专项资金，包括案件受理费、申请费、调查取证费、鉴定费、勘验费、评估费、环境恢复和执行救济费用以及其他诉讼产生的合理费用。环境公益诉讼的赔偿金专门用于对环境公益诉讼案件费用的救济援助，从一定程度上说，实际上仍然会在环保组织再次提起诉讼时归其使用，这也是对环境公益诉讼原告的一种经济刺激。环境民事公益诉讼中惩罚性赔偿制度的引入可以有效地激励社会组织更积极地行使诉权。

　　然而，对政府提起的生态环境损害赔偿诉讼制度而言，从资金归属来看，根据《生态环境损害赔偿资金管理办法（试行）》第 6 条第 2 款的规定，生态环境损害赔偿资金作为政府非税收入，实行国库集中收缴，全额上缴赔偿权利人指定部门、机构的本级国库，纳入一般公共预算管理。如果在生态环境损害赔偿诉讼中引入惩罚性赔偿制度，一般认为，惩罚性赔偿金也应归于国库或归于环境保护公益基金。惩罚性赔偿金并不能给行政机关带来经济刺激。但不能忽视的是，生态环境损害赔偿责任的认定同样存在损害认定困难、鉴定费用高昂等难题，行政机关提起生态环境损害赔偿诉讼存在缺乏内在动力、诉讼类型较窄、诉讼更多是针对重大环境污染事故的事后救济等困境。

惩罚性赔偿的引入可以避免因损害难以鉴定、难以举证或鉴定费用高而使生态环境损害无法得到赔偿的情况。在现有行政责任不完善，生态环境损害赔偿制度实施不畅的情况下，生态环境损害惩罚性赔偿制度的预防与激励功能体现为：通过对主观恶性较大的行为人采取惩罚性赔偿的方式，加大对生态环境损害的责任追究力度，弥补生态环境损害赔偿预防功能的不足，激励与警示潜在违法者守法，预防违法行为发生。

三、在生态环境损害赔偿诉讼中适用惩罚性赔偿的具体条件

（一）生态环境损害惩罚性赔偿的定位

1. 生态环境损害惩罚性赔偿的私法性质

由于惩罚性赔偿所具有的惩罚功能，生态损害赔偿惩罚性赔偿常常被定位为公法责任在私法制度上的具体体现。[1]但笔者认为，从惩罚性赔偿的首要功能及我国生态环境损害救济的制度进路来看，生态环境损害惩罚性赔偿在性质上属于私法责任，是对难以认定、量化的生态环境损害的救济拓展。民法传统理论认为，损害赔偿法的核心与基本原则是补偿原则，任务和功能是补偿损失。随着社会的不断发展，一些无形损害与社会性损害无法得到救济，此时惩罚性赔偿制度在侵权法中逐渐确立。惩罚性赔偿的基础功能就是对损害的填补，其最大价值在于，救济公法所不及，实现救济最大化，维护实质正义。而这种功能与生态环境损害的特点相契合，也与生态环境损害赔偿制度的目的相契合。考虑到环境侵害的特殊性、生态环境损害利益的复杂以及损害赔偿责任被追究的困难和概率等问题，损害赔偿的范围不应仅限于传统的人身、财产损害也不应仅限于补偿损害，损害赔偿的范围与程度应予扩展。在此背景下，"生态环境损害"在《民法典》中的确立，标志着生态环境损害与传统人身、财产损害，共同构成民法上的"损害"类型，生态环境损害赔偿制度成为生态环境损害救济的重要组成部分。而惩罚性赔偿制度的引入拓展了受损权益救济的程度，是实现生态环境损害救济功能的制度技术，[2]是生态环境损害私法责任的施加。

〔1〕 参见李华琪、潘云志："环境民事公益诉讼中惩罚性赔偿的适用问题研究"，载《法律适用》2020年第23期。

〔2〕 参见刘超："《民法典》侵权责任编的绿色制度创新"，载《法学杂志》2020年第10期。

2. 生态环境损害惩罚性赔偿与环境侵权惩罚性赔偿的关系

生态环境损害惩罚性赔偿的定位还涉及其与被害人所提起的环境侵权损害惩罚性赔偿的关系问题。环境侵权诉讼可以分为两类：环境私益诉讼和环境民事公益诉讼，两种诉讼方式都应属于环境侵权惩罚性赔偿制度的适用范围。这里存在的问题是，按照我国现有法律规定，环境私益诉讼和公益诉讼有不同的诉讼主体和诉讼程序。那么，当同一违法行为既造成人身财产损害，也造成环境本身的损害，该违法行为在提起的不同类型诉讼中是否可以同时主张惩罚性赔偿，是否违反"一事不再罚"原则？笔者认为，政府提起的生态环境损害赔偿诉讼与环境民事公益诉讼在维护利益、请求内容等方面具有一致性，两者都属于广义环境民事公益诉讼的范围，在两种诉讼中不应同时适用惩罚性赔偿制度。但私人因自身损失提起的诉讼与特定主体为公共利益提起的诉讼具有不同的诉讼标的，请求内容、维护利益、惩罚性赔偿的功能等都不相同，因此，在不同类型的环境诉讼中，可以同时适用惩罚性赔偿制度，不违反"一事不再罚"原则。在实践中，法院可以根据损害赔偿额度、污染者是否积极采取有效措施修复生态环境等情况，对惩罚性赔偿予以减轻或者免除。

3. 生态环境损害惩罚性赔偿与行政处罚的关系

虽然惩罚性赔偿在性质与定位上与行政处罚不同，但在维护利益的性质、请求权主体等方面，生态环境损害惩罚性赔偿与行政处罚存在重合。具体而言，当违法行为造成生态环境损害时，享有惩罚性赔偿请求权的主体应是法律规定的机关或者组织，按照现有规定，惩罚性赔偿金也将最终直接归属于国家财政。而行政处罚保护的利益也是社会公共利益，有权要求罚款的主体也是法律规定的机关或者组织，罚款最终也归属于国家财政。[1]此时，针对行政罚款与惩罚性赔偿金的关系应如何处理存在不同的做法与意见。在我国惩罚性赔偿消费公益诉讼实践中，存在将刑事罚金与行政罚款在民事惩罚性赔偿金中予以折抵的做法，其宗旨是"体现惩罚的谦抑，避免惩罚的过度"[2]。在理论上也有学者主张，应将惩罚性赔偿金在刑事罚金与行政罚款中予以抵扣，

---

〔1〕　参见杨立新、李怡雯："生态环境侵权惩罚性赔偿责任之构建——《民法典侵权责任编（草案二审稿）》第一千零八条的立法意义及完善"，载《河南财经政法大学学报》2019年第3期。

〔2〕　黄忠顺："惩罚性赔偿消费公益诉讼研究"，载《中国法学》2020年第1期。

以避免违反一事不再罚原则。但笔者认为，行政罚款与惩罚性赔偿在性质与功能上存在不同，两者不存在折抵的理论基础，行政责任的承担不能免除行为人民事责任的承担。为避免对侵权人施加过重责任导致社会成本过大，应对生态环境损害惩罚性赔偿的适用条件加以细化与限制，并应妥善处理行政处罚与惩罚性赔偿的优先顺位。当责任人不足以承担全部金钱责任时，相关责任的受偿顺序：环境侵权人身财产损害赔偿、生态环境损害赔偿、行政罚款、生态环境损害惩罚性赔偿金。

（二）生态环境损害惩罚性赔偿的适用条件

一般认为，在环境侵权中引入惩罚性损害赔偿要比传统补偿性损害赔偿的适用条件严格，行为的违法性是行为人主观过错的外在客观表现，行为人没有违法证明其主观过错程度不大，就不应适用惩罚性赔偿制度，行为的违法性是环境侵权惩罚性赔偿的构成要件之一。环境侵权惩罚性赔偿制度的构成要件应包括环境侵权行为人客观上实施了污染环境的行为，且具有违法性、存在环境侵权损害事实、二者之间存在因果关系、环境侵权行为人有故意或者重大过失的主观过错四个条件，且缺一不可。[1]从环境侵权惩罚性赔偿的现有规定来看，法律制度中规定的实然要件比上述理论上的应然要件更为严格。生态环境损害惩罚性赔偿应满足以下条件：第一，侵权人存在主观故意。此处的主观状态包括直接故意和间接故意。第二，侵权人的行为违反法律的规定。此处的"法律"应特指由全国人民代表大会及其常务委员会制定的法律，而不包括效力层级较低的行政法规、地方法规、部门规章等规范性文件，以体现对惩罚赔偿违法性要件要求的严格性。[2]第三，侵权人的行为造成了生态环境损害的严重后果。该严重后果可以参照刑法中严重污染环境的情形予以确定。侵权人行为与损害后果之间因果关系的证明则应适用环境侵权责任的一般规定。

（三）生态环境损害惩罚性赔偿金的数额确定

惩罚性赔偿金额的设置方式通常有两种：与补偿性赔偿额之间设置一定的

---

〔1〕参见刘期安："环境侵权中的惩罚性赔偿问题与对策研究"，载《昆明理工大学学报（社会科学版）》2015年第3期。

〔2〕参见申进忠："惩罚性赔偿在我国环境侵权中的适用"，载《天津法学》2020年第3期。

比例和设定最高限额。[1] 对于这两种设置方式，笔者认为，在我国环境立法中确立惩罚性赔偿金的数额时，可以设置损害赔偿数额或生态修复费用的一定比例作为惩罚性赔偿金。具体而言，法律应规定比例的上限，但并不应设立数额的上限。原因在于，环境违法性造成生态环境损害后所需的修复费用往往数额巨大，甚至可能高达几亿元。如泰州市环保联合会诉江苏常隆农化有限公司等六公司环境污染损害赔偿案中，法院判决被告承担1.6亿元的环境修复款，被告可能要承担高达数亿的环境修复赔偿金。此时，设置最高限额的惩罚金将会使该制度虚置。虽然在制度规则中不应设置最高限额，但法院在确立惩罚性赔偿金时可综合考虑以下因素，酌情确定惩罚性赔偿金数额：（1）行为人的道德恶行；（2）行为造成环境损害的程度；（3）行为人的处理态度；（4）行为人的违法历史及守法意愿；（5）行为人因该行为而获益与守法经济成本的关系；（6）行为人承担其他民事责任或刑事责任的情况；（7）支付赔偿对行为人的影响有多大等。

---

〔1〕　参见钱水苗、侯轶凡："惩罚性赔偿在环境侵权中的适用——以责任竞合为视角"，载《甘肃政法学院学报》2011年第6期。

第四章

Chapter 4

政府提起生态环境损害赔偿诉讼中责任认定特殊规则的确立

第一节　实体规则：生态环境损害赔偿责任违法性要件的确立与完善

在生态环境损害赔偿责任的认定过程中，责任构成要件是判断行为人所实施的环境污染或生态破坏行为是否构成责任行为的核心。在生态环境损害赔偿责任构成要件中，行为人的行为是否应以违法性为前提，责任的归责原则是否应为过错责任原则成为存在较大争议的问题。从过错原则与违法性的关系来看，过错责任原则的判断经历了从主观到客观的发展过程，在客观性的判断标准中，过错常常被等同于违法行为。也因此，违法性要件地位的明确是厘清生态环境损害赔偿归责原则，确立生态环境损害赔偿责任构成要件的关键所在。

"违法性"是否是环境侵权责任的构成要件，一直是学界争论的焦点。从现有研究文献来看，对违法性内涵和判断标准的理解和认识不同是导致存在争议的重要原因之一。具体而言，违法性的判断标准有实质违法与形式违法、行为违法与结果违法之争。[1]如果以实质违法和结果违法作为判断标准，只要行为人的行为造成了权益的侵害，导致损害结果的发生就构成违法。如果以形式违法和行为违法作为判断标准，损害结果的发生是不够的，行为人的行为需违反特定的法律规范，或违反一般的行为规范与注意义务。而在环境侵权违法性要件取舍的讨论中，"违法性"实际上主要采用的是"行为违反环

---

〔1〕　违法性判断标准的相关观点，参见李承亮："侵权行为违法性的判断标准"，载《法学评论》2011 年第 2 期；田土城、杨婧："过错与违法性关系辨析"，载《国家检察官学院学报》2012 年第 3 期。

境保护相关法律、行政法规等法律规范"的狭义概念，其争议的核心问题是"行为人的行为符合环境标准或已获得行政许可，但仍造成损害后果的发生，在此情况下行为人是否需要承担责任"。从我国现有制度规定来看，合法排污行为造成损害也应承担责任，行为的违法性已不是环境侵权民事责任的构成要件。但是，环境侵权民事责任指的是行为人因污染环境或破坏生态，而造成被害者民事权益受损时应承担的民事方面的法律责任。在损害后果方面，主要指的是人身、财产等民事权益的受损，对于是否包括生态环境损害在理论上存在不同认识。

在制度方面，《民法典》第 1234 条在明确生态环境损害救济实体法依据的同时，也明确规定了"违反国家规定"是追究生态环境修复与赔偿责任的前提。但何为"国家规定"，违反国家规定的前提条件是否意味着生态环境损害责任的认定是以违法性为前提，违法性是否是生态环境损害赔偿责任的构成要件？我国现有制度规范对此并没有明确规定，理论和实践上对这些问题也存在不同认识。在此情况下，笔者在采用狭义违法性概念的基础上，从现有制度实践和理论争议的梳理入手，从利益基础、法律价值等多方面论证了生态环境损害赔偿责任确立行为违法性作为其构成要件的必要性，并对"违反国家规定"的具体理解与认定提出了建议。

一、民法典出台前生态环境损害赔偿责任中违法性要件取舍模糊

（一）生态环境损害赔偿制度中违法性要件规定不清

环境污染、生态破坏行为造成人身、财产损害的同时，也会对生态环境本身造成损害。按照损害担责的基本原则，造成生态环境损害的责任者需要对受损的生态环境承担责任。2017 年 12 月，中共中央办公厅和国务院办公厅联合印发《生态环境损害赔偿制度改革方案》，自 2018 年 1 月 1 日起在全国范围内试行生态环境损害赔偿制度。根据《生态环境损害赔偿制度改革方案》的规定，省级、市地级政府及其指定的部门或机构作为赔偿权利人，可以通过磋商、诉讼等方式要求赔偿义务人承担生态环境损害赔偿责任。

从生态环境损害制度发展的过程来看，其遵循的是"先试点后推广，再到最终实现立法"的路径。《生态环境损害赔偿制度改革方案》所遵循的规范逻辑是从开展生态环境损害赔偿制度改革的工作要求出发，针对重点问题进

行原则性规定，并对各地区的工作内容进行部署。这与法律制度的责任认定逻辑完全不同。《生态环境损害赔偿制度改革方案》并未对生态环境损害赔偿责任的构成要件这一核心问题作出具体规定。只是在确定赔偿义务人的规定中，《生态环境损害赔偿制度改革方案》指出，违反法律法规，造成生态环境损害的单位或个人，应当承担生态环境损害赔偿责任。从内容来看，"违反法律规定"是对生态环境损害赔偿责任主体的要求，是行为人承担生态环境损害赔偿责任的前提条件。一般情况下，违反法律法规首先界定的是一种行为，实施违法行为的主体与承担责任的主体是一致的。那么，该规定是否意味着违法性是生态环境损害赔偿责任的构成要件？何为"违反法律法规"？"法律法规"指的是哪些？生态环境损害赔偿制度改革文件中的相关规定并不明确。

（二）生态环境损害公益诉讼制度中违法性要件规定抽象

生态环境本身的损害造成的是环境公共利益的损失，生态环境损害赔偿责任是对于环境公共利益的修复和赔偿。从《生态环境损害赔偿制度改革方案》与最高人民法院《关于审理环境民事公益诉讼案件适用法律若干问题的解释》中关于损害赔偿范围相关规定[1]的对比来看，生态环境损害赔偿制度中赔偿范围的划定体现了环境公益的恢复性和补偿性保护理念，[2]而环境公益诉讼中原告可以请求被告承担的责任内容也包含生态环境损害赔偿的范围。也就是说，生态环境损害赔偿诉讼与环境民事公益诉讼中损害赔偿之诉的诉讼目的和诉讼请求基本相同。《生态环境损害赔偿制度改革方案》中也明确指出，鼓励法定的机关和符合条件的社会组织依法开展生态环境损害赔偿诉讼。因此，环境公益诉讼和生态环境损害赔偿两者共同构成生态环境损害赔偿责任追究制度的内容。

---

〔1〕《生态环境损害赔偿制度改革方案》规定，生态环境损害赔偿范围包括清除污染的费用、生态环境修复费用、生态环境修复期间服务功能的损失、生态环境功能永久性损害造成的损失以及生态环境损害赔偿调查、鉴定评估等合理费用。根据最高人民法院《关于审理环境民事公益诉讼案件适用法律若干问题的解释》第18条至第22条的规定，人民法院可以在判决被告承担为停止侵害、排除妨碍、消除危险采取合理预防、处置措施而发生的费用、生态环境修复费用、生态环境受到损害至恢复原状期间服务功能损失、检验、鉴定费用，合理的律师费以及为诉讼支出的其他合理费用等。

〔2〕参见程多威、王灿发："生态环境损害赔偿制度的体系定位与完善路径"，载《国家行政学院学报》2016年第5期。

自《民事诉讼法》第58条确立环境公益诉讼制度以来，环境公益诉讼的司法实践得到极大发展，环境公益诉讼的制度规则也不断细化完善。环境公益诉讼的特殊规则中并未对违法性要件进行明确规定。从《民事诉讼法》和《环境保护法》[1]提起环境公益诉讼条款的构成要素分析，启动公益诉讼行为的定性都是"污染环境+损害社会公共利益"或"破坏生态+损害社会公共利益"。从字面解释，我国环境公益诉讼制度规则并未将"违法性"作为追究责任人生态环境损害责任的要件。那么，这是否意味着，违法性不是生态环境损害公益索赔的前提条件？对于合法行为造成的生态环境损害，是否意味着行政机关无法对行为人进行追责，而环保组织和检察机关却可以进行诉讼索赔？环境公益诉讼制度的规定与《生态环境损害赔偿制度改革方案》并不一致，在理解和适用上也较为模糊。

（三）生态环境损害赔偿责任追究中违法性要件取舍态度不明

由于制度的缺失和矛盾，在我国的司法实践中，无论是污染还是破坏行为造成的生态环境损害，法院在判决责任人承担赔偿责任时，也都未明确指出违法性是否为生态环境损害赔偿责任的构成要件。但无论是政府还是环保组织，在启动生态环境损害责任追究程序时都是有倾向性的。基于证明成本、社会效益、诉讼结果等多方面的考量，行为具有违法性、证明容易、胜诉概率更大的案件成为优先的选择。也因此，从现有生态环境损害追责诉讼案件的实践看，索赔主体在进行案件选择时，通常选择具有违法行为的加害人作为被告提起诉讼，大部分的生态环境损害赔偿案件和环境公益诉讼案件都是污染环境犯罪或环境行政处罚的延伸。在进行责任判断时，法院基本都使用了"无视国家规定""非法""违规""超标""未经审批"等表述，[2]指出被告的行为具有违法性。

---

〔1〕《民事诉讼法》第58条第1款："对污染环境、侵害众多消费者合法权益等损害社会公共利益的行为，法律规定的机关和有关组织可以向人民法院提起诉讼。"《环境保护法》第58条："对污染环境、破坏生态，损害社会公共利益的行为，符合下列条件的社会组织可以向人民法院提起诉讼……"

〔2〕例如，中国生物多样性保护与绿色发展基金会与刘铁山环境污染责任纠纷案〔（2015）徐环公民初字第3号〕；中华环保联合会与德州晶华集团振华有限公司环境污染责任纠纷〔（2015）德中环公民初字第1号〕；广东省环境保护基金会与焦云水污染责任纠纷〔（2016）粤01民初51号〕；北京市朝阳区自然之友环境研究所、福建省绿家园环境友好中心诉谢知锦等四人破坏林地民事公益诉讼案〔（2016）最高法民申1919号〕；重庆市人民政府、重庆市两江志愿服务发展中心诉重庆藏金阁物业管理有限公司、重庆首旭环保科技有限公司环境纠纷案〔（2017）渝01民初773号〕。

权利人针对违法性案件提起诉讼的行为，避免了法院在实践中对是否应以违法性作为责任构成要件作出正面回应，但是并未能解决制度规则不清晰所带来的适用困境。尤其是，在司法实践中，生态环境损害赔偿案件通常被认为属于民事责任案件。一般认为，生态环境损害赔偿责任和环境民事侵权责任在案件事实认定、责任承担等方面存在共性，生态环境损害赔偿的特殊规则没有相关规定时，应适用环境侵权的一般规定。环境侵权责任制度规则的运用，加剧了生态环境损害赔偿责任认定制度选择和法律适用的复杂性。例如，在重庆市人民政府、重庆市两江志愿服务发展中心诉重庆藏金阁物业管理有限公司、重庆首旭环保科技有限公司环境纠纷案中，两原告针对两被告违法排放超标废水流入长江造成生态环境损害的事实提起诉讼，法院将生态环境损害赔偿诉讼与环境公益诉讼进行了合并审理。该案件是以生效刑事判决和行政判决所确认的事实为依据提起的诉讼，且原告起诉的事实与行政判决确认的事实相同，其并未主张超出行政违法范围的环境侵权行为。法院在对"生效刑事判决、行政判决所确认的事实与本案的关联性"这一争议焦点进行分析时，一方面认可了生效刑事判决、行政判决所确认的事实可以直接作为本案事实确认，并将行政判决所确认的违法排污事实用于认定本案环境侵权事实；但另一方面又指出，本案在性质上属于环境侵权民事案件，并直接引用了最高人民法院《关于审理环境侵权责任纠纷案件适用法律若干问题的解释》第1条第1款的规定，认为符合强制性标准的排污行为不一定不构成民事侵权，合乎强制性标准并不能作为抗辩免除民事责任，并进而指出会从环境侵权的角度来对构成要件、责任主体等加以考量。虽然法院在判决书中引用环境侵权的司法解释是为了阐释民事责任与行政责任、刑事责任在证明标准、责任标准、责任范围的不同，在法院的判决中也并未明确指出违法性不是生态环境损害赔偿责任的构成要件。但是，从法院的论证逻辑可以得出此潜在结论：首先，政府和环境组织提起的生态环境损害诉讼属于环境侵权民事案件；其次，根据环境侵权的相关规定，行为人不得以无过错和符合国家或者地方污染物排放标准主张不承担民事责任；最后，行为人的行为符合国家或地方污染物排放标准并不能免除其责任。与此结论形成悖论的是，法院在分析藏金阁公司与首旭公司共同承担连带赔偿责任时，却指出首旭公司是违法排污的直接实施主体，且主观上存在故意；并且一再强调，藏金阁公司负有其废水护理站正常运行，并确保排放物达标的法定义务，藏金阁公司违反了该法定义务且主观上存在故意。这是不是意味着法院认为，违反法定义务是行为人承担生态环境损害赔偿责任的充分非必要条件？在责任追究过程中对违法性要件应如何适用，各方主体态度存在纠结与不明确。

二、民法典中生态环境损害赔偿责任违法性要件的确立

（一）环境侵权损害赔偿责任违法性要件的舍弃

环境侵权行为是否需要具有违法性要件问题，一直存在争议。一般认为，行为人承担民事责任需具备违法行为、损害后果、因果关系、主观过错四个构成要件。而环境民事责任的构成要件具有一定的特殊性，行为人的主观过错和行为的违法性不是环境侵权责任的构成要件。[1]但也有学者认为，"违法性"不同于"违法"，对违法性的判断标准应从广义理解，在认定环境侵权责任时应当采纳违法性要件。即使采用本书所坚持的狭义违法概念，对违法性的适用范围和具体认定，学者们也存在不同理解。例如，有学者认为，"对于环境污染侵权可以结果不法判定行为违法性，同时兼采正当权利行使与社会利益衡量规则；对于生态破坏侵权可以行为不法判定违法性，注重环境标准的行为判断功能。"[2]也有学者认为，环境侵权民事责任以行为违反私法为要件，不以违反公法为要件。[3]随着《环境保护法》的修订和环境侵权司法解释的出台，一般认为，环境侵权责任构成要件是否包括违法性要件的争议彻底结束。[4]环境侵权责任构成要件的范围从环境污染扩展至生态破坏，[5]且

---

〔1〕　不管主观上有无过错，也不管行为人的行为在客观上是否违法，行为人都得承担损害赔偿责任。参见王世进、曾祥生："侵权责任法与环境法的对话：环境侵权责任最新发展——兼评《中华人民共和国侵权责任法》第八章"，载《武汉大学学报（哲学社会科学版）》2010年第3期。

〔2〕　刘超："环境侵权行为违法性的证成与判定"，载《法学评论》2015年第5期。

〔3〕　参见唐绍均："法律解释与环境侵权责任'行为违法性要件'的昭彰"，载《重庆大学学报（社会科学版）》2012年第2期。

〔4〕　参见王利民、李昱："环境侵权责任的构成：解读新《环境保护法》第64条"，载《辽宁大学学报（哲学社会科学版）》2014年第6期。

〔5〕　我国《环境保护法》第64条规定："因污染环境和破坏生态造成损害的，应当依照《中华人民共和国侵权责任法》的有关规定承担侵权责任。"

违法性已不是环境侵权责任的构成要件，[1]行为人在遵守环境标准等法定规范的情况下造成他人人身、财产损害的后果时，也应承担相应民事责任。环境侵权责任正式确立了有损害就要赔偿的原则。

（二）民法典中生态环境损害赔偿责任违法性要件确立的理论争议

环境侵权损害赔偿不以违法性为构成要件。那么，生态环境损害赔偿责任是否适用环境侵权责任构成要件的规定？在《民法典》制定中，是否应规定生态环境损害修复赔偿责任，并针对其特殊性规定其特殊的责任构成要件？理论上对这些问题的认识也不尽相同。

原《侵权责任法》第 65 条规定，因污染环境造成损害的，污染者应当承担侵权责任。很多学者认为，此处规定中，不是"造成他人损害"，而是"造成损害"。"这种表示方法意味着，环境损害并不仅指自然人的人身损害和财产损害，还包括更为广泛的损害。"[2]最高人民法院《环境侵权责任纠纷司法解释理解与适用》中也认为"环境侵权责任是指行为人因污染环境、破坏生态造成他人或者社会公共利益损害，依法应当承担的民事责任"。环境侵权责任保护的范围包括社会公共利益损害，这也就是说，在生态环境损害赔偿责任没有特殊规定时，环境侵权的一般规则应适用于生态环境损害赔偿的责任判断。但也有学者认为，环境侵权诉讼与环境民事公益诉讼起诉的主体不同、针对的对象不同，且需要分别审理，两者是两种不同的诉讼，在归责原则等方面并不相同。[3]同时有学者指出，生态环境损害赔偿与环境侵权损害赔偿的责任性质也不同，前者是公法责任，后者是私法责任。政府提起生态环境损害的基础是政府的环境保护职责。政府为保护生态环境设置了标准和行为义务，行为人违反了义务规定，造成了损害，政府既可以对其进行行政处罚，也可以要求行为人承担生态环境损害赔偿责任。基于此，行为的违法

---

〔1〕 2015 年最高人民法院《关于审理环境侵权责任纠纷案件适用法律若干问题的解释》第 1 条第 1 款和第 2 款规定："因污染环境造成损害，不论污染者有无过错，污染者应当承担侵权责任。污染者以排污符合国家或者地方污染物排放标准为由主张不承担责任的，人民法院不予支持。"为应对《民法典》的施行，2020 年 12 月，最高人民法院对该司法解释进行了修改，本条中"污染环境"修改为"污染环境、破坏生态"，"污染者"修改为"侵权人"。

〔2〕 杨立新：《侵权损害赔偿》，法律出版社 2016 年版，第 403 页。

〔3〕 参见张新宝、汪榆淼："污染环境与破坏生态侵权责任的再法典化思考"，载《比较法研究》2016 年第 5 期。

性是承担生态环境赔偿责任的前提。[1]针对上述理论争议，笔者认为，生态环境损害赔偿与环境侵权损害赔偿所保护的利益基础存在根本不同，其应该建立自己的专门规则，不宜直接适用环境侵权的规定，生态环境损害应确立违法性要件。

（三）民法典中生态环境损害赔偿责任违法性要件的确立

从侵权法的发展路径来看，早期侵权法强调行为的可非难性，侵权行为实际上就是一种不法行为。[2]但随着经济和技术的发展，在很多特殊侵权领域都出现了合法行为造成他人损害的情况。在这种情况下，侵权法基于分配正义，将保护的重点转为对无辜受害人的保护和救济。此时，侵权法由对不法行为的制裁转变为对受害者的救济，由行为法、制裁法向救济法和责任法转变。环境侵权就是其中典型的代表。由于环境侵权具有主体之间不对等、损害对象具有潜伏性等特殊性，出于对环境受害人的保护，违法性与过错不再成为判断行为人是否承担环境侵权责任的要件。也就是说，法律政策在具体确定对某种损害是否给予救济时，经常将利益衡量作为确定责任归属或风险承担的主要工具。[3]在判断环境侵权责任的利益衡量时，法律在合法行为带来的公共利益与私人权利受损之间，选择了对私人权利的保护。在其中实际上蕴含了一个重要的法律原则，即行为人带来的公共利益，不得优于个人权利，个人权利不受干扰与侵害具有优先性。[4]

但是，这里要注意的问题是，生态环境损害不同于一般的环境侵权损害。自然资源损害以造成损害的结果划分包括两种形式，第一，环境污染或环境破坏行为，造成自然环境本身损害的同时，以自然资源为媒介造成人身、财产、健康等利益损害的情况。在这种情况下，一方面，依据现行私法上的规定，受害人可以请求行为人对个人利益的损害进行赔偿，而停止侵害、恢复原状等民事责任的承担，可以间接地对生态环境起到保护作用；另一方面，通过传统的侵权救济，要求对方承担赔偿责任的范围只能是自然资源作为财产

---

〔1〕　参见晋海："生态环境损害赔偿归责宜采过错责任原则"，载《湖南科技大学学报（社会科学版）》2017年第5期。

〔2〕　参见王利明："我国《侵权责任法》采纳了违法性要件吗?"，载《中外法学》2012年第1期。

〔3〕　参见姜战军："损害赔偿范围确定中的法律政策"，载《法学研究》2009年第6期。

〔4〕　参见陈聪富：《侵权违法性与损害赔偿》，北京大学出版社2012年版，第73页。

的经济价值，如环境污染造成了树木的死亡，那么树木本身市场价值的估算属于传统侵权法可以救济的范围，但树木作为自然环境的一部分的生态价值以及审美价值在传统侵权领域得不到救济，这一部分损害属于自然资源损害。[1]第二，环境污染或破坏行为只造成了环境本身的损害不涉及其他利益损害的情况下，行为人也仍应承担相应的责任，这部分损害范围属于生态环境损害。

从上述分析可以看出，生态环境损害赔偿制度所要保护的是环境本身所具有的生态功能等非经济价值。与人身或财产受到损害相比，生态环境损害后果具有公共性。环境要素及其构成的生态环境整体是一种不隶属任何个人的，可以供所有人非排他性使用的"公共产品"，对环境的损害实质上就是对公共利益的侵犯。[2]在确定生态环境损害赔偿违法性要件的取舍时，利益衡量的基础发生了根本改变，对弱势的、私权利的倾向保护在此丧失了适用的基础。环境侵权责任的构成要件对生态环境损害赔偿责任不具有适用性。

概而言之，从维护利益角度分析，生态环境损害赔偿责任违法性要件的确立具有正当性。《民法典》的出台解决了上述理论和实践中关于生态环境损害赔偿责任违法性要件取舍的争议，明确了生态环境损害责任的独立性与特殊性。《民法典》第1229条和第1234条对上述争议问题的具体回应如下：第一，明确规定了生态环境损害责任，并将传统私益损害与生态环境损害进行了区分。《民法典》第1234条增加了生态环境损害修复与赔偿责任的专门条款。《民法典》第1229条将原《侵权责任法》第65条"因污染环境造成损害的"规定修改为"因污染环境、破坏生态造成他人损害的"。此处的"他人损害"一般仅仅指人身和财产损害。第二，明确了承担生态环境损害责任应以违反国家规定为前提，并明确了国家规定的机关或法律规定组织的生态环境损害赔偿请求权。根据第1234条的规定，生态环境损害赔偿制度与环境公益诉讼制度共同构成生态环境损害责任的追究方式。违反国家规定是行为人承担责任的前提，对于合法行为造成的生态环境损害，无论是行政机关还是社会组织都无法对行为人进行追责。

---

〔1〕 参见冯汝："自然资源损害之名称辨析及其内涵界定"，载《科技与法律》2013年第2期。

〔2〕 参见吕忠梅等：《环境损害赔偿法的理论与实践》，中国政法大学出版社2013年版，第19页。

三、生态环境损害赔偿责任违法性要件确立的价值

由于公私利益基础的差异，生态环境损害不宜适用环境侵权责任法的规定。《民法典》中生态环境损害赔偿责任违法性要件的确立具有重要的制度价值和意义。一般认为，法律价值的基本内涵包括公平、自由和秩序三要素，[1]三者相互联系，组成有机整体。法律制度规则是对公平正义的维护，是人们从事相应行为的准则，体现着一定的公平和秩序价值。秩序价值是自由价值形成的基础，法律在获得自由价值的同时必然也相应地获得秩序价值。[2]生态环境损害责任构成要件的确定必须符合良善法律的价值。而违法性要件正是体现并有助于实现良善环境法律价值的最好方式和规则。

（一）违法性要件能够使相关主体之间的责任分配公允相称

违法性要件是确定生态环境损害责任分配的关键。法律应如何在行为人、利益相关方、政府等主体之间进行责任分配才能够实现公允、平等，在各国的理论和实践中都是存在争议且不断变化的问题。这也是违法性要件取舍存在争议的重要原因。行为人在从事生产经营活动中，造成环境的不利变化或生态系统的破坏，由于其在该活动中获得了利润，但环境损害的成本却由社会公众来承担，这存在一定的不公平，也造成了环境损害的外部化。为实现行为成本的内部化，由造成损害的主体承担责任是最好的选择，也符合损害者负担的原则。但是，以行为与结果的相称来看，如果抛却违法性要件，就会出现守法企业与违法企业在承担责任上的同等性，这违反了公平价值，不利于对行为人的守法激励。以美国为例，针对自然资源损害，联邦政府、州政府和印第安部落等主体可以作为索赔主体进行求偿。公民和环保组织被排除在自然资源损害索赔主体之外，但其可以针对特定环境违法行为诉请禁令，或起诉行政机关要求其履行职责。一般情况下，违法性是自然资源损害的索赔条件，[3]公民诉讼的提起也应以违法为前提。[4]在其中，较为特别的是美

---

[1] 参见于浩：“功利主义视角下法律价值的认知逻辑”，载《社会科学》2017年第5期。

[2] 参见龙文懋：“'自由与秩序的法律价值冲突'辨析”，载《北京大学学报（哲学社会科学版）》2000年第4期。

[3] 参见胡静：“环保组织提起的公益诉讼之功能定位——兼评我国环境公益诉讼的司法解释”，载《法学评论》2016年第4期。

[4] 参见巩固：“美国环境公民诉讼之起诉限制及其启示”，载《法商研究》2017年第5期。

国的《综合环境反应、赔偿与责任法》（即《超级基金法》）。该法最大的特点是确立了有溯及力的责任标准和广泛的责任方。但该法也引发了巨大的争议，其中最大的质疑就是公平问题。很多人认为，"虽然法律确保了纳税人不用支付清理费用，但让如此多的个体成为潜在责任方是否有道理？公平地说，他们是不是都是污染者？让他们为许多年前完全合法的行为负担责任是否公平。"[1]这样的质疑是有道理的。《超级基金法》责任分配方式的主要考虑在于，行为人对环境所产生的负外部性损害，不应由社会尤其是纳税人来承担责任。但是，环境外部性成本内部化的方式是多样的，不加区分地通过逐个追偿的方式要求行为人对其合法行为负责，并不是公平、高效、最优的选择。

我国当前也已经在实施环境税制度。环境税是实现环境成本内部化的重要方式。从性质上讲，环境税是行为人的法定义务，环境税的缴纳不免除行为人的损害赔偿责任。但是，该制度与生态环境损害制度可以有所区分并相互结合，而违法性要件正是将违法企业和合法企业责任区分对待的关键。通过确立违法性要件，可以使两种制度相互协调，从整体结构上考虑行为人的负担，为政府采取生态环境保护和修复行动筹措资金，实现社会收益的最大化。

（二）违法性要件是平衡环境公共利益保护与行为自由的最好方式

责任规范的确立也要考虑利益保护和行动自由之间的平衡。从维护环境公共利益的角度来看，行为人要对受到损害的生态环境承担赔偿的责任。但环境损害往往具有很长时间的潜伏期，并且很多损害结果是数个合法行为复合造成的。在这种情况下，如果无限制地扩大责任范围，让行为人为其行使所有权、经营权等合法权利的行为承担责任。那么公民、企业在从事正常的生产、生活和经营活动时，考虑到可能会出现的高额的环境损害赔偿责任，就会放弃或不再从事该类活动。这将会极大地限制人们的行为自由，并对经济社会的发展造成一定的阻碍。而违法性要件恰恰能够起到平衡利益保护和行为自由的作用。

根据我国现有法律规定，行为人行为合法，但是造成了他人的人身、财

---

〔1〕 ［美］詹姆斯·萨尔兹曼、巴顿·汤普森：《美国环境法》，徐卓然、胡慕云译，北京大学出版社2016年版，第192页。

产损害也需要承担责任。法律对行为人的这种特殊要求，是在弱势的私权利保护和自由冲突之间所做出的一种合理的利益衡量。由于人身和财产权利作为传统侵权法所保护的绝对权，"不仅具有明确的边界范围，而且具有一定的公示方式，权利状态和权利归属清楚明确。"[1]行为人尊重他人的绝对权并不会增加不合理的负担，即使出现损害，根据法律规定承担侵权责任的范围、额度也是可以预期的，法律对行为人自由的限制是合理的。但环境公共利益本身的界定就存在困难，造成生态环境损害后承担赔偿责任的数额又往往是高昂的，如果行为人因为合法行为而出现不能承受之责任，这种行为的限制是不合理的。

（三）违法性要件是法律秩序对损害行为及可获救济损害的筛选和评价

当前，我国环境法律体系已经建立，环境法律制度正在日趋完善。众多的环境法律制度规则对与环境相关的社会关系进行了调整，建立了基本完整的环境法律秩序体系。"生态文明视野下，秩序不仅体现在人与人、人与社会的关系中，还体现在人与自然的关系中。"[2]人们遵循环境法律规范，根据环境法律秩序的要求规划自己的行为，并对自己的行为产生正确的预期。其中，违法性是环境法律秩序的信号灯。通过违法性标准可以对特定行为作出评价，判断行为人的行为是否合法并发挥警示与惩罚功能。此外，违法性还具有照亮行为人行为的向度，可以激励行为人积极预防损害发生。[3]

坚持生态环境损害赔偿责任不以违法性为要件的学者通常认为，环境标准通常是政府在考虑多方利益之后所作出的最低水平的限定规则，"如果行为主体遵循了环境标准要求、取得了行为的行政许可（如获得排污许可证），法律仍要求其在具备其他责任构成要件的条件下对造成生态损害承担法律责任，行为主体势必在此'刺激'之下主动提高行为的生态环境安全性，更谨慎有效地防范生态损害的发生，即可以实现行为成本的内部化。"[4]并可以使司法救济成为行政责任之后的最后一道有效的正义防线。笔者认为，这些理由有待商榷。生态环境损害是生态环境本身所遭受的一种不利影响。任何人类生产生

---

〔1〕 阳庚德："侵权法对权利和利益区别保护论"，载《政法论坛》2013年第1期。

〔2〕 张福德："生态文明与法律价值"，载《兰州学刊》2009年第9期。

〔3〕 参见廖焕国："侵权构成要件的不法性功能论"，载《现代法学》2010年第1期。

〔4〕 竺效：《生态损害综合预防和救济法律机制研究》，法律出版社2016年版，第133页。

活活动，都有可能对环境产生不利影响，造成生态环境损害的发生。造成生态环境损害的原因行为具有价值性与复杂性，这些行为常常与社会的进步和经济的发展相互伴随而生。如果不区分原因行为的情形，而对损害一概保护并予以赔偿，就会造成赔偿范围的过分扩大。违法性要件是法律在对损害可获救济的一种筛选，是对造成生态环境损害行为的一种评价。如果抛却违法性，这种秩序和负面评价被打破，最终对行为人产生的影响可能不是对行为人更高注意义务的刺激，而是促使行为人放弃对公共有益的正常活动，或者将可能出现的风险成本通过提高价格转嫁给社会。并且，环境公共利益与经济利益、社会利益相比并不具有当然优先性。政府在制定合法性标准时综合考虑社会成本、经济发展整体等并无不妥。如果政府在进行公共选择时所确定的标准是不合理的，应由立法机关或行政机关通过制度完善来实现。环境法律秩序应将公民环境义务和政府环境义务进行合理分配，不应将政府责任转嫁到一般行为主体身上。而为了督促政府履行其职责，法律制度应确立的是促使立法机关、行政机关等履行职责的制度，如环境行政公益诉讼制度。如此，司法才能真正成为维护环境公平正义的最后一道防线。生态环境损害赔偿责任确立违法性要件是对损害行为及可获救济损害的筛选与评价，也是对司法权和行政权的合理分配，是对生态环境损害赔偿制度的再定位。

四、生态环境损害赔偿责任违法性要件的具体认定

从《生态环境损害赔偿制度改革方案》的规定来看，生态环境损害责任的认定已经出现了以违法性为要件的端倪。由于利益基础的不同，生态环境损害赔偿责任的构成要件不宜直接适用环境侵权责任的规定。因此，《民法典》关于生态环境修复赔偿责任的规定正式明确了"违反国家规定"是追究生态环境损害赔偿责任的前提条件。在具体适用中，应运用法律解释的方法对"违反国家规定"进行正确理解与适用。

（一）明确违法性要件的判断标准

"从限缩解释的角度来看，'国家规定'的制定主体是国家，仅包含全国人民代表大会及其常务委员会、国务院，而不包含地方行政机关。"[1]然而，

---

〔1〕 王耀伟、刘蔡宽："《民法典》中生态环境修复责任条款之法律辨析"，载《湖南社会科学》2021 年第 2 期。

从目的解释与体系解释的角度来看，《民法典》使用了"违反国家规定"而非"违反法律规定"的表述，表明了立法在此对行为人违反相关规定的范围持宽泛态度。从实践来看，部门规章、地方性法规以及各类环境标准是公民、企业等各类主体应遵守的环境法律义务的重要来源。"国家规定"应包括各部委、各地方政府制定的相关法律规范。此外，从当前生态环境损害赔偿制度的依据来看，由中共中央办公厅、国务院办公厅联合印发的《生态环境损害赔偿制度改革方案》等文件从性质上也很难归类为行政法规，其性质更类似于党内法规与国家政策。在此情形下，与生态环境保护相关的国家政策、党内法规等也应纳入国家规定的范围。归纳起来，"违反国家规定"应当解释为违反国家有关环境保护的法律、行政法规、部门规章、地方性法规、地方性规章、司法解释、环境标准，以及具有强制力的国家政策、党内法规等。

需要注意的是，对"违反国家规定"应持广义理解，并不意味着与环境保护相关的所有规范都要纳入违法性判断的依据中。有学者主张应当将违反社会共同生活理想的超法价值、违反公序良俗等内容纳入其中。[1]然而，从规范的性质与内容来看，社会道德与法律原则的内容具有不确定性、法律后果强制性较弱，将抽象的道德规范与法律原则作为判断行为人行为的标准，将会对行为人的注意义务提出过高要求，从必要性与可行性角度考虑，不宜将这些抽象的规范作为违反国家规定的依据。

（二）明确违法性要件与过错责任原则的关系

在侵权责任的构成中，过错责任原则与违法性的关系一直是存有争议的问题。从原因来看，过错责任原则判断标准的不同认识是造成争议的关键原因之一。具体来讲，过错责任原则的判断存在客观标准说、主观标准说与客观加主观标准说等不同认识。采用主观判断标准的学者认为，过错是从主观状态对行为人的评价，违法性是从客观方面对行为人的评价。以主观判断标准来看，在《民法典》关于环境侵权的规定中，"无论是对私益的侵权还是对公益的侵权，其构成均不要求行为人主观上有过错"，但在客观违法性方面，"环境私益的侵权不要求行为人的行为具有客观上的违法性"，而在环境公益

---

〔1〕　参见梁杰："论生态环境损害赔偿制度——以生态环境损害的违法性为切入点"，载《环境与发展》2019年第7期。

侵权中，只有违反国家规定的行为，行为人才需承担赔偿责任。[1]采用综合性标准的学者认为，过错归责原则包含违法性的客观判断标准以及过错的主观判断标准，违法性要件与过错要件均属于过错侵权条款，适用过错责任原则。依据该标准，"违反国家规定"的表述是生态环境修复责任构成要件中的违法性要件，而违法性要件又是过错责任原则的构成要件。因此，生态环境修复责任应当适用过错责任原则。[2]采用客观标准的学者认为，我国的侵权责任法采纳了过错吸收违法性的制度选择，过错的归责已经从传统的强调主观归责向客观归责发展，因此，"违反国家规定"应当纳入"过错"的解释中。也就是说《民法典》规定的"违反国家规定"，确定了我国的生态环境损害责任采用过错责任的归责原则，也限定了生态环境损害责任中"过错"应以"违反国家规定"为认定标准。[3]对于上述观点，笔者认为，过错是一个主观的因素，对其进行认定和评判时考虑的是人们的主观意识，其具有一定的不确定性，而违法性是一个客观的因素，可以通过法律的否定性评价直接给出明确的判定。[4]违法性可以作为判断过错的标准，但违法性要件自身具有独立的价值，并不能被过错所替代与吸收。基于上述生态环境损害的特殊性，生态环境损害赔偿责任应以过错为归责原则。在具体判断时，应以排放是否符合标准、损害后果的形成情况、损害的可预防性、行为人的注意程度等客观要素[5]判断行为人是否尽到了注意义务，进而通过行为人主观上的心理状态确定行为人的责任。根据《民法典》的规定，"违反国家规定"是生态环境损害赔偿责任的法定构成要件之一。在司法实践中，生态环境损害赔偿过错原则与违法性要件认定标准的重合与交织在于，"违反国家规定"是两者共同的判断标准。行为人从事"违反国家规定"的环境污染或生态破坏行为，在主观上具有过错，在客观上符合了违法性的构成要件，应当追究相应的生态环境损害赔偿责任。

〔1〕 参见王世进、杨静佳："论绿色原则视域下环境侵权私益与公益救济的协调"，载《南京工业大学学报（社会科学版）》2021 年第 3 期。

〔2〕 参见王耀伟、刘蔡宽："《民法典》中生态环境修复责任条款之法律辨析"，载《湖南社会科学》2021 年第 2 期。

〔3〕 参见徐以祥："《民法典》中生态环境损害责任的规范解释"，载《法学评论》2021 年第 2 期。

〔4〕 参见田土城、杨婧："过错与违法性关系辨析"，载《国家检察官学院学报》2012 年第 3 期。

〔5〕 参见吕忠梅等：《环境损害赔偿法的理论与实践》，中国政法大学出版社 2013 年版，第 78 页。

（三）明确违法性要件的适用范围

由于生态环境损害赔偿制度与环境侵权制度具有密切联系，与高度危险责任也可能存在竞合情形，生态环境损害责任的判断是一个复杂的综合认定过程。生态环境损害赔偿责任违法性要件的适用应将环境公益诉讼中具有不同责任功能的排除妨碍之诉排除，违法性要件的判断与认定也应与过错、因果关系的证明相互结合，并对生态环境损害责任与高度危险物致害责任、民用核设施致害责任的重叠以及环境私益与公益损害竞合的情况进行区别分析。也就是说，在造成生态环境损害的行为责任或状态责任有特殊规定时，应适用相关法律规范的特殊规定，适用无过错归责原则；在同一环境污染、破坏行为既造成生态环境损害，又伴随着人身、财产损害的后果时，应注意行为人对不同损害类型所负注意义务要求的不同，如果行为人合法排污或未违反相关国家规定的要求，其仅需对特定当事人的私人利益受损承担责任，对于行为造成的生态环境损害后果应由政府进行治理修复，并通过环境税费等相关制度解决政府治理所带来的内部成本外部化问题。

总而言之，在追究义务人生态环境损害赔偿责任时首先要确定责任的构成要件，其中违法性要件的取舍是重要问题之一。由于利益基础不同，生态环境损害赔偿责任不宜适用环境侵权责任构成要件的一般规定。并且，生态环境损害原因行为具有复杂性、正当性和价值性等特征，造成了生态环境不利变化及功能退化的行为并不当然具有违法性。如果仅仅采用生态环境损害结果或公共利益的受损来作为责任追究的条件，其范围将会过于宽泛，达标排放的机动车污染行为、获得采伐许可证的采伐行为等形式合法行为也将纳入其中，违法性要件的价值将得不到发挥。对生态环境损害赔偿责任违法性要件的取舍应进行利益衡量和价值判断。从公平、效率和自由等价值考量，生态环境损害赔偿责任以违法性为责任构成要件，并以形式违法和行为违法作为判断标准。《民法典》第 1234 条"违反国家规定"的表述，确立了生态环境损害赔偿责任应以过错原则为归责原则，以违法性为责任构成要件和过错判断标准。"违反国家规定"是指违反国家有关环境保护的法律、行政法规、部门规章、地方性法规、地方性规章、司法解释、环境标准，以及具有强制力的国家政策、党内法规等。

第二节 证据规则：生态环境损害赔偿
诉讼证据规则的反思与完善

从现有制度规范来看，《生态环境损害赔偿制度改革方案》从适用范围、赔偿主体、磋商、资金管理等方面对生态环境损害赔偿诉讼规则作出了具体规定，在证据规则部分则概括性地对各地人民法院提出要求，期待地方法院探索多样化的责任承担方式，研究确立相关配套制度。为依法开展生态环境损害赔偿审判工作，确保生态环境损害赔偿制度改革有效推进，最高人民法院出台了《关于审理生态环境损害赔偿案件的若干规定（试行）》，其中对原告的举证责任与证据判断规则等进行了明确规定。总体来看，我国生态环境损害赔偿诉讼制度沿用了环境侵权的举证责任分配规则，并通过司法解释将原被告双方的具体举证内容予以细化。然而，由于生态环境损害赔偿制度中原告政府存在身份的"双重性"，一般环境侵权原告举证责任减轻的基础不复存在，举证责任倒置在生态环境损害赔偿诉讼实践中存在责任分配失衡问题。

当前，随着《民法典》的颁布实施，生态环境损害赔偿诉讼有了明确的实体法依据，生态环境损害赔偿诉讼制度进入完善细化的崭新阶段。在此背景下，应结合司法审判的实践状况，对生态环境损害赔偿诉讼的举证分配规则、证据运用规则、证据保全规定等证据规则进行审视，并在考虑生态环境损害赔偿制度诉讼制度特殊性的基础上，构建生态损害赔偿诉讼的特殊举证责任分配规则，对证据收集与证据保全制度进行细化和完善。

一、现有制度规定中生态环境损害赔偿诉讼证据规则分析

（一）举证责任分配规则分析

环境侵权相关诉讼领域的证明责任分配问题一直备受学界关注。在生态环境损害赔偿诉讼制度正式实施之前，我国环境侵权案件适用举证责任倒置规则，这一举证规则最初规定于原《侵权责任法》第 66 条，[1]后在最高人民法院《关于审理环境侵权责任纠纷案件适用法律若干问题的解释》第 6 条中进

---

〔1〕《侵权责任法》第 66 条："因污染环境发生纠纷，污染者应当就法律规定的不承担责任或者减轻责任的情形及其行为与损害之间不存在因果关系承担举证责任。"

行了进一步规定。《民法典》第 1230 条沿用了原《侵权责任法》第 66 条的规定："因污染环境、破坏生态发生纠纷，行为人应当就法律规定的不承担责任或者减轻责任的情形及其行为与损害之间不存在因果关系承担举证责任。"此种规定的原因在于，环境侵权具有高度的专业性、广泛性和长期性，往往损害行为结果与因果关系的构成十分复杂，因果关系的证明对受害人来说是难以做到的，因此，法律明确规定将因果关系的证明责任转移给了加害人，对弱势的受害人进行倾斜保护。

2017 年《生态环境损害赔偿制度改革方案》出台，正式确立生态环境损害赔偿诉讼制度，并授权政府部门作为诉讼的原告，依法向造成生态环境损害的单位或个人提起生态环境损害赔偿诉讼。2019 年最高人民法院《关于审理生态环境损害赔偿案件的若干规定（试行）》在第 6 条、第 7 条对举证责任进行了具体性规定，即原告主张被告承担生态环境损害赔偿责任需举证证明被告实施了损害行为，造成了损害结果，并且行为与结果之间具有关联性。2020 年 12 月，为应对《民法典》的施行，最高人民法院对《关于审理生态环境损害赔偿案件的若干规定（试行）》进行了修正，对于证据规则仍保持了原有的规定。

表 4-1　生态环境损害赔偿诉讼与相关诉讼举证分配规则对比表

	环境侵权一般规定	环境民事公益诉讼规定	生态环境损害赔偿诉讼规定
原告举证责任	最高人民法院《关于审理环境侵权责任纠纷案件适用法律若干问题的解释》第 6 条 被侵权人根据《民法典》第七编第七章的规定请求赔偿的，应当提供证明以下事实的证据材料： （一）侵权人排放了污染物或者破坏了生态； （二）被侵权人的损害； （三）侵权人排放的污染物或者其次生污染物、破坏生态行为与损害之间具有关联性。	最高人民法院《关于审理环境民事公益诉讼案件适用法律若干问题的解释》第 8 条　提起环境民事公益诉讼应当提交下列材料： …… （二）被告的行为已经损害社会公共利益或者具有损害社会公共利益重大风险的初步证明材料； ……	最高人民法院《关于审理生态环境损害赔偿案件的若干规定（试行）》第 6 条 原告主张被告承担生态环境损害赔偿责任的，应当就以下事实承担举证责任： （一）被告实施了污染环境、破坏生态的行为或者具有其他应当依法承担责任的情形； （二）生态环境受到损害，以及所需修复费用、损害赔偿等具体数额； （三）被告污染环境、破坏生态的行为与生态环境损害之间具有关联性。

续表

	环境侵权一般规定	环境民事公益诉讼规定	生态环境损害赔偿诉讼规定
被告举证责任	《民法典》第1230条 因污染环境、破坏生态发生纠纷，行为人应当就法律规定的不承担责任或者减轻责任的情形及其行为与损害之间不存在因果关系承担举证责任。	未规定被告的举证义务范围，一般认为，适用环境侵权的一般规定。	最高人民法院《关于审理生态环境损害赔偿案件的若干规定（试行）》第7条 被告反驳原告主张的，应当提供证据加以证明。被告主张具有法律规定的不承担责任或者减轻责任情形的，应当承担举证责任。

由表格4-1可知，基于生态环境损害诉讼原告掌握行政执法阶段证据、举证能力较强的特点，与环境侵权的一般规定相比，最高人民法院《关于审理生态环境损害赔偿案件的若干规定（试行）》中原告的举证责任内容更为具体，原告需对生态环境修复费用、损害赔偿等具体数额等进行举证，并应提供被告违反法律法规规章等相关规定造成生态环境损害的相关证据。[1]这也使得虽然同为损害公共利益的追究方式，生态环境损害诉讼相比环境公益诉讼的规定更为细致且有章可循。这种变化也引起了学术界的讨论，由于原《侵权责任法》并未对原告的举证责任进行任何规定，部分学者认为最高人民法院《关于审理生态环境损害赔偿案件的若干规定（试行）》对原告举证责任内容的具体规定推翻了环境侵权的举证责任倒置规则，如吴一冉博士认为该规定在原告举证责任上采取了与环境民事公益诉讼不同的规范模式。它基于过错责任的归责原则，在第6条就生态环境损害赔偿诉讼中原告的举证责任确立了行为、损害、关联性的举证责任规范模式。[2]那么，法律要求原告证明"三要件"是否应归为传统民事诉讼举证规则"谁主张，谁举证"呢？笔者认为不然。对比最高人民法院《关于审理生态环境损害赔偿案件的若干

---

〔1〕 参见最高人民法院："依法追究责任 严格保护环境 为建设美好家园提供有力司法服务和保障——最高法院环境资源庭负责人就《关于审理生态环境损害赔偿案件的若干规定（试行）》答记者问"，载 https://www.chinacourt.org/article/detail/2019/06/id/4007897.shtml，最后访问日期：2021年5月21日。

〔2〕 参见吴一冉："生态环境损害赔偿诉讼举证责任相关问题探析"，载《法律适用》2020年第7期。

规定（试行）》与《民法典》、《关于审理环境侵权责任纠纷案件适用法律若干问题的解释》，可以明显看出原告的举证范围实属一脉相承。设置原告举证责任范围，并对生态环境赔偿诉讼原告提出证明"所需修复费用、损害赔偿等具体数额"等更高举证义务要求，并未改变举证责任倒置的核心。具体而言：

第一，根据证明责任倒置的理论，所谓倒置的关键在于将损害事实与行为之间的因果关系证明责任交由被告承担。而在生态环境损害赔偿诉讼中，原告虽应先举证证明被告行为与结果具有关联性。但"关联性"与传统民事诉讼法中的"因果关系"不同，"因果关系"证据的盖然性更高，认定标准也更为严苛，而关联性举证责任的要求非常低，也就是说，从实际来看，原告并不需要承担因果关系的证明责任。

第二，生态环境损害赔偿诉讼中，原告举证责任内容的明确与标准的提高，符合行政机关举证能力强的特点，也便于解决司法实践中存在的举证责任分配争议，避免同案不同判的情形。在环境侵权的司法实践中，由于损害赔偿数额举证责任规定的不明，在损害事实与因果关系得以确定的情况下，原告未对具体赔偿数额进行举证，此时应如何判决，存在不同意见。例如，在开封市旭日东升门业有限公司诉中国平煤神马集团开封东大化工有限公司大气污染责任纠纷案中，因原告未对损失进行鉴定评估，二审法院在认可被告应承担责任的基础上，以损失大小及数额无法认定为由，判决原告败诉。[1]但在王某云诉北京大地富邦生物科技有限公司、北京鸿顺养源生物科技有限公司水污染责任纠纷案中，原告虽未对损失提供证据，但法院结合庭审情况、原告的实际经验状况及当地有关市场行情酌情确定了具体赔偿数额。[2]在生态环境损害赔偿诉讼中，行政机关对损害结果有更强的证明能力，明确其对于具体赔偿数额的举证责任，可以防止出现因原告举证责任规定不明，而造成"有责任但无法判赔"的后果。

（二）证据类型规则分析

从最高人民法院《关于审理生态环境损害赔偿案件的若干规定（试行）》

---

〔1〕　参见最高人民法院中国应用法学研究所编：《环境资源审判典型案例选编》，人民法院出版社2015年版，第23页。

〔2〕　参见最高人民法院中国应用法学研究所编：《环境资源审判典型案例选编》，人民法院出版社2015年版，第260页。

政府提起生态环境损害赔偿诉讼制度研究

规定的内容来看，生态环境损害赔偿诉讼中的证据类型主要有：已生效刑事裁判文书、行政执法过程中形成的各类调查评估报告与监测数据、当事人提供的符合一定条件的鉴定报告、各类调查评估报告、监测数据及其他证据。此外，从表4-2来看，无论是环境侵权的一般规定，还是环境民事公益诉讼的专门规定，都将专家意见作为认定事实的依据。根据生态环境损害赔偿诉讼与两类诉讼的同源性，专家意见可以作为生态环境损害赔偿诉讼的证据类型。

表4-2 生态环境损害赔偿诉讼与相关诉讼证据类型规则对比表

	环境侵权一般规定	环境公益诉讼相关规定	生态环境损害赔偿诉讼相关规定
证据类型	最高人民法院《关于审理环境侵权责任纠纷案件适用法律若干问题的解释》第9条 当事人申请通知一至两名具有专门知识的人出庭，就鉴定意见或者污染物认定、损害结果、因果关系、修复措施等专业问题提出意见的，人民法院可以准许。当事人未申请，人民法院认为有必要的，可以进行释明。具有专门知识的人在法庭上提出的意见，经当事人质证，可以作为认定案件事实的根据。第10条 负有环境资源保护监督管理职责的部门或者其委托的机构出具的环境污染、生态破坏事件调查报告、检验报告、检测报告、评估报告或者监测数据等，经当事人质证，可以作为认定案件事实的根据。	最高人民法院《关于审理环境民事公益诉讼案件适用法律若干问题的解释》第14条 对于审理环境民事公益诉讼案件需要的证据，人民法院认为必要的，应当调查收集。对于应当由原告承担举证责任且为维护社会公共利益所必要的专门性问题，人民法院可以委托具备资格的鉴定人进行鉴定。第15条 当事人申请通知有专门知识的人出庭，就鉴定人作出的鉴定意见或者就因果关系、生态环境修复方式、生态环境修复费用以及生态环境受到损害至修复完成期间服务功能丧失导致的损失等专门性问题提出意见的，人民法院可以准许。前款规定的专家意见经质证，可以作为认定事实的根据。	最高人民法院《关于审理生态环境损害赔偿案件的若干规定（试行）》第8条 已为发生法律效力的刑事裁判所确认的事实，当事人在生态环境损害赔偿诉讼案件中无须举证证明，但有相反证据足以推翻的除外。对刑事裁判未予确认的事实，当事人提供的证据达到民事诉讼证明标准的，人民法院应当予以认定。第9条 负有相关环境资源保护监督管理职责的部门或者其委托的机构在行政执法过程中形成的事件调查报告、检验报告、检测报告、评估报告、监测数据等，经当事人质证并符合证据标准的，可以作为认定案件事实的根据。第10条 当事人在诉前委托具备环境司法鉴定资质的鉴定机构出具

续表

环境侵权一般规定	环境公益诉讼相关规定	生态环境损害赔偿诉讼相关规定
		的鉴定意见，以及委托国务院环境资源保护监督管理相关主管部门推荐的机构出具的检验报告、检测报告、评估报告、监测数据等，经当事人质证并符合证据标准的，可以作为认定案件事实的根据。

（三）　证据保全规则分析

对于环境侵权案件证据保全，最高人民法院《关于审理环境侵权责任纠纷案件适用法律若干问题的解释》进行了概括规定，明确了在环境侵权领域证据保全适用的条件，并指出环境侵权类案件参照适用《民事诉讼法》的相关保全规定。《生态环境损害赔偿制度改革方案》虽然对证据保全有所涉及，但对生态环境损害赔偿的证据保全规则未进行任何细化与描述，仅模糊指出应构建符合生态环境损害赔偿需要的诉前证据保全规则。从目前来看，生态环境损害赔偿诉讼证据保全的相关规则仍处于探索阶段。天津、上海[1]等地在生态环境损害赔偿案例审理相关问题的规范文件中对证据保全规则进行规定，但从内容来看，也未曾超越《民事诉讼法》的范围。

---

〔1〕　天津市高级人民法院《关于审理生态环境损害赔偿案件若干问题的审判委员会纪要》十、证据保全　在证据可能灭失或者以后难以取得的情况下，当事人可以向受理生态环境损害赔偿案件的人民法院申请证据保全。人民法院认为有必要的，可以邀请相关专业部门、技术专家等参与。上海市高级人民法院《关于审理政府提起生态环境损害赔偿民事案件的若干意见（试行）》第11条（证据保全）　在证据可能灭失或者以后难以取得的情况下，当事人可以向受理生态环境损害赔偿诉讼案件的人民法院申请证据保全。人民法院采取证据保全措施的，可以邀请相关专业部门、相应领域的技术专家等共同参与。

表4-3　生态环境损害赔偿诉讼与相关诉讼保全规则对比表

环境侵权一般规定	环境公益诉讼相关规定	生态环境损害赔偿诉讼相关规定
最高人民法院《关于审理环境侵权责任纠纷案件适用法律若干问题的解释》 第11条 对于突发性或者持续时间较短的环境污染、生态破坏行为，在证据可能灭失或者以后难以取得的情况下，当事人或者利害关系人根据民事诉讼法第八十一条规定申请证据保全的，人民法院应当准许。 第12条 被申请人具有环境保护法第六十三条规定情形之一，当事人或者利害关系人根据民事诉讼法第一百条或者第一百零一条规定申请保全的，人民法院可以裁定责令被申请人立即停止侵害行为或者采取防治措施。	未规定环境公益诉讼案件保全规则，一般认为，适用环境侵权的一般规定。	《生态环境损害赔偿制度改革方案》四、（五） …… 各地人民法院要研究符合生态环境损害赔偿需要的诉前证据保全、先予执行、执行监督等制度；可根据试行情况，提出有关生态环境损害赔偿诉讼的立法和制定司法解释建议。鼓励法定的机关和符合条件的社会组织依法开展生态环境损害赔偿诉讼。 ……

二、生态环境损害赔偿诉讼证据规则在适用中存在的问题

从上述制度分析可以发现，生态环境损害赔偿诉讼证据规则散见于《民法典》《环境保护法》、司法解释等一系列法律规范中，立法较为分散，内容较为概括，且未与环境侵权一般证据规则进行区分。在实践中，生态环境赔偿诉讼特殊规则与细化规则的缺位引发的一系列问题都有待解决。

（一）举证责任分配规则失衡

由前述可知，虽然司法解释考虑到了行政机关身份的特殊性，细化了原告举证责任的内容，但从根本上来说生态环境损害赔偿案件的证明责任沿用一般环境侵权责任设置。对此，笔者认为，生态环境损害赔偿制度与一般环境侵权的最大区别在于原告并非一般主体，而是具有环保职责的政府。这导致政府参与生态环境损害赔偿诉讼具有了"双重身份"，一方面，生态环境损害赔偿诉讼属于特殊的民事诉讼，最高人民法院也将其单独列为了民事案件案由。那么在民事诉讼中，政府作为原告方应当与被告方处于平等诉讼地位，其享有和承担"公民化"的权利义务，任何举证等诉讼行为均无法左右法官的中立性；另一方面，政府无法抛开固有的公权力，国家对良好的生存、发

展环境的维护义务，法院在其中被隐含地提出一种要求，即遵守国家保护环境的立场与制度。

政府身份的"双重性"决定了举证责任倒置适用的基础不复存在。政府作为国家进行社会管理的执行机关，履行环境监管职能，既能在行政执法阶段及时收集相关案件的线索、发现证据，又能在诉讼过程中聘请专业的鉴定评估队伍对损害结果进行评估，这样的原告显然已经不再符合"弱势"的标准。当诉讼天平上的一方位于绝对的优势地位，证明力与权威性相伴相行，势必会影响法官的自由心证。传统举证责任倒置的目的是对受害人进行倾斜保护，而在生态环境损害赔偿诉讼中，诉讼双方在能力上并非原告弱于"被告"，而是原告以压倒性的优势在地位、能力等方面强于被告。那么，在以政府部门为原告的生态损害赔偿诉讼中举证责任倒置规则成为反向加码，相当于直接"封闭"了被告方私法诉讼救济的路径。现有举证责任的倾斜相当于将法院对赔偿结果的认定权实质性转移给了原告政府，直接将行政执法结果运用到司法诉讼之中，使生态环境损害赔偿诉讼过程流于形式。

基于原被告双方地位的特殊性，应考虑取消生态环境损害赔偿诉讼举证责任倒置规则。并且，从司法实践来看，原告已经在实际承担着因果关系的证明责任，对原告证明责任的附加并不会导致环境公共利益无法维护。在具体生态环境损害赔偿诉讼案件中，原告为举证证明生态环境损害的后果及具体损害数额，通常会进行损害鉴定评估。而在损害鉴定评估中，不可避免地会涉及行为人行为与损害结果之间因果关系的证明。生态环境部和国家市场监督管理总局联合发布的《生态环境损害鉴定评估技术指南总纲和关键环节第1部分：总纲》"鉴定评估内容"部分明确规定，应"分析污染环境或破坏生态行为与生态环境损害间的因果关系"。

（二）证据运用方式缺乏统一标准

从司法实践来看，生态环境损害赔偿诉讼中所运用的证据形式可归为三大类：第一，关联行政性文件类，包括行为前审批、行为造成损害后的处罚决定等；第二，关联刑事诉讼类，除判决书外包括全部刑事诉讼审判证据，如询问笔录、刑事鉴定等；第三，具有相关资质的第三方鉴定机构作出的评估鉴定报告或处置报告等。三类证据大多为政府提供。对比表4-2中最高人民法院《关于审理生态环境损害赔偿案件的若干规定（试行）》规定的证据

类型，实务中的三种不同的证据形式均符合其规定，也符合传统民事诉讼中
对于行政和刑事诉讼中证据通用的规则。但在具体使用方式上，存在以下
问题：

第一，处置报告、财务支出凭证是否可以代替鉴定类证据成为损害赔偿
的确定依据。在实践中，为防止生态环境损害的进一步扩大，环境部门在行政
执法中通常处置先行，而后以处置费用为依据要求赔偿义务人承担相应责任。
而对于处置类报告是否符合确定损害结果的证据标准，法律并未作出明确规定。
例如，在烟台市生态环境局与张某波、曹某山环境侵权责任纠纷案〔1〕中，为
避免氢氧化钠污染继续扩大，原告烟台市生态环境局直接委托了恒邦公司进
行处置，而后将处置报告所列处置费用作为损害结果的最终依据，法院最后
也认可了这一数额。无独有偶，保定市生态环境局与刘某兰环境污染责任纠
纷案中，对环境局的处置费用法院也做出了认可。根据最高人民法院《关于
审理生态环境损害赔偿案件的若干规定（试行）》第 19 条第 1 款〔2〕的规
定，实际支出应急处置费用的机关有权提起诉讼主张该费用，但笔者认为，
此处的处置费用不宜作为确定"损害后果"的证据使用。从本质来看，应急
处置费用是政府履行环境保护监管职责的重要方式，对该笔费用的追索应通
过即时代履行制度和行政执行程序予以实现。以处置报告、财务支出凭证等
证据追索应急处置费用可能会导致行政责任与生态环境损害赔偿责任的混淆。

第二，原被告双方专家意见不同时，应如何进行判断。例如，在山东省
环境保护厅诉山东金诚重油化工有限公司等土壤污染责任纠纷案〔3〕中，关于
其所涉的评估报告中用虚拟成本计算修复费用是否合适的问题，山东省生态
环境厅专家辅助人认为评估方法符合评估规范的要求，而金诚公司专家辅助
人则认为，从目前的技术和新出的损害鉴定评估导则和标准来看，可以用更
实际的排放量法来计算。法院最终采纳了原告的计算方法，理由是"符合国
内外通行的做法和一般惯例"，那么，法院以惯常做法为由否定被告方专家辅
助人提出的费用更低但不常用的方法是否合适？在专家意见引入诉讼的过程

---

〔1〕 （2020）鲁 06 民初 225 号。

〔2〕 最高人民法院《关于审理生态环境损害赔偿案件的若干规定（试行）》第 19 条第 1 款：
"实际支出应急处置费用的机关提起诉讼主张该费用的，人民法院应予受理，但人民法院已经受理就
同一损害生态环境行为提起的生态环境损害赔偿诉讼案件且该案原告已经主张应急处置费用的除外。"

〔3〕 （2017）鲁 01 民初 1467 号。

中，针对双方专家意见的不同，法院应如何衡量选择？

（三）证据保全程序缺失

生态环境损害赔偿诉讼的救济对象是受到污染与破坏的生态环境，而生态环境的性质决定了证据保全程序的必不可少。首先，对被告修复生态环境、赔偿损害费用的判决关键在于证据，但是众所周知，环境要素是动态变化的，所以对排入环境的污染物动态监测保存对证据保全很重要，如果对水体、大气或突发性、时间短的环境污染违法行为没有采取证据保全程序，那么赔偿权利人索赔就会缺乏证据。其次，根据《环境保护法》和其他相关法规规定，当突发环境事件发生后，依法享有环境监管职权的部门均享有对突发环境事件的应急处理和行政立案调查工作的权力；而前述部门工作的重点只与行政执法定案之后的行政处罚有关，与追究赔偿义务人生态环境损害赔偿责任的需求无关，因此赔偿权利人提交的行政调查时收集的证据可能会因证据收集标准不一致而影响其作为民事诉讼证据的证明效力，未进行证据保全便可能会导致诉讼的后续取证难以进行。最后，如前述原被告双方因鉴定方法和处置程序的科学性产生分歧时，未经保全则不能进行重新鉴定，最终产生损害赔偿结果偏向，甚至出现"谁计算，谁说了算"的结果。

根据生态环境损害赔偿相关规范性文件的规定，在证据可能灭失或者以后难以取得的情况下，当事人可以向受理生态环境损害赔偿案件的人民法院申请证据保全。但很遗憾的是，面对生态环境损害这样极具动态性的证据，政府很少主动申请保全。政府往往第一时间进行执法与处置，忽视后续一旦诉诸法院而必要的证据保全措施。但前置有效的保全措施可以成为法院支持原告所诉赔偿数额的强有力保障。例如，在重庆市南川区生态环境局与重庆市南川区吹风岭农业发展有限责任公司侵权责任纠纷案件中，重庆市南川区生态环境局申请对吹风岭公司价值 164 643.55 元的涉案土地采取了保全措施。[1] 在该案的审理中，吹风岭公司也如其他案例中的赔偿义务人一样，对原告生态环境局的定损方法进行质疑，并当庭表示申请重新鉴定。正因生态环境局先行申请了证据保全，为自己的定损方式提供了有力的证据，吹风岭公司最终放弃了鉴定申请，提交了《不申请重新鉴定说明书》。

---

〔1〕（2019）渝 03 民初 2790 号。

三、生态环境损害赔偿诉讼证据规则的重构

（一）重新分配原被告的举证责任

证明责任制度的创设，就是为了解决案件"真伪不明"的难题，它是在价值衡量之下做出的一种法律意义上的衡平和取舍。[1]生态损害赔偿制度设计的初衷并非为将环境侵害人置于法律与经济的底层，而是为维护环境正义与践行生态文明理念，用司法手段制裁环境污染和生态破坏行为，要求侵害人依法承担损害赔偿责任，做到应赔尽赔。但是在现有技术水平下，原被告双方的实力对比有了根本性的改变，此时依然适用明显有利于原告的证明责任分配规则显然会加剧双方的失衡，使双方差距更为悬殊甚至产生向原告方"一边倒"的情形，有违司法公正原则与诉讼法两造平衡的传统法理。法律的艺术在于衡平，如果这种平衡被打破则很可能产生新的伦理风险，不利于国民经济的发展。基于以上理由，笔者认为生态环境损害赔偿诉讼的举证责任分配规则应做以下调整：

第一，既然无法要求政府在生态环境损害索赔过程中彻底脱下"行政主体"的外衣，从而与赔偿义务人处于完全平等的地位，[2]那么基于为受害者提供有效救济途径的目的以及保护环境、维护司法实体正义的价值追求，在生态环境损害赔偿诉讼中可以适当加重原告一方的证明责任。在最高人民法院《关于审理生态环境损害赔偿案件的若干规定（试行）》现有规定之下，从保护环境公共利益体系的宏观层面出发，应兼顾政府部门的双重性，要求政府部门履行环境监管职能，客观全面地收集线索、发现证据，对有利于被告方的证据要一并提供，不得隐瞒，同时不减轻现有规定中被告方的举证责任，以兼顾司法公平和环境正义。

第二，建立类型化的环境侵权证明责任分配规则，将生态环境损害赔偿诉讼与传统的环境侵权诉讼区分开，分别修正双方实力差距，传统环境侵权诉讼依然适用现有的因果推定理论下的举证责任倒置规则，而生态环境损害赔偿诉讼中的举证责任规则则需要纠偏。在生态环境损害赔偿诉讼中，法律

---

〔1〕参见陈悦悦："生态环境损害赔偿诉讼中证明责任分配规则研究"，载《牡丹江大学学报》2019年第7期。

〔2〕参见程雨燕："生态环境损害赔偿磋商制度构想"，载《北方法学》2017年第5期。

应当加重政府举证责任，要求政府如实提供证据证明侵权行为、损害结果以及二者之间的因果关系，恢复适用民事诉讼中"谁主张，谁举证"的规则。若赔偿义务人对于赔偿费用的计算、因果关系的确定等问题提出反驳，政府则需举证证明赔偿义务人提出方法的不可行性，充分考虑赔偿义务人的经济和技术实力。

（二）细化证据运用规则与标准

在考虑政府身份及生态环境损害特殊性的基础上，为最大程度发挥生态环境损害赔偿诉讼的制度优势，应对证据的适用情形与具体使用规则进行细化与完善。具体而言：

一方面，处置类报告以及政府先行处置类费用证据不应替代鉴定类证据成为定损的证据形式，否则可能会造成该制度适用范围的无限扩大，带来高昂的成本，且对人的行为自由造成不必要的妨碍。发生突发环境事件后，应坚持环境监督权优于索赔权的原则，只有在符合行政命令修复责任与代履行的条件下，而环境又有修复的必要时，才能适用生态环境损害赔偿制度。此时，政府应及时展开生态环境损害赔偿磋商程序，要求赔偿义务人共同组织开展生态环境损害调查、证据保全、鉴定评估、修复方案编制等工作，先行达成一致修复意见，并在不同部门间实行证据信息共享。如磋商不成提起诉讼的，在诉讼过程中，应以鉴定类证据确定义务人应当偿付的赔偿费用。这样的安排更有利于政府发挥其自身专业优势高效应对环境纠纷，并达到节约司法资源的目的。

另一方面，我国要尽快建立健全统一的生态环境损害鉴定评估技术标准体系。尽管我国已经发布了《环境损害鉴定评估推荐方法》等损害鉴定标准文件，但尚存在不同文件中术语对应不清晰、可赔偿的范围模糊矛盾、评估方法适用情形不清等问题。这也是司法实践中直接以虚拟治理成本来衡量损害程度，进而引发双方对损害数额产生争议，出现不同专家意见的主要原因之一。针对此种情况，应提高法官的环境司法专业能力，对专家意见运用与采纳的程序、衡量因素等予以明确。此外，从根本来看，应在法律框架内完善生态环境损害的量化规则，明确认定生态损害的临界值、厘清几类可赔偿损失的关系、合理匹配评估方法与可赔偿损失的内容并明晰评估方法的使用顺位等。[1]

（三）明确诉前证据保全程序前置

基于生态环境损害的特殊性，我国应当在最高人民法院《关于审理生态环境损害赔偿案件的若干规定（试行）》等赔偿诉讼规则相关法律规范中，明确规定诉前证据保全程序，细化其适用的条件、主体与程序等。

首先，在申请主体方面，生态环境损害赔偿诉讼的原告为行政机关，为了确保赔偿诉讼的连贯性，证据保全的申请主体也应该是作为原告的行政机关。[2]

其次，在申请程序方面，应明确证据保全需提交的材料、受理期限等具体规则。行政机关向法院提交的相关内容，包括被告的基本信息、针对生态环境损害确切的初步证据、保全事项等。法院应在一定期限内对行政机构提起的证据保全申请予以裁定，并为行政机关针对法院裁定不服提供申诉渠道。行政机关基于公益目的以及公信力，在提交了生态环境损害确切的初步证据后，无须提供相应担保。

最后，应当扩大申请保全的主体范围，在环境违法案件查处部门与赔偿权利人间建立案件通报程序，环境案件查处部门以及有关公安、检察机关在环境犯罪侦查阶段前均应有权采取诉前证据保全等方法固定对未来生态环境损害索赔所需的证据，最终达到及时预防与制裁污染环境犯罪行为的目的。

---

〔1〕 参见刘静："生态环境损害赔偿诉讼中的损害认定及量化"，载《法学评论》2020年第4期。

〔2〕 参见翁如强："环境公益诉讼证据保全研究"，载《中国环境管理干部学院学报》2016年第5期。

第五章

政府提起生态环境损害赔偿诉讼
与相关诉讼关系的审视与协调

第一节　政府提起生态环境损害赔偿诉讼
与环境公益诉讼关系的审视与协调

生态环境损害赔偿制度实施以来，生态环境损害赔偿诉讼与环境公益诉讼共同成为环境本身损害救济的重要手段。在理论上，学者们对两者的衔接及起诉顺位的设定进行了较多研究，形成了不设置起诉顺位〔1〕、行政机关索赔优先、社会组织索赔为补充、检察机关为主要监督主体〔2〕、生态环境损害赔偿诉讼优先于环境公益诉讼〔3〕以及环境公益诉讼作为"口袋"，赔偿权利人可以通过转委托方式将其难以确定起诉主体的案件移交环境组织〔4〕等不同观点。在实践中，江苏、重庆、山东等省份出现了不同主体针对同一行为相继或同时提起生态环境损害赔偿诉讼与环境公益诉讼的情形，各地法院对该类情况的处理也并不相同。归纳起来，司法机关对生态环境损害赔偿诉讼与环境公益诉讼的关系存在以下三种认识：（1）生态环境损害赔偿诉讼属于环境公益诉讼，政府应作为环境公益诉讼的当事人提起诉讼。为避免重复起诉问题，法院适用最高人民法院《关于审理环境民事公益诉讼案件适用法律若干问题的解释》的规定，将政府与社会组织作为同一诉讼中的共同原告

---

〔1〕　参见程多威、王灿发："论生态环境损害赔偿制度与环境公益诉讼的衔接"，载《环境保护》2016 年第 2 期。

〔2〕　参见竺效："生态损害公益索赔主体机制的构建"，载《法学》2016 年第 3 期。

〔3〕　参见彭中遥："论生态环境损害赔偿诉讼与环境公益诉讼之衔接"，载《重庆大学学报（社会科学版）》2021 年第 3 期。

〔4〕　参见冷罗生、李树训："生态环境损害赔偿制度与环境民事公益诉讼研究——基于法律权利和义务的衡量"，载《法学杂志》2019 年第 11 期。

进行案件审理；[1]（2）生态环境损害赔偿诉讼与环境公益诉讼当事人基于不同的规定而享有各自的诉权，均应依法予以保护，但两者在案件事实、诉讼目的、被告、诉讼请求等方面基本相同，故应合并审理；[2]（3）行政机关提起的生态环境损害赔偿诉讼优先于社会组织提起的环境公益诉讼。即使社会组织提起的环境民事公益诉讼在先，生态环境损害赔偿诉讼在后，也应中止公益诉讼，优先审理生态环境损害赔偿诉讼。[3]

随着生态环境损害赔偿制度在全国范围的实施，生态环境损害赔偿磋商的作用也得到发挥，这又加剧了制度适用的混乱。生态环境损害磋商与环境公益诉讼的关系在实践中也并未达成共识。从制度因素分析，生态环境损害赔偿制度与环境公益诉讼制度的关系在立法层面的不明确及具体衔接与协调的制度规则和程序规定的缺失，是导致我国审判实践不统一及处理方式迥异的主要缘由。从制度规范的发展历程来看，我国环境民事公益诉讼制度中只规定了有权提起诉讼的其他机关和社会组织作为共同原告申请参与诉讼的程序，以及人民检察院提起诉讼的特殊规则。但"何为有权提起诉讼的其他机关，是否包括行政机关"并不明确。2018 年 1 月 1 日在全国正式实施的《生态环境损害赔偿制度改革方案》并没有采取直接赋予行政机关环境公益诉讼资格的方式，而是在功能定位、适用范围、诉讼程序等方面进行了与环境公益诉讼不同的规定和探索，并将两者的衔接问题留待最高人民法院予以确定。之后为避免司法资源的浪费及裁判矛盾，保证制度的顺利实施与高效运行，最高人民法院出台了《关于审理生态环境损害赔偿案件的若干规定（试行）》，其中明确了两类案件的审理顺序与衔接规则，确立了行政机关提起生态环境损害赔偿诉讼优先的原则，采用了实践中法院的第三种做法作为两类诉讼冲突时的处理规则。该规则的选择主要是基于行政机关具有较强专业性

---

〔1〕　参见南京市中级人民法院："江苏省政府、江苏环保联合会诉某公司环境污染公益诉讼案（2016）苏 01 民初 1203 号"，载 http://www.njfy.gov.cn/www/njfy/splc_ mb_ a39180105124730.htm，最后访问日期：2021 年 1 月 2 日。

〔2〕　参见重庆市生态环境局："重庆：生态环境损害赔偿做法向全国推广"，载 http://sthjj.cq.gov.cn/zwxx_ 249/zwdt/bmdt/201901/tz20190127_ 3660334.html，最后访问日期：2021 年 1 月 3 日。

〔3〕　参见张娜："政府诉讼优先于环保组织诉讼第一案裁定维持原判，绿会拟向最高院申请再审丨山东章丘危废倾倒案"，载 http://www.cbcgdf.org/NewsShow/4857/9214.html，最后访问日期：2021 年 2 月 3 日。

和组织修复生态环境的能力等方面的考虑，但从理论与制度依据来看，行政机关提起生态环境损害赔偿诉讼优先的正当性、必要性以及实际效果还有待探讨。此外，随着我国《民法典》的颁布，行政机关与社会组织的生态环境损害赔偿请求权有了明确的实体法依据。根据《民法典》第1234条的规定，环境公益诉讼与生态环境损害赔偿诉讼共同构成生态环境损害责任追究的方式。《民法典》却并未对两种责任追究方式之间的关系进行规定。那么，在生态环境损害责任追究中，不同主体之间的索赔权是否存在顺位，最高人民法院《关于审理生态环境损害赔偿案件的若干规定（试行）》中关于生态环境损害赔偿诉讼与环境公益诉讼的衔接规则是否继续适用，这些问题都有待具体规则予以明确。

综上所述，为避免判决的矛盾以及两类诉讼适用的矛盾，有必要将生态环境损害赔偿制度与环境公益诉讼制度的整体关系进行合理安排。两者的协调、整合及规则设计需明确以下问题：政府提起的生态环境损害赔偿诉讼与环境公益诉讼的关系如何？在磋商引入的情形下，生态环境损害赔偿磋商与环境公益诉讼的关系如何？检察机关提起的环境公益诉讼与政府提起的生态环境损害赔偿诉讼的关系如何？

一、生态环境损害赔偿诉讼与环境公益诉讼标的的界定

从司法实践的角度，要界定生态环境损害赔偿诉讼与环境公益诉讼的关系，首先就要进行诉的识别。诉的识别与诉的构成要素紧密相关。[1]而在诉讼构成要素中，诉讼标的是诉讼的核心，是此诉区别于彼诉的本质要素，[2]是判断诉的合并、分离、追加和变更的依据。上述法院在生态环境损害赔偿诉讼与环境公益诉讼冲突时的不同处理方式实际上反映了司法机关对两者诉讼标的界定标准认识的差异。因此，诉讼标的的识别与判断是确定两者关系的关键。

（一）诉讼标的的一般判断标准

在学界，至今尚无统一的诉讼标的概念，对诉讼标的的识别标准也存在

---

〔1〕　参见刘艺："公益诉讼之'诉'的基本问题"，载《人民检察》2015年第14期。

〔2〕　参见张永泉：《民事之诉合并研究》，北京大学出版社2009年版，第19页。

实体请求权说、二分肢说、一分肢说等新旧理论的不同认识。[1]实体请求权说认为，诉讼标的是原告向法院主张的实体权利保护请求权，有多少实体性请求权利就有多少诉讼标的。但在实践中，根据实体性权利理论可能出现同一案件的两次给付问题。为弥补实体请求权理论的不足，二分肢说以诉的声明和案件事实作为判断诉讼标的的根据。从目的和意义来看，该学说可以解决实体请求权竞合时的重复诉讼问题，并使得程序诉权具有独立的地位和价值。但依照该判断标准，诉的声明和事实中任何一个改变，诉讼标的就会改变。在实践中，这又带来了新的问题，即基于同一事实可能存在多个不同的诉讼请求，尤其是在给付之诉中这种情况尤其明显，这时诉讼标的与诉讼请求就是同一的。基于此，以诉讼请求为识别标准的一分肢说出现。

从诉讼标的识别标准理论的发展历程来看，二分肢说与一分肢说都是为了弥补实体权利理论的不足而出现的。而我国通过共同诉讼的设定及重复诉讼的排除，解决了实体权利理论可能存在的同一案件的重复给付问题。从我国现有的法律制度规范来看，诉讼标的的判断标准遵循了实体权利说，且诉讼标的与诉讼请求被明确区分。依据此识别标准，对生态环境损害赔偿诉讼与环境公益诉讼关系的分析，应首先确定两者的实体请求权基础。

（二）生态环境损害赔偿诉讼与环境公益诉讼标的的特殊性

对于生态环境损害赔偿诉讼的实体请求权基础有自然资源国家所有权说、国家环境保护义务说[2]等不同认识。一般认为，自然资源国家所有权是生态环境损害赔偿制度的理论基础。《生态环境损害赔偿制度改革方案》也采用了国务院授权方式确定具体的生态环境损害赔偿权利人，由履行自然资源国家所有权职责的具体行政机关作为索赔主体。但如前文所述，自然资源国家所有权作为生态环境损害赔偿诉讼的理论基础存在诸多质疑意见。从法律所规定的环境内涵来看，自然资源与环境的范畴并不完全一致，国家也并未享有所有自然资源的所有权。在传统法律规范中，自然资源通常是以单个资源要素且以物化形式存在。而生态环境具有整体性且并非所有环境要素都可以转化为所有权的客体。此外，在我国，并非所有自然资源的所有权都专属于

---

〔1〕 参见张卫平："论诉讼标的及识别标准"，载《法学研究》1997年第4期。

〔2〕 参见陈海嵩："生态环境损害赔偿制度的反思与重构——宪法解释的视角"，载《东方法学》2018年第6期。

国家所有。森林、山岭、草原等自然资源的所有权为国家和集体所有的二元所有制结构。在特殊情况下，林木等自然资源的所有权也可以归个人所有。在出现集体、个人等非国家所有自然资源的生态价值损害时，行政机关基于所有权提起生态环境损害赔偿诉讼就将失去依据。将自然资源国家所有权作为生态环境损害赔偿制度的基础，还有待自然资源所有权分权制度的完善以及环境容量权等实体性权利的确立。

从我国当前的立法实践来看，环境公益诉讼也并不存在明确的实体权利基础。社会组织和检察机关提起公益诉讼，都是基于公共利益受损的事实。在理论上，将环境权或环境公共利益作为环境公益诉讼请求权基础，又分别存在属性不明、范围不定、主体不清〔1〕及概念模糊、界定困难、认定标准不明等问题。在这种情况下，为解决法律将诉讼权利配置给非实体权利主体的正当性问题，学者们提出，在公益诉讼等特殊情况下，原告诉讼主体资格的获得并不是基于实体赋权而是基于程序法上的赋权。〔2〕在制度实现上，程序赋权的路径是将公益诉讼视为法定诉讼担当，以诉讼标的出发，界定诉讼实施权的边界，明确个人诉讼实施权让渡的范围，将纯粹个性化的诉讼请求留给相关诉讼标的之法律关系权利义务主体，而将涉及社会或国家利益的诉讼请求赋予特定的机关和组织。法定诉讼担当等程序赋权观点在一定程度上解决了社会组织等主体的环境公益诉讼主体资格认定问题，但仍然无法改变该诉讼实体请求权不明确的现实。

对于上述困境，有些学者认为，环境公益诉讼是以当事人诉的声明作为诉讼标的，无需事实和法律理由，也即只要原告主张的诉的声明不同就不构成重复起诉。〔3〕还有些学者提出，生态环境损害赔偿的诉讼标的应摒弃"一体化""体系性"的识别标准，根据诉之变更、合并、重复诉讼、既判力客观范围等方面对诉讼标的进行具体分析，适用不同标准。〔4〕

对此，笔者认为，在一般诉讼中，程序上的诉权不能脱离实体上的权利

---

〔1〕　参见杨朝霞："论环境权的性质"，载《中国法学》2020 年第 2 期。

〔2〕　参见黄忠顺："论公益诉讼与私益诉讼的融合——兼论中国特色团体诉讼制度的构建"，载《法学家》2015 年第 1 期。

〔3〕　参见段厚省："环境民事公益诉讼基本理论思考"，载《中外法学》2016 年第 4 期。

〔4〕　参见吴良志："论生态环境损害赔偿诉讼的诉讼标的及其识别"，载《中国地质大学学报（社会科学版）》2019 年第 4 期。

基础，实体请求权是诉权的出发点和归宿，[1] 当事人的实体权利义务争议与要法院所裁判的诉讼请求为对应关系，实体权利的依托是诉讼请求权存在的根本原因。在传统民事诉讼中，原告是实体权利和诉讼请求权的统一主体。但生态环境损害赔偿诉讼与环境公益诉讼所保护的利益具有特殊性，两类诉讼的原告都并非传统诉讼中的直接利害关系人或实际权利人。两者存在的共同之处在于，程序权利人与实体权利人并非一体的。无论是生态环境损害赔偿诉讼还是环境公益诉讼，其实体请求权基础都处于理论探讨阶段，需要整体的理论诠释及相应的制度改造。但综观我国制度规范的发展历程，从《民事诉讼法》《环境保护法》到《生态环境损害赔偿制度改革方案》《民法典》，都未采取"创权"或"权利改造"方式解决生态环境损害及公共利益保护问题，而是采取了在法律规定直接赋予相关主体诉讼请求权的同时，辅之区分环境公益与环境私益、扩张损害概念的进路解决模式。[2] 在此情况下，仍然坚持以实体权利为基础作为生态环境损害赔偿诉讼与环境公益诉讼标的识别标准，不符合我国司法实践的做法，也无法解释和回应我国相关制度的变化。

概而言之，由于生态环境损害赔偿诉讼和环境公益诉讼相对于一般私益诉讼在诉讼目的、诉讼程序等方面存在特殊性，直接将实体法律关系作为两者诉讼标的的判断标准存在制度与理论障碍。生态环境损害赔偿诉讼与环境公益诉讼应建立起有别于传统侵权之诉的独有规则，并从诉讼实践角度确定诉讼标的的识别标准。

（三）生态环境损害赔偿诉讼与环境公益诉讼标的的界定

作为法院审理与裁判的对象，诉讼标的主要应对的是重复诉讼与诉的合并问题。从现有法律规范来看，根据最高人民法院《关于审理环境民事公益诉讼案件适用法律若干问题的解释》第 28 条第 1 款以及最高人民法院《关于审理生态环境损害赔偿案件的若干规定（试行）》第 17 条的规定，在涉及不同主体提起诉讼的冲突与解决时，在前审理案件中诉讼请求被驳回、撤回或存在未涵盖的诉讼请求的属于法院应予受理或审理的情形。但结合最高人民

〔1〕参见郭颂彬、刘显鹏："公益诉讼规则独立化探析——以与民事诉讼规则的界分为基点"，载《南昌大学学报（人文社会科学版）》，2016 年第 6 期。

〔2〕参见冯洁语："公私法协动视野下生态环境损害赔偿的理论构成"，载《法学研究》2020 年第 2 期。

法院《关于审理环境民事公益诉讼案件适用法律若干问题的解释》第 28 条第 2 款以及最高人民法院《关于审理生态环境损害赔偿案件的若干规定（试行）》第 18 条来看，案件裁判生效后，"存在前案审理时未发现的损害"也属于不构成重复起诉的情形。司法解释似乎对诉讼标的识别适用了不同标准。

对此，笔者认为，由于生态环境损害赔偿诉讼与环境公益诉讼的诉讼请求没有明确的实体权利基础，损害事实作为诉讼请求实体上的前提和基础，对具体的诉讼请求会产生重大影响。正如，最高人民法院环境资源审判庭的法官们对最高人民法院《关于审理生态环境损害赔偿案件的若干规定（试行）》进行解读时指出，基于超出前案审理范围的事实以及发生新的损害事实并据此提出的诉讼请求都属于未被涵盖的诉讼请求。[1] 也就是说，基于同一事实的不同诉讼请求或者基于不同事实的不同诉讼请求，都不属于重复起诉的情形。对生态环境损害赔偿诉讼与环境公益诉讼标的的判断应适用诉讼请求标准。此处的诉讼请求具体指的是原告针对环境污染或生态破坏行为所导致的损害事实而请求法院判决行为人履行一定义务的要求。

具体而言，生态环境损害赔偿诉讼的损害事实是指生态环境本身受到损害。而环境公益诉讼的损害事实是指社会公共利益受到损害或者存在损害风险，包括生态环境本身以及不特定多数人利益受到损害或有受损风险。基于上述损害基础，生态环境损害赔偿与环境公益诉讼的原告可以提出要求行为人履行一定给付之诉，请求法院判决被告承担修复生态环境、赔偿损失、停止侵害、排除妨碍、消除危险、赔礼道歉等责任。

二、生态环境损害赔偿诉讼与环境公益诉讼关系的界定

从诉讼标的分析可以看到，生态环境赔偿诉讼与环境公益诉讼的诉讼标的并不完全相同，但不同主体提起两种诉讼可能基于相同的损害事实，且具体诉讼请求存在重合。存在这种情况，原因在于，两者的原因行为、适用范围、诉讼目的等具有关联性。不同主体基于生态环境损害赔偿诉讼与环境公益诉讼进行责任追究时可能构成累诉的情况。也就是说，如果对于上述实践中出现的不同主体提起的诉讼进行分别审理，将可能会出现判决的矛盾或责

---

[1]　参见王旭光等："《关于审理生态环境损害赔偿案件的若干规定（试行）》的理解与适用"，载《人民司法》2019 年第 34 期。

任的重复承担。此时，如何处理具有牵连关系的诉讼的关系，需要通过诉讼标的的具体判断，以程序规则的建立与完善予以应对。

（一）生态环境损害赔偿诉讼与环境公益诉讼具有牵连关系

从诉讼的原因行为看，生态环境损害赔偿诉讼与环境公益诉讼都是因行为人实施污染环境、破坏生态的行为所引起的。根据《生态损害赔偿制度改革方案》及《民法典》的规定，"违反法律法规"或"违反国家规定"是追究生态环境损害赔偿责任的前提，引起生态环境损害赔偿诉讼的原因行为具有违法性。而《民事诉讼法》《环境保护法》及相关司法解释关于环境公益诉讼的规定中，都并未将污染环境、破坏生态的行为限定为违法行为。从文义解释与体系解释来看，我国环境公益诉讼制度规则似乎并未将"违法性"作为责任认定的必要构成要件。[1]此次《民法典》出台，虽然明确了"违反国家规定"是社会组织行使生态环境损害赔偿索赔权所应具备的要件之一，但如前所述，环境公益诉讼针对的损害事实并不仅限于生态环境本身的损害，还包括不特定多数人环境利益受到损害或有受损风险的情形。例如，实践中出现的环境噪声类公益诉讼、室内控烟公益诉讼、濒危野生动植物保护预防性公益诉讼等都不属于生态环境损害赔偿诉讼责任追究的范畴。从司法实践来看，此类环境公益诉讼中行为人的行为并不必然具有违法性。甚至有学者通过行为责任和状态责任的理论，对《土壤污染防治法》第45条第1款关于土壤污染风险管控和修复义务的规定进行分析，认为污染责任人承担土壤污染风险管控与修复责任，既可能是因为违反法律规定引起的，还有可能是因为无过失所致。[2]总而言之，环境公益诉讼所针对的原因行为范围较为广泛，且行为性质在不同类型案件中存在区别。

从适用范围来看，生态环境损害赔偿诉讼的启动需以生态环境损害后果的发生为前提，且《生态环境损害赔偿制度改革方案》、各地的实施方案和最高人民法院《关于审理生态环境损害赔偿案件的若干规定（试行）》还对生

---

〔1〕参见冯汝："论生态环境损害赔偿责任违法性要件的确立"，载《南京工业大学学报（社会科学版）》2018年第5期。

〔2〕参见鄢德奎："土壤治理责任主体制度的反思与重塑"，载《大连理工大学学报（社会科学版）》2020年第4期。

态环境损害赔偿制度的具体适用情形作了限定。[1]而环境公益诉讼的启动并不以特定损害结果的出现为前提，其适用情形包含损害社会公共利益以及具有损害社会公共利益重大风险两种。相比而言，生态环境损害赔偿诉讼主要适用于发生严重影响生态环境后果的情形，其适用范围较窄。

从诉讼目的来看，现有生态环境损害赔偿制度规范中并未明确其所保护的利益内容。一般认为，生态环境损害赔偿诉讼与环境公益诉讼的目的都是维护社会公共利益。但也有学者采取环境国益、环境公益、环境私益三分法，[2]将生态环境损害赔偿诉讼与环境公益诉讼、环境私益诉讼相区分，认为生态环境损害赔偿诉讼的主要目的是保护国家利益，客观上具有预防或救济公共利益的作用。从我国现有制度规范来看，立法者将国家利益与社会公共利益进行了区分。在检察机关提起环境行政公益的规定中，国家利益和社会公共利益不仅被明确区分，还被共同纳入了"公益"的保护范围。此时，环境公共利益与社会公共利益并不等同，且似乎环境公益也包含国家利益。公共利益与国家利益在实践中的界定和区分并没有那么清晰和容易。从广义理解，公共利益是与私人利益相对应的概念。[3]公共利益的主体是多元和有层次的，包括国家利益、社会利益、集体利益。[4]在我国全民所有的公有制形式下，国家所有具有天然的公益属性，国家利益本质上也是一种公益。即使从狭义上将社会公共利益界定为不特定多数人的环境利益，在很多情况下，国家利益与社会公共利益也具有一致性。当污染环境、破坏生态的行为造成生态环境损害发生时，不仅侵害了公众的环境利益，通常还会使国家所有自然资源的价值损失；而当国有自然资源的财产损害发生时，通常也伴随着生态环境服务功能的减损，造成对社会公共利益的侵害。此时，国家利益和社会公共利益发生了重合。概而言之，从制度设计来看，虽然生态环境赔

---

〔1〕　参见"中共云南省委办公厅 云南省人民政府办公厅印发《生态环境损害改革实施方案》"，载 http://www.yn.gov.cn/zwgk/zfgb/2018/2018ndslq/swbgtszfbgtlfwj_ 1475/201809/t20180929_ 145980.html，最后访问日期：2020 年 12 月 3 日。

〔2〕　参见肖建国："利益交错中的环境公益诉讼原理"，载《中国人民大学学报》2016 年第 2 期。

〔3〕　参见吴应甲：《中国环境公益诉讼主体多元化研究》，中国检察出版社 2017 年版，第 9 页。

〔4〕　参见杨解君、卢淦明："公益诉讼试点若干重大理论问题探讨——以环境公益诉讼为重点"，载《中国地质大学学报（社会科学版）》2016 年第 6 期。

偿诉讼与环境公益诉讼所维护利益各有侧重，但都属于广义"公共利益"的范畴，两者的诉讼目的具有一致性。

表5-1 生态环境损害赔偿诉讼与环境公益诉讼制度对比

	生态环境损害赔偿诉讼	环境民事公益诉讼	
原因行为	违反国家规定，造成生态环境损害的行为	社会组织：已经损害社会公共利益或者具有损害社会公共利益重大风险的污染环境、破坏生态的行为	检察机关：破坏生态环境和资源保护等损害社会公共利益的行为
适用范围	已经造成生态环境损害后果	社会组织：已经损害社会公共利益或者具有损害社会公共利益重大风险	检察机关：履行职责中发现生态环境和资源保护领域社会公共利益受到侵害
诉讼目的	保护生态环境，追究损害生态环境责任者的赔偿责任	社会组织：维护社会公共利益	检察机关：维护社会公共利益

基于上述牵连关系，生态环境损害赔偿诉讼与环境公益诉讼在满足以下条件时，司法实践中所出现的冲突和重合就会展现：第一，污染环境或破坏生态的行为已经造成生态环境损害结果出现，并损害了社会公共利益；第二，行为具有违法性；第三，满足生态环境损害赔偿诉讼启动的其他条件。此时，如何处理具有牵连关系，但又具有不同性质、相互独立的两类诉讼的关系，应通过诉讼标的的具体判断进行分析确定。

（二）生态环境损害赔偿诉讼与环境公益诉讼具有共同性

从诉讼标的的角度分析，相较于生态环境损害赔偿诉讼，环境公益诉讼所针对的损害事实与诉讼请求范围较广，且在两种诉讼中具体诉讼请求都是集合性的，当事人在诉讼中存在选择差异，不同诉讼之间诉讼标的可能存在重合、包含、交叉等不同情形。这使得不同主体针对相同行为所提起的诉讼中诉讼标的可能是同一或同种类的，因而生态环境损害赔偿诉讼与环境公益诉讼具有共同性。

具体而言，诉讼标的同一的情形主要体现为：针对同一污染环境、破坏生态行为，不同主体针对相同范围内的生态环境损害事实，提出了相同的诉讼请求，诉讼标的完全重合。例如，针对行为人违法倾倒危险废物造成土壤和地下水污染的事实，行政机关与社会组织同时或相继提起诉讼，要求被告承担土壤及地下水修复治理费用。

诉讼标的同种类的情形主要表现为两种：一种是针对同一污染环境、破坏生态的行为，不同主体针对相同范围内的生态环境损害事实，提出了不同的诉讼请求。例如，针对行为人违法倾倒危险废物造成土壤和地下水污染的事实，行政机关与社会组织同时或相继提起诉讼，行政机关要求被告承担土壤及地下水修复治理费用；而环保组织在上述诉讼请求的基础上，增加了赔偿生态环境受到损害至损害修复完成期间服务功能损失、赔礼道歉等诉讼请求。另一种是针对同一污染环境、破坏生态行为，不同主体针对不同范围的损害事实，提出了不同的诉讼请求。例如，针对行为人违法倾倒危险废物造成土壤及地下水污染的事实，行政机关与社会组织同时或相继提起诉讼，行政机关要求被告承担土壤环境修复治理费用，并赔偿土壤环境受到损害至损害修复完成期间服务功能损失；而环保组织提出要求被告承担地下水修复治理费用。在上述两种情形中，不同主体提出的诉讼请求虽不是完全相同，但从性质和目的来看，应属于同一种类。

（三）生态环境损害赔偿诉讼与环境公益诉讼应合并审理

按照民事诉讼的一般理论与相关规定分析，行政机关和社会组织分别提起诉讼，诉讼标的是同一的，那么，两者应作必要共同诉讼处理。无论是行政机关还是社会组织先提起诉讼，其他具有诉讼资格的主体可以通过请求法院追加当事人的方式参与诉讼，如果在法定时间内其他主体未能参加诉讼，诉讼判决的既判力应该及于其他主体，法院不应再受理后提起的诉讼。如果行政机关提起的生态环境损害赔偿诉讼与环境公益诉讼的诉讼标的是同种类的，那么两者应作普通共同诉讼处理，人民法院经当事人同意的可以合并审理。但在审判实践中，由于生态环境赔偿诉讼与环境公益诉讼存在牵连性，针对两者存在事实相同、被告部分重合、诉讼请求不完全一致的情形，山东等地法院采取了生态环境损害赔偿诉讼优先、中止在先审理的环境公益诉讼的做法。此种做法的直接依据应是《民事诉讼法》关于"本案必须以另一案件的审理结果为依据，而另一案件尚未审结的"，人民法院应当中止诉讼的规定。

最高人民法院《关于审理生态环境损害赔偿案件的若干规定（试行）》采用了上述司法实践中的做法，这种规则选择的理由主要有三个方面：第一，行政机关的环境保护义务与行政监管职责具有优先性；第二，在执法过程当中，行政机关掌握的证据材料会比较丰富，在诉讼当中举证能力较强；第三，行政机关更具备修复生态环境的资源和能力。[1]笔者认为，司法解释的上述规定是否合理有待商榷，原因在于：

第一，生态环境损害赔偿诉讼优先审理缺乏充分的法律依据，司法解释的"立法化"规定变相剥夺了社会组织的部分诉权。从法律授权来看，《民事诉讼法》第58条和《环境保护法》第58条明确授予了社会组织环境公益诉讼的诉权。而《民法典》第1234条和第1235条的规定解决了生态环境损害赔偿诉讼无明确法律依据的问题。但现有法律制度中未明确行政机关提起生态环境损害赔偿诉讼具有优先性。在此背景下，司法解释一定程度上剥夺和限制了社会组织环境公益诉讼的诉权，其解释权限的合法性与规则的公正性值得质疑。并且，从程序法上看，《民事诉讼法》基于案件关联或交叉关系所发生的诉讼中止情形，主要针对的是正在审理的民事案件涉及刑事问题时的交叉诉讼处理，[2]生态环境损害赔偿诉讼与环境公益诉讼的关系并不符合该法定情形，中止审理在程序法上也无理论依据。

第二，中止审理环境公益诉讼案件将会造成诉讼效率的降低与诉讼成本的提高。生态环境损害赔偿诉讼与环境公益诉讼的诉讼标的并不是完全一致的。如果中止审理环境公益诉讼案件，此时有两种情况发生：一是不同主体所提诉讼标的是同一的，生态环境损害赔偿案件审理结束后，环境公益诉讼的诉讼目的实现。如果社会组织被驳回诉讼请求，则其为提起诉讼所支出的鉴定费、评估费等将会浪费或无人承担。如果社会组织所提出的承担生态环境损害调查、鉴定评估等费用被作为未被涵盖的诉讼请求进行处理，则行为人的责任将会加重。二是不同主体所提诉讼标的是同种类的，生态环境损害赔偿诉讼所基于的损害事实不能完全涵盖公益诉讼的损害事实，或者不同主

---

〔1〕 参见国务院新闻办公室："最高法举行生态环境损害赔偿诉讼司法解释及典型案例发布会"，载 http://www.scio.gov.cn/xwfbh/qyxwfbh/Document/1657133/1657133.htm，最后访问日期：2020 年 12 月 9 日。

〔2〕 参见张卫平："民事诉讼中止事由的制度调整"，载《北方法学》2018 年第 3 期。

体基于相同损害事实选择了不同诉讼请求。此时，生态环境损害赔偿诉讼审理后存在未被涵盖的诉讼请求，仍需要对环境公益诉讼案件进行审理，与合并审理相比诉讼成本将大大增加。

第三，行政机关与社会组织作为诉讼原告各自具有优势，只有两者相互配合、相互制衡才能最大程度地实现公益保护的目的。与环保组织相比，行政机关在调查取证、资金筹集、生态修复等方面的专业性与便利性上更具优势。但行政机关兼具环境监督管理者与自然资源所有权人等多重身份，其作为请求权人在整个制度实施过程中的相关行为如赔偿义务人的选择、赔偿数额的确定等，可能会存在交易寻租等情形。而社会组织一般被认为更具中立性，将其提起的环境公益诉讼与生态环境损害赔偿诉讼合并审理有利于对行政机关进行监督，是增强公众参与的重要方式。

基于上述分析，笔者认为，应将基于同一污染环境、破坏生态行为提起的生态环境损害赔偿诉讼与环境公益诉讼作为因牵连关系形成的必要共同诉讼进行强制合并审理。在学界，很多学者认为，应当将诉讼标的在事实上或法律上存在关联的案件，作为因牵连关系而形成的必要共同诉讼进行合并审理，由法院在分清当事人责任的基础上进行统一裁判，并在制度上形成必要共同诉讼的一种情形。[1]生态环境损害赔偿诉讼与环境公益诉讼当事人之间并不存在现有法定必要共同诉讼中所要求的共同权利义务关系，但两者在原因行为、适用范围、诉讼目的、事实认定、责任划分等方面存在同一、隶属或交叉关系，两者的诉讼标的具有共同性，由同一法院在同一程序中对两类相关诉讼进行强制合并审理不仅可以避免裁判的冲突及责任承担的重合，还可以一次性查明全部相关利益受损情况，节约司法资源，提高诉讼效率，最大程度地保护国家和社会公共利益。

在进行合并审理时，还要处理好不同主体在诉讼中的内部关系及诉讼的效力。首先，由于不同主体都不是实际权利人，因此，赔偿权利人或公益诉讼人提起诉讼无需征得其他主体的同意。如果两方都提起诉讼，在诉讼的合并审理中，对于撤诉等对其他一方没有影响的诉讼行为，一方可以单独作出。但对于和解等影响诉讼目的或所维护利益的诉讼行为，双方应达成一致。当

---

〔1〕　参见章武生、段厚省："必要共同诉讼的理论误区与制度重构"，载《法律科学（西北政法学院学报）》2007 年第 1 期。

双方对损害赔偿数额等涉及实质利益的诉讼请求存在不同意见发生争议时，应由双方进行协商一致予以确定。其次，法院应遵循有利于国家利益和社会公共利益保护的原则，充分发挥能动作用。最后，在诉讼的效力上，其中一方单独提起诉讼使生态环境得以恢复的，该诉讼行为对另一方产生效力，除存在未发现的损害或责任追究不完全等诉讼请求未得到满足的情况外，其他主体不得再行提起诉讼。

三、生态环境损害赔偿制度与环境公益诉讼制度的整合与协调规则

从原因行为、适用范围、诉讼目的等方面分析，生态环境损害赔偿诉讼与环境公益诉讼存在牵连性；从诉讼标的角度分析，两者具有共同性，生态环境损害赔偿诉讼与环境公益诉讼应作为因牵连关系形成的必要共同诉讼进行强制合并审理。最高人民法院《关于审理生态环境损害赔偿案件的若干规定（试行）》关于生态环境损害赔偿诉讼优先的规定，缺乏明确的法律依据和法理基础，不利于充分发挥社会组织等主体在生态环境损害救济中的作用，也将会造成司法资源的浪费。为从根本上理顺生态环境损害赔偿制度与相关制度的关系，应通过以下路径对相关实体法与程序法规则进行整体完善：一是进行生态环境损害赔偿责任专门立法，明确生态环境损害赔偿制度的权利基础、适用范围与制度定位，合理确定监督权与索赔权、磋商与诉讼关系，改变当前生态环境损害赔偿制度政策性较强、法律层面制度体系不完善的现状，构建协调统一的生态环境损害赔偿责任追究制度体系。二是以环境公共利益的维护为核心，整合现有环境民事与行政公益诉讼的特殊程序规则，解决公益诉讼规则与传统诉讼理念不相容以及分散立法导致的公益诉讼规则碎片化、无序化问题，实现环境法程序规则的特别化、专门化与有序化。在具体实现路径上，生态环境损害赔偿诉讼与环境公益诉讼制度关系的处理，还涉及生态环境损害赔偿磋商、检察机关提起的环境公益诉讼的融入问题，需要通过具体协调规则的设计对不同制度进行整合。为从根本上解决生态环境损害赔偿诉讼与环境公益诉讼适用混乱的问题，在《民法典》明确规定生态环境损害索赔权的背景下，应对生态环境损害赔偿制度与环境公益诉讼制度进行整体结构整合，形成"生态环境损害赔偿磋商优先，生态环境损害赔偿诉讼与环境公益诉讼合并审理，检察机关提起公益诉讼作为监督和补充"的

模式，并通过程序规则的细化对不同救济方式进行协调。

（一）生态环境损害赔偿磋商的优先地位及具体协调规则

从制度的实施效果来看，行政机关在违法行为的调查及证据收集方面具有便利和优势，由其通过磋商对受损生态环境进行救济将会更加经济高效。因此，《生态环境损害赔偿制度改革方案》明确了生态环境损害赔偿磋商与诉讼的“磋商前置”关系。也就是说，在生态环境损害赔偿制度的实施中，赔偿磋商具有优先性。

为保证磋商的公平与公开，最高人民法院《关于审理生态环境损害赔偿案件的若干规定（试行）》明确规定在生态环境损害赔偿协议司法确认中，应对协议内容进行公告，并由法院对协议内容进行审查。从生态环境损害磋商过程来看，赔偿协议的公告属于一种事后的信息公开，公众参与在磋商阶段仍不够充分。为防止行政机关在磋商过程中存在包庇、寻租等危害国家和社会公共利益的行为，应允许社会组织、公民等主体参与整个磋商过程，并提出相关建议与意见。在我国，社会组织参与生态环境损害赔偿磋商已经有了一定制度和实践。例如，贵州等省市颁布的《生态环境损害赔偿磋商办法》中，明确规定依法成立的以保护生态环境为宗旨的社会组织、公众中选择的单位、个人等可以作为受邀参与磋商人参与磋商会议，并发表意见。此外，如果磋商协议达成后，社会组织对于赔偿权利人与赔偿义务人达成的协议有不同意见的，可以在司法确认阶段提出异议，法院经审查认为协议损害了社会公共利益或国家利益的，可以依法不予确认协议的效力。磋商不成的，行政机关可以向赔偿义务人提起诉讼，符合条件的社会组织也可以基于社会公共利益的受损提起诉讼，法院应当将两类诉讼作为必要共同诉讼进行合并审理（具体程序如下图 5-1 所示）。

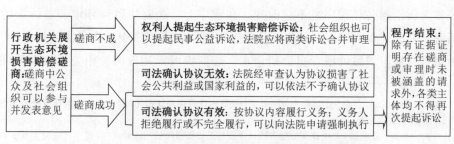

图 5-1　生态环境损害赔偿磋商与诉讼的协调程序

（二）生态环境损害赔偿磋商实施前环境公益诉讼的启动及协调规则

明确生态环境损害赔偿磋商的前置地位后，在行政机关未进行磋商前，适格的环境公益诉讼原告是否可以提起诉讼，也是要解决的问题。很多学者认为，由于生态环境损害赔偿诉讼与环境民事公益诉讼是两类不同性质的诉讼。法律规定的机关和组织提起环境公益诉讼并无实体权利为基础。环境公益诉讼的目的应当是督促赔偿权利人及时对生态环境损害进行索赔，只有在赔偿权利人不作为时才可以提起环境民事公益诉讼。[1]因此，"在赔偿权利人就生态环境损害赔偿或修复事宜与赔偿义务人进行磋商之前，社会组织不得提起环境民事公益诉讼。"[2]对此，笔者认为，由于我国的环境管理体制及国家与地方的所有权分权结构较为复杂，具体赔偿权利人的确定及赔偿权利人不作为的判断在实践中都较为困难。为最大程度地维护公共利益，避免相关行政主体怠于行使请求权，应允许社会组织通过向有关行政机关提出磋商建议或者提起公益诉讼的多元方式启动请求程序。此外，由于生态环境损害赔偿磋商具有便捷、高效、节约成本等优势，为避免司法资源的浪费，应保留生态环境损害赔偿磋商的优先地位。在规则设定上，应当增加社会组织提起环境公益诉讼的前置程序，对拟提起的公益诉讼进行公告。相关行政机关对公告做出回应并在法定期限内展开磋商的，社会组织可以参与到磋商中，法院应暂不受理社会组织提起的环境公益诉讼。相关行政机关在法定期限内未进行回应也未启动磋商程序的，法院应受理社会组织提起的环境公益诉讼。

法院受理了社会组织的环境公益诉讼后，如果出现行政机关又展开磋商的情形，是否应该允许？应如何处理？笔者认为，因不同主体索赔权的来源与实体权利基础不同，生态环境损害赔偿请求权并不因环境公益诉讼的提起而丧失。为发挥生态环境损害赔偿磋商所具有的成本低、效率高等优势，磋商作为诉讼的必经程序也不应改变。在程序上，法院应暂停环境公益诉讼的审理，社会组织可以参与到生态环境损害赔偿磋商程序中。磋商协议达成的，社会组织应申请撤诉或变更诉讼请求。磋商协议未达成，相关行政机关可

〔1〕参见汪劲："确立生态损害索赔诉讼与关联诉讼程序与证据规则"，载《中国环境报》2017年12月20日，第3版。

〔2〕罗丽、王浴勋："生态环境损害赔偿磋商与诉讼衔接关键问题研究"，载《武汉理工大学学报（社会科学版）》2017年第3期。

提起生态环境损害赔偿之诉，法院应将两起诉讼进行强制合并审理。如果出现行政机关与部分责任人达成协议，环境公益诉讼的部分请求得以实现的情形，社会组织可以撤诉或者变更诉讼请求；社会组织变更诉讼请求的，法院应将两起诉讼进行强制合并审理（具体程序如图 5-2 所示）。

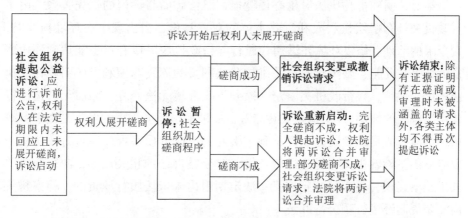

图 5-2　生态环境损害赔偿磋商实施前环境公益诉讼的启动及协调程序

（三）检察机关提起环境公益诉讼的监督补充地位及具体协调规则

当社会公益损害发生，首先应寻求通常救济手段，而非动用检察机关监督这种非常规救济手段。[1]那么，在生态环境损害赔偿制度加入后，检察机关提起环境公益诉讼应如何与其协调？对此，笔者认为，应从以下几个方面进行制度完善与程序建构：

第一，明确生态环境损害赔偿磋商的民事性质。有学者认为，生态环境损害赔偿磋商从本质上是公权行政属性的制度内容，是行政机关履行职责的柔性方式。[2]对此，笔者认为，行政行为的最典型特征在于单方强制性，不必与相对方协商或征求其同意。而磋商启动的条件之一为"赔偿权利人向赔偿义务人提出磋商建议并得到义务人的同意"。生态环境损害赔偿磋商所达成的磋商协议并不具有行政行为的强制力，而是被作为民事协议予以处理。《生

---

〔1〕　参见张旭东："检察机关提起民事公益诉讼之中国样本"，载《云南社会科学》2016 年第 3 期。

〔2〕　参见韩英夫、黄锡生："生态损害行政协商与司法救济的衔接困境与出路"，载《中国地质大学学报（社会科学版）》2018 年第 1 期。

态环境损害赔偿制度改革方案》明确规定，对经磋商达成的赔偿协议，可以依照民事诉讼法向人民法院申请司法确认。实际上，该规定也明确了生态环境损害赔偿磋商行为具有的民事性质。这也就意味着，检察机关不能针对权利人未启动生态环境损害赔偿索赔的行为提起行政公益诉讼。

第二，明确行政执法对生态环境损害赔偿磋商与诉讼的优先关系。由于行政机关具有赔偿权利人和行政主体的双重身份，当出现生态环境损害时，责令限期治理、修复环境并适用代履行等行政执法手段有时也能达到环境修复的结果。此时，基于行政机关维护公共利益的职责与便利，应明确行政执法的优先地位，将行政机关索赔限缩到生态环境无法修复、因而无法适用行政执法规定的情形。〔1〕这也就意味着，如果生态环境损害的发生是由于行政机关不履行职责或者履行职责不到位引起的，或者损害可以通过行政执法予以修复的，检察机关应优先适用环境行政公益诉讼的相关规定，向行政机关提出检察建议，要求其履行职责；法定期限内未依法履行职责的，检察机关向法院提起环境行政公益诉讼。

第三，增加检察机关提起民事公益诉讼的诉前程序。基于检察机关监督权的特殊性，在提起民事公益诉讼前，应依法进行公告，并增加告知有关生态环境损害赔偿权利人及其指定的部门或机构的程序。公告期满，符合条件的社会组织不提起环境公益诉讼且有关生态环境损害赔偿权利人及其指定的部门或机构不提起诉讼的，检察机关可以提起诉讼。

总之，随着生态环境损害赔偿制度的加入，应增加检察机关提起公益诉讼的条件和诉前程序：当环境公共利益能够通过行政行为予以救济的，检察机关应优先适用环境行政公益诉讼的规定；当不符合行政公益诉讼的启动条件时，检察机关应进行诉前公告并告知有关生态环境损害赔偿权人，社会组织未提起环境公益诉讼且权利人也未提起生态环境损害赔偿诉讼的，检察机关可以提起环境民事公益诉讼。

---

〔1〕 参见张宝："生态环境损害政府索赔权与监管权的适用关系辨析"，载《法学论坛》2017年第3期。

第二节　政府提起生态环境损害赔偿诉讼与资源性国有财产保护公益诉讼关系的审视与协调

生态环境损害保护与救济的是自然资源的生态价值等非经济价值的受损，生态环境损害赔偿诉讼的理论基础是国有自然资源所有权制度。而根据《民法典》的规定，国有自然资源是国有财产的重要组成部分。民商事法律、自然资源单行法等法律中对行为人从事违法行为造成国有财产损失所应承担的赔偿责任进行了明确规定。2017 年《行政诉讼法》确定行政公益诉讼制度时，也明确规定了在国有财产保护领域负有监督管理职责的行政机关违法行使职权或者不作为，致使国家利益或者社会公共利益受到侵害的，行政机关可以提起行政公益诉讼。在具体实践中，行为人在造成生态环境损害时，可能会出现自然资源经济价值与生态价值的同时受损。例如，行为人非法开采矿产资源，导致国有矿产资源的损失，也造成矿山土壤的污染与破坏。此时，针对自然资源经济价值的减少，生态环境损害赔偿权利人提起生态环境损害赔偿诉讼并无权利基础，也并不妥当。[1]如何正确界定生态环境损害与资源性国有财产损害的关系，如何协调生态环境损害赔偿诉讼与资源性国有财产保护公益诉讼的关系，是实践中被忽视的问题，也是亟待解决的问题。

一、生态环境损害与资源性国有财产损害的关系界定

（一）国有财产的概念界定

在相关研究和实践中，国有财产通常被以"国有资产"这一用语所替代或将两者混淆使用。很多学者认为，资产就是财产，两者是不同学科的相同表达，前者是经济学术语，后者是法学术语。[2]但从内涵和性质来看，国有财产不完全等同于国有资产。

国有资产一般可划分为由国家对企业的出资形成的经营性资产，由国家机关、国有事业单位等组织使用管理的行政事业性资产，以及属于国家所有的土地、矿藏、森林、水流等资源性资产。全国人大常委会在 2007 年立法计

---

〔1〕　参见马勇："关于生态环境（自然资源）损害赔偿诉讼的几点思考"，载 https：//www. m. thepaper. cn/baijiahao_ 5062979，最后访问日期：2020 年 12 月 6 日。

〔2〕　参见张新平："企业国有资产监管研究"，武汉大学 2009 年博士学位论文。

划中曾准备制定一部"国有资产法",但资源性资产和行政事业性资产有相应的法律规范调整,因此,法案草案将适用范围仅限于经营性国有资产,即国家对企业的出资所形成的权益。后为使法律名称与适用范围相适应,《中华人民共和国国有资产法(草案)》改为《中华人民共和国企业国有资产法(草案)》,并由第十一届全国人民代表大会常务委员会第五次会议于 2008 年 10 月 28 日通过,自 2009 年 5 月 1 日起施行。[1]从立法历程和立法目的来看,对国有资产的保护强调的是对国有投资所形成的权益以及对国有资产保值增值,强调的是其经营属性。

国有财产是指依法属于全民所有的财产。我国现有法律规范中并没有对"国有财产"的准确定义,对国家所有财产的规定散落在《宪法》[2]《民法典》[3]等文本中。从现有法律文本来看,《民法典》较为系统地列举了属于国家所有的财产种类,具体而言,属于国家所有的财产包括:专属于国家所有的矿藏、水流、海域、无居民海岛、城市的土地、无线电频谱资源、国防资产;法律规定属于国家所有的农村和城市郊区的土地、森林、山岭、草原、荒地、滩涂等自然资源,野生动植物资源,文物,铁路、公路、电力设施、电信设施和油气管道等基础设施。此外,《民法典》第 255 条、第 256 条和第

---

〔1〕 参见石广生:"关于《中华人民共和国国有资产法(草案)》的说明——2007 年 12 月 23 日在第十届全国人民代表大会常务委员会第三十一次会议上",载 http://www.npc.gov.cn/npc/zt/2008-12/25/content_ 1494755. htm,最后访问日期:2020 年 12 月 10 日。

〔2〕《宪法》第 7 条规定:"国有经济,即社会主义全民所有制经济,是国民经济中的主导力量。国家保障国有经济的巩固和发展。"第 9 条第 1 款规定:"矿藏、水流、森林、山岭、草原、荒地、滩涂等自然资源,都属于国家所有,即全民所有;由法律规定属于集体所有的森林和山岭、草原、荒地、滩涂除外。"第 10 条规定:"城市的土地属于国家所有。农村和城市郊区的土地,除由法律规定属于国家所有的以外,属于集体所有……"

〔3〕《民法典》第 246 条:"法律规定属于国家所有的财产,属于国家所有即全民所有。国有财产由国务院代表国家行使所有权。法律另有规定的,依照其规定。"第 247 条:"矿藏、水流、海域属于国家所有。"第 248 条:"无居民海岛属于国家所有,国务院代表国家行使无居民海岛所有权。"第 249 条:"城市的土地,属于国家所有。法律规定属于国家所有的农村和城市郊区的土地,属于国家所有。"第 250 条:"森林、山岭、草原、荒地、滩涂等自然资源,属于国家所有,但是法律规定属于集体所有的除外。"第 251 条:"法律规定属于国家所有的野生动植物资源,属于国家所有。"第 252 条:"无线电频谱资源属于国家所有。"第 253 条:"法律规定属于国家所有的文物,属于国家所有。"第 254 条:"国防资产属于国家所有。铁路、公路、电力设施、电信设施和油气管道等基础设施,依照法律规定为国家所有的,属于国家所有。"

257 条〔1〕以一种"国家履行出资人职责"的表述方式，明确了"国家机关及国家举办的事业单位直接支配的动产和不动产、国家出资的企业"实际上也属于国家所有财产。而《中华人民共和国企业国有资产法》（以下简称《企业国有资产法》）〔2〕的规定与《民法典》的规定形成了呼应，"国务院和地方人民政府依照法律、行政法规的规定，分别代表国家对国家出资企业履行出资人职责，享有出资人权益。"

也就是说，从性质上看，国有财产与国有资产的最大区别是是否具有经营性，"而只有当财产作为生产要素投入生产经营活动，需要强调其增殖性和营利性时才使用资产的概念。"〔3〕从范围来看，国有财产的范畴广于国有资产。国有财产包括国家所有的各种财产、物资、债权和其他权益。对国有财产的保护，不仅仅限于已经投入生产经营，转化为资产的财产，还包括各类非经营性财产。

（二）国有自然资源与国有财产的关系

对于国有财产的分类，有学者认为，国家所有财产分为资源性财产、行政性财产、财政性财产。〔4〕有学者认为，从国有财产对实践生活的功效（表征的深层次价值）出发，应将其区分为生活生存所需的国有财产、生产经营所需的国有财产、生态环境保护所需的国有财产和文化传统保存所需的国有财产四大类。〔5〕还有学者认为，应当按照国家拥有国有财产的目的分为四

---

〔1〕《民法典》第 255 条："国家机关对其直接支配的不动产和动产，享有占有、使用以及依照法律和国务院的有关规定处分的权利。"第 256 条："国家举办的事业单位对其直接支配的不动产和动产，享有占有、使用以及依照法律和国务院的有关规定收益、处分的权利。"第 257 条："国家出资的企业，由国务院、地方人民政府依照法律、行政法规规定分别代表国家履行出资人职责，享有出资人权益。"

〔2〕《企业国有资产法》第 2 条："本法所称企业国有资产（以下称国有资产），是指国家对企业各种形式的出资所形成的权益。"第 3 条："国有资产属于国家所有即全民所有。国务院代表国家行使国有资产所有权。"第 4 条："国务院和地方人民政府依照法律、行政法规的规定，分别代表国家对国家出资企业履行出资人职责，享有出资人权益。国务院确定的关系国民经济命脉和国家安全的大型国家出资企业，重要基础设施和重要自然资源等领域的国家出资企业，由国务院代表国家履行出资人职责。其他的国家出资企业，由地方人民政府代表国家履行出资人职责。"第 5 条："本法所称国家出资企业，是指国家出资的国有独资企业、国有独资公司，以及国有资本控股公司、国有资本参股公司。"

〔3〕郑显华、周家才："论在立法中用'国有财产'取代'国有资产'的必要性"，载《前沿》2011 年第 8 期。

〔4〕参见孙宪忠等：《国家所有权的行使与保护研究：从制度科学性入手》，中国社会科学出版社 2015 年版，第 183 页。

〔5〕参见莫静："宪法上国有财产之使用规则的定性研究"，载《理论与改革》2016 年第 4 期。

种：国有公共管理性财产、国有公共服务性财产、国有经营性财产、国有自然资源。笔者认为，结合我国现有《民法典》《企业国有资产法》《行政事业单位国有资产管理办法》等法律规范的规定，在现有制度框架下国有财产可以分为四类：（1）资源性财产，包括矿藏、水流、海域、森林、山岭、草原、荒地、滩涂野生动植物等。（2）财政性财产，包括各类税收、罚款、收费、捐赠、没收财物以及财政补贴类资金和社会保障类国有财产等。（3）行政事业单位非经营性财产，包括行政机关占有的公共管理性国有财产、事业单位占有的公共服务性国有财产；（4）经营性国有财产，包括企业国有资产；行政事业单位占有、使用的非经营性资产通过各种形式为获取利润转作经营的资产；国有资源中投入生产经营过程的部分等。[1] 从上述国有财产的界定与分类来看，矿藏、水流、土地等国有自然资源属于国有财产的范围。

（三）生态环境损害与资源性国有财产损害的关系

国有自然资源属于国有财产的范围，但法律中所规定的国有财产损失并不包括生态环境损失。从财产的概念来看，理解财产有两种不同的方式：一个是财产的通俗概念。它把财产看作物。其最主要的部分是有形物，如土地、房屋、汽车、工具、工厂等。但它也包括无形物，如著作权、专利、商标。另一种理解财产的方式是复杂概念。人们多称它为法律概念，因为它在法律人中间普遍使用。它把财产理解为关系。更准确地说，财产是由与物有关的人或其他实体中间所形成的特定关系，通常是由法律关系组成。[2] 从民法的规定来看，国有财产相关规定确立的法律关系具有两方面的特征：第一，该法律关系的内容主要是国家对国有财产所享有的所有者权利以及所负担的保护义务。国家对其所拥有的各类财产享有占有、使用与收益的权益，任何人不得从事非法侵害国有财产的行为。《民法典》第 258 条规定，国家所有的财产受法律保护，禁止任何组织或者个人侵占、哄抢、私分、截留、破坏。第二，该法律关系关注和保护的是国有财产的经济价值，尤其是财产的增值性与营利性。《民法典》第 259 条规定，履行国有财产管理、监督职责的机构及其工作人员，应当依法加强对国有财产的管理、监督，促进国有财产保值增

---

〔1〕 参见秦前红、姜琦："国有财产的宪法保护初探——以现行法律文本为起点"，载《太平洋学报》2008 年第 4 期。

〔2〕 参见 ［美］斯蒂芬·芒泽：《财产理论》，彭诚信译，北京大学出版社 2006 年版，第 15~16 页。

值，防止国有财产损失；滥用职权，玩忽职守，造成国有财产损失的，应当依法承担法律责任。违反国有财产管理规定，在企业改制、合并分立、关联交易等过程中，低价转让、合谋私分、擅自担保或者以其他方式造成国有财产损失的，应当依法承担法律责任。

而自然资源与财产有区别又有联系。一方面，自然资源是天然存在的，与整个自然环境或自然环境要素之间具有相互的生态联系。受到法律保护的自然资源应当是自然环境的一个组成部分，应当与其他组成部分和整个自然环境之间发生长期的、相对稳定的相互作用或相互联系。人们为了满足其经济需要和其他需要而由人工繁殖、饲养的家畜、家禽等只能被当做财产。另一方面，在传统民法领域，人们在自然资源的开发利用中往往关注的是其经济价值，对损害的救济也是将其作为财产来进行赔偿，而生态环境损害就是将自然资源作为环境要素，关注自然环境本身的价值。从上述两方面的分析可知，生态环境损害赔偿制度是针对传统民法只关注自然资源的经济与财产属性，忽略了其生态价值属性的局限性所发展出来的。当前，在《民法典》第1234条、第1235条增加了关于生态环境损害修复与赔偿责任的规定之后，在民事法律规范中对国有自然资源的保护与救济形成了财产损害责任与生态环境损害责任并列的局面。

概而言之，资源性国有财产损害与生态环境损害共同构成国有自然资源损害的整体。国有自然资源财产损害主要指自然资源经济价值的减少、流失等，生态环境损害主要是指自然资源生态价值的受损。

二、生态环境损害赔偿诉讼与资源性国有财产保护公益诉讼关系的混乱现状

生态环境损害与资源性国有财产损害在所关注的利益方面各有侧重，但由于两种损害都是以自然环境为载体、以资源环境为保护的客体，因此，两种损害存在竞合的情形。从实践中看，生态环境损害与资源性国有财产损害的竞合主要发生在自然资源的开发利用过程中，主要体现行为人违法从事资源开发利用，在造成自然资源毁损、破坏或流失的同时，也造成生态环境的不利改变。例如，行为人未取得林木采伐许可证滥伐森林或者其他林木，在造成林木经济损失的同时，其行为也严重破坏了生态环境。再例如，在矿产

资源开发过程中，当事人未取得采矿许可证擅自开采矿产资源，造成国有自然资源财产价值的损失，也会造成土壤等周边生态环境的破坏，生态环境损害与自然资源经济损害同时发生。由于矿产资源属于国家专属，并且作为重要的能源资源其经济价值较高、可评估性与可鉴定程度也较高，因此在实践中，矿产资源生态环境损害与财产损害竞合的情形较为多见。而在司法实践中，运用何种诉讼来追究行为的赔偿责任也存在不同做法。基于此，下文将以矿产资源领域为例，对实践中生态环境损害赔偿诉讼与国有财产保护公益诉讼关系的混乱进行实证分析，并对其背后的制度原因进行深入剖析。

（一）以生态环境损害赔偿诉讼追偿自然资源的经济损失

自 2015 年 7 月 1 日全国人大常委会授权最高人民检察院在 13 个省、自治区、直辖市检察机关开展提起公益诉讼试点工作以来，各地检察机关在国有财产保护领域进行了广泛的探索和实践。2017 年《行政诉讼法》正式明确规定，人民检察院在履行职责中发现生态环境和资源保护、食品药品安全、国有财产保护、国有土地使用权出让等领域负有监督管理职责的行政机关违法行使职权或者不作为，致使国家利益或者社会公共利益受到侵害的，应当向行政机关提出检察建议，督促其依法履行职责。行政机关不依法履行职责的，人民检察院依法向人民法院提起诉讼。国有自然资源属于依据宪法和法律规定取得的应属于国家所有的财产。根据该条规定，国有自然资源遭受损失的，检察机关可以针对行政机关违法行使职权或者不作为造成国有资源性财产损害的事实提出检察建议。行政机关不依法履行职责的，人民检察院依法向人民法院提起诉讼。然而，从制度效果来看，检察行政公益诉讼制度在保护国有财产功能的发挥方面具有间接性的特征。无论是通过检察建议还是通过诉讼要求行政机关履行职责，其最终所面临的问题都将是行政机关该通过何种程序追回流失的国有资产以及应该由哪个特定主体依法进行追回的问题。在实践中，针对行为造成矿产资源损害的情形，相关行政机关试图通过生态环境损害赔偿诉讼来积极挽回国有资产损失。例如，案例一：在黄某勇与龙海市水利局生态环境损害赔偿纠纷案〔1〕中，黄某勇犯非法采矿罪，判处有期徒刑 9 个月，并处罚金 3 万元。经福建省地质大队鉴定，黄某勇龙在海市段

---

〔1〕 （2018）闽 06 民终 1109 号。

无证非法采砂造成矿产资源破坏的价值为 254 896 元，黄某勇刑事处罚已执行完毕，但其犯罪行为所造成的国家矿产资源损失 254 896 元至今尚未追回，损害了国家利益，龙海市人民检察院于 2017 年 9 月 18 日以龙检行监〔2017〕12 号向龙海市水利局发出检察建议书，建议龙海市水利局依法履行职责，采取有效措施追回黄某勇因非法采矿造成的国家矿产资源损失 254 896 元，积极挽回国有资产损失。2017 年 10 月 18 日，龙海市水利局向原审法院提起生态环境损害赔偿诉讼。一审法院认为，矿产资源属于国家所有，国家保障矿产资源的合理开发利用，禁止任何组织或个人用任何手段破坏矿产资源。黄某勇无证采砂的行为违反矿产资源法的规定，造成了矿产资源损失，损害了国家利益，龙海市水利局是龙海市全市砂资源的开采和经营活动的主管机关，在国家的矿产资源受到侵害时，应当履行职责代表国家提起民事诉讼，是适格的原告主体，应予支持。黄某勇因犯非法采矿罪，被判处有期徒刑 9 个月，并处罚金 3 万元，刑事处罚已执行完毕，但其犯罪行为所造成的国家矿产资源损失 254 896 元至今尚未追回，生态环境受到的破坏未得到修复，龙海市水利局履行职责，向原审法院提起民事诉讼，符合法律规定，应予支持。但二审法院认为，龙海市水利局未提供证据证明，其经省、市级政府授权提起本案的生态环境损害赔偿诉讼，因此，龙海市水利局不是本案的赔偿权利人，不是适格的原告，不具有原告主体资格，原审法院受理本案错误。二审法院以龙海市水利局非生态环境损害赔偿诉讼的适格主体为由驳回了原告的诉讼请求。但二审判决并未对矿产资源的经济损失是否可以通过生态环境损害赔偿诉讼进行追偿这一案件中的实质问题进行回应。根据《生态环境损害赔偿制度改革方案》的规定，生态环境损害赔偿的范围并不包含矿产资源的经济损失，以生态环境损害赔偿诉讼方式要求行为人承担矿产资源的赔偿责任并无制度依据。

（二）以环境民事公益诉讼同时追偿自然资源的经济损失与生态环境损害

矿产资源属于国家所有，未取得采矿许可证擅自采矿等非法开采矿产资源的行为，不仅会造成国有财产的损失，还会使采矿区域的环境与土地遭受严重破坏。在此情况下，行为人不仅需要承担非法采矿的刑事责任，对造成的环境公共利益受损也需要承担修复赔偿责任。对于环境公共利益的受损，符合条件的社会组织、检察机关等都可以作为原告提起民事公益诉讼。在实践中，有些检察机关以环境公益诉讼方式对非法采矿所造成的公共利益的整体损失提起了环境公益诉讼。例如，案例二：在重庆市人民检察院第四分院与黄某高、李某林等环境资源损害赔偿民事公益诉讼案〔1〕中，检察机关在刑事案件判决后针对国家矿产资源的损失与生态环境损害一并提起了公益诉讼。2013 年初至 2016 年期间，王某中、余某华、王某学、马某明、杨某永、黄某高、李某林因非法开采煤矸石，造成矿产资源严重受损，且造成生态环境遭受严重破坏。经鉴定，王某中等人共计开采煤矸石数量为 24.608 2 万吨，矿产资源经济价值为 935.11 万元；非法占用土地面积 0.683 7 公顷（合 10.25 亩），实际损害林地、耕地土壤 0.678 3 公顷（合 10.17 亩），损毁土壤体积 10 255.5 立方米，造成林地、耕地土壤生态系统服务功能遭受部分损失和森林生态系统服务功能遭受全部损害，生态服务功能损失为 289 683.93 元，需要生态环境修复费用 228 095.14 元。

然而，从法律依据来看，根据《民事诉讼法》、最高人民法院《关于审理环境民事公益诉讼案件适用法律若干问题的解释》等相关规定，环境民事公益诉讼主要针对的是损害社会公共利益或者具有损害社会公共利益重大风险的污染环境、破坏生态行为。对于受损矿产资源的损失，检察机关是否可以提起诉讼，其是否为该诉讼适格的原告，仍存疑问。在重庆市人民检察院第四分院与黄某高、李某林等环境资源损害赔偿民事公益诉讼案中，法院并未从正面对此问题进行阐述与回应，而只在判决中确认了检察机关公益诉讼的资格以及国家矿产资源损失的合法性等几个相关问题。梳理法院的审判逻辑，其涉及的相关观点有以下几个方面：第一，王某中等人采挖的砂石系矿产资源，属于国家所有。《中华人民共和国矿产资源法》（以下简称《矿产资源法》）第 3 条第 1 款规定："矿产资源属于国家所有……地表或者地下的矿产资源的国家所有权，不因其所依附的土地的所有权或者使用权的不同而改变。"王某中等人采挖的砂石属于矿产资源，因此，即便王某中等人采挖范围内的土地属于集体所有或已经发包给农户，但该土地地表或地下的矿产资源仍属于国家所有，而非集体或村民个人所有。王某中等人破坏的是国家矿产资源，损害了社会公共利益。第二，王某中等人非法采矿行为造成了国家矿产资源的损失。王某中等人在未办理采矿许可证的情况下，在长春村"瓦房沟"处非法采矿，

---

〔1〕 （2020）渝 04 民初 5 号。

经川东南地质大队作出的《鉴定报告》证实，造成国家矿产资源损失 935.11 万元。该《鉴定报告》系有资质的机构和人员，经余某华现场指认采矿范围依照法定程序作出，合法有效，应当作为认定矿产资源损失的依据予以采信。因马某明在刑事诉讼中已退缴 2 万元违法所得，故王某中等人在本案中还应承担赔偿矿产资源损失 933.11 万元的责任。第三，重庆市人民检察院第四分院作为公益诉讼起诉人提起本案诉讼符合法律规定。本案中，重庆市人民检察院第四分院在履职中发现王某中等人非法采矿，破坏国家矿产资源，损害了社会公共利益，在提起公益诉讼前经依法公告，公告期满，没有法律规定的机关和有关组织提起诉讼，重庆市人民检察院第四分院提起本案诉讼符合前述法律规定，系适格诉讼主体。根据法院的观点，行为人造成矿产资源损失，损害了社会公共利益，而检察机关作为公益诉讼起诉人履行了法定程序，属于适格的原告。

仔细分析，在法院的审判逻辑中，环境公益诉讼的原告资格被认为是检察机关享有矿产资源损失赔偿请求权的直接依据，国有矿产资源的损害被作为环境领域中公共利益的受损。然而，《民事诉讼法》第 58 条第 2 款规定："人民检察院在履行职责中发现破坏生态环境和资源保护、食品药品安全领域侵害众多消费者合法权益等损害社会公共利益的行为，在没有前款规定的机关和组织或者前款规定的机关和组织不提起诉讼的情况下，可以向人民法院提起诉讼。前款规定的机关或者组织提起诉讼的，人民检察院可以支持起诉。"根据该条规定，如将矿产资源损失纳入公共利益之中，需要对检察机关所提环境民事公益诉讼所针对的"破坏生态环境和资源保护损害社会公共利益的行为"进行扩张解释。一般认为，破坏资源保护类的民事公益诉讼案件主要指通过破坏土地资源、矿产资源、林业资源、草原资源等致使生态遭受破坏的案件类型。[1]这一类型案件中，资源破坏行为所造成的后果主要是指破坏生态，造成水土流失、土地荒漠化、土地盐碱化、生物多样性减少等后果，损害社会公共利益的情形。在检察机关所提起的环境民事公益诉讼中是否应该容纳破坏资源致使国家财产损害，损害公共利益的类型，并不明确。

---

〔1〕 参见成都检察："生态环境和资源保护领域民事公益诉讼案件重点问题"，载 http://www. cdchjcy. gov. cn/gyss/87065. jhtml，最后访问日期：2020 年 12 月 9 日。

（三）以刑事附带民事公益诉讼同时追究自然资源的经济与生态价值损失

在运用环境民事公益诉讼保护国有财产与生态环境的同时，也有地方检察机关通过刑事附带民事公益方式对公共利益予以保护。在司法实践中，部分检察机关在环境刑事附带民事公益诉讼中，针对国家矿产资源损失以及土地及周边生态环境破坏的事实，一并提出了相应的诉讼请求，并获得了法院的支持。例如，案例三：在检察机关针对吕某杰非法采矿所提起的刑事附带民事公益诉讼案件〔1〕中，检察机关作为附带民事公益诉讼起诉人要求被告人吕某杰赔偿因其行为所造成的国家矿产资源损失、生态环境恢复治理费、非法采矿方量估算费、生态环境恢复治理方案编制费等费用。法院查明，2015 年，被告人吕某杰从村民卢某亮、卢某良处租来缙云县壶镇镇陇东村田贩自然村赤溪岙的自留山，后于 2015 年 3 月开始在未办理采矿许可证的情况下，雇佣工人非法开采凝灰岩。2015 年 3 月 17 日，缙云县国土资源局向被告人吕某杰送达了《责令停止违法行为通知书》，但是被告人吕某杰仍不听劝阻继续开采。2016 年左右，卢某亮、卢某良发现吕某杰在承租的自留山开采凝灰岩，遂不再将自留山租给被告人吕某杰。被告人吕某杰遂又在二人自留山附近的村集体山上非法开采凝灰岩。2017 年 6 月，缙云县国土资源局将本案线索移送给缙云县公安局，但被告人吕某杰在案件已经立案侦查并被取保候审期间，仍不知悔改，继续在缙云县壶镇镇陇东村田贩自然村赤溪岙非法开采凝灰岩。2017 年 10 月 4 日，缙云县国土资源局壶镇国土资源所工作人员巡查期间，发现被告人吕某杰雇佣的工人还在继续非法开采凝灰岩，致使国家矿产资源遭到严重破坏。经浙江省第七地质队两次实地勘测，被告人吕某杰在缙云县壶镇陇东村田贩自然村赤溪岙凝灰岩矿点非法开采总量为 12 342 立方米，其中凝灰岩荒料总量为 3644 立方米，该处凝灰岩平均小体重为 2.17吨/立方米。经缙云县价格认证中心认定，2017 年度 10 月凝灰岩（缙云条石）市场信息价格为 188 元/吨，包括运杂费 20 元/吨。故被告人吕某杰在缙云县壶镇镇陇东村田贩自然村赤溪岙的非法采矿行为，造成矿产资源破坏价值共计 1 328 457 元（3644 立方米 * 2.17 吨/立方米 * 168 元/吨），被告人从中累计获利 150 000 元。法院认为，被告人吕某杰违反矿产资源法的规定，未

---

〔1〕 （2018）浙 1122 刑初 263 号。

取得采矿许可证，擅自采矿，情节特别严重，其行为已构成非法采矿罪。由于被告人吕某杰的犯罪行为严重破坏了国家矿产资源和生态环境，损害了社会公共利益，在承担刑事责任的同时，亦应承担民事责任，附带民事公益诉讼起诉人要求吕某杰赔偿国家矿产资源损失、生态环境恢复治理费、非法采矿方量估算费、生态环境恢复治理方案编制费的诉讼请求，符合法律规定。而且，法院还在判决中明确要求，被告人吕某杰向缙云县人民检察院赔偿的国家矿产资源损失应与生态环境恢复治理费、非法采矿方量估算费、生态环境恢复治理方案编制费等，一并由缙云县人民检察院纳入公益基金依法管理。

与通过独立的环境民事公益诉讼对矿产资源损失进行追偿缺乏法律依据不同，检察机关通过刑事附带民事诉讼保护国有财产具有一定的法律依据。《中华人民共和国刑事诉讼法》（以下简称《刑事诉讼法》）第 101 条规定，被害人由于被告人的犯罪行为而遭受物质损失的，在刑事诉讼过程中，有权提起附带民事诉讼。被害人死亡或者丧失行为能力的，被害人的法定代理人、近亲属有权提起附带民事诉讼。如果是国家财产、集体财产遭受损失的，人民检察院在提起公诉的时候，可以提起附带民事诉讼。矿产资源的经济损失属于国有财产的损失，检察机关可以据此提起刑事附带民事诉讼。但在该类案件中暴露出的问题是，我国当前刑事附带民事公益诉讼在《刑事诉讼法》中并没有明确的法律依据，环境刑事附带民事公益诉讼与国有财产领域公益性刑事附带民事诉讼的关系并不清晰。根据最高人民法院、最高人民检察院《关于检察公益诉讼案件适用法律若干问题的解释》的规定[1]，人民检察院可以针对行为人的行为一并提起刑事附带民事公益诉讼。检察机关对于生态环境损害提起刑事附带民事公益诉讼只有司法解释的规定并无直接的法律依据。在理论上，将《刑事诉讼法》第 101 条关于附带民事诉讼的规定进行扩张解释作为附带民事公益诉讼的法律依据。但如果将刑事附带民事检察公益诉讼作为刑事附带民事诉讼的一部分，《刑事诉讼法》第 101 条并不能容纳环境公共利益所保护的客体，环境公益诉讼的客体可能与国家财产、集体财产相关，但也可能

---

〔1〕　最高人民法院、最高人民检察院《关于检察公益诉讼案件适用法律若干问题的解释》第 20 条："人民检察院对破坏生态环境和资源保护、食品药品安全领域侵害众多消费者合法权益，侵害英雄烈士等的姓名、肖像、名誉、荣誉等损害社会公共利益的犯罪行为提起刑事公诉时，可以向人民法院一并提起附带民事公益诉讼，由人民法院同一审判组织审理。人民检察院提起的刑事附带民事公益诉讼案件由审理刑事案件的人民法院管辖。"

超越物质或金钱价值衡量标准，生态环境破坏造成的生态环境损害并不只是物质利益损害。〔1〕所以，在上述检察机关提起的刑事附带民事公益诉讼中，检察机关所提民事诉讼是一个整体诉讼还是两种诉讼的合并，并不清晰。

三、生态环境损害赔偿诉讼与资源性国有财产保护公益诉讼关系混乱的原因分析

（一）资源性国有财产损害赔偿制度的模糊与缺失

从以上国有财产的分类来看，国有自然资源财产与经营性国有资产、行政事业性国有资产具有不同的特性。《民法典》对国有财产的保护作了原则性规定，侵占、哄抢、私分、截留、破坏国有财产的，应当承担返还原物、恢复原状、赔偿损失等民事责任。但对于具体资源性国有财产损害的求偿主体与程序等并无规定。对于国有自然资源财产所有权以及财产损害赔偿的相关规定应回归到资源类法律中。然而，从《矿产资源法》《森林法》《中华人民共和国土地管理法》等相关规定来看，对于资源性国有财产损害的民事赔偿责任，当前法律中却并无明确规定。例如，修订后的《森林法》明确了生态环境损害赔偿请求权的主体与追偿方式。该法第 68 条规定，破坏森林资源造成生态环境损害的，县级以上人民政府自然资源主管部门、林业主管部门可以依法向人民法院提起诉讼，对侵权人提出损害赔偿要求。但对于盗伐林木以及开垦、采石、采矿、采土等活动造成林木资源毁损的情形，根据《森林法》的规定〔2〕应通过

---

〔1〕 参见石晓波、梅傲寒："检察机关提起刑事附带民事公益诉讼制度的检视与完善"，载《政法论丛》2019 年第 6 期。

〔2〕《森林法》第 74 条第 1 款："违反本法规定，进行开垦、采石、采砂、采土或者其他活动，造成林木毁坏的，由县级以上人民政府林业主管部门责令停止违法行为，限期在原地或者异地补种毁坏株数一倍以上三倍以下的树木，可以处毁坏林木价值五倍以下的罚款；造成林地毁坏的，由县级以上人民政府林业主管部门责令停止违法行为，限期恢复植被和林业生产条件，可以处恢复植被和林业生产条件所需费用三倍以下的罚款。"第 76 条："盗伐林木的，由县级以上人民政府林业主管部门责令限期在原地或者异地补种盗伐株数一倍以上五倍以下的树木，并处盗伐林木价值五倍以上十倍以下的罚款。滥伐林木的，由县级以上人民政府林业主管部门责令限期在原地或者异地补种滥伐株数一倍以上三倍以下的树木，可以处滥伐林木价值三倍以上五倍以下的罚款。"第 81 条："违反本法规定，有下列情形之一的，由县级以上人民政府林业主管部门依法组织代为履行，代为履行所需费用由违法者承担：（一）拒不恢复植被和林业生产条件，或者恢复植被和林业生产条件不符合国家有关规定；（二）拒不补种树木，或者补种不符合国家有关规定。恢复植被和林业生产条件、树木补种的标准，由省级以上人民政府林业主管部门制定。"

责任原地或者异地补种、行政罚款、行政代履行等行政责任或行政强制措施予以救援与制裁。然而，从责任性质来看，行政责任具有惩罚性，而财产损害赔偿具有补偿性。对于林木资源来讲，异地补种等行政责任可以一定程度上与恢复原状的民事责任产生相似的功能与效果。但对于矿产资源而言，行政制裁将无法发挥财产损失方面的恢复与赔偿功能。也基于此，为保护无法恢复和不可再生的矿产资源，《矿产资源法》中对违法采矿的行为规定了赔偿损失的责任形式。《矿产资源法》第39条规定："违反本法规定，未取得采矿许可证擅自采矿的，擅自进入国家规划矿区、对国民经济具有重要价值的矿区范围采矿的，擅自开采国家规定实行保护性开采的特定矿种的，责令停止开采、赔偿损失，没收采出的矿产品和违法所得，可以并处罚款；拒不停止开采，造成矿产资源破坏的，依照刑法有关规定对直接责任人员追究刑事责任。单位和个人进入他人依法设立的国有矿山企业和其他矿山企业矿区范围内采矿的，依照前款规定处罚。"然而长期以来，对该条中明确责令赔偿损失行为的性质一直存在争议。一种观点认为，责令赔偿损失是民事责任的承担方式，不是行政处罚行为或其他行政行为。另一种观点认为，责令赔偿损失属于行政处罚。[1]即使是确定损害赔偿责任是民事责任，那么由谁来代表国家通过何种程序进行追偿也并不明确。在资源类法律中对资源性国有财产损失民事赔偿问题的规定存在缺失和模糊。

（二）资源性国有财产保护民事公益诉讼制度的模糊与缺失

对比民事公益诉讼与行政公益诉讼在《民事诉讼法》与《行政诉讼法》中的规定，可以看出，行政公益诉讼的适用范围要广于民事公益诉讼，且国有财产保护公益诉讼与环境公益诉讼是公益诉讼中的两种类型。从实践中检察机关所提行政公益诉讼的类型来看，在检察机关有权提起的各领域行政公益诉讼案件中，生态环境案件的数量最多，在理论上的探讨也较为集中。在国有财产领域中，检察机关在国有财产领域也充分运用诉前检察建议、行政公益诉讼的形式成功追回了大量国有资产。但从实践来看，当前国有财产行政公益诉讼案件的范围主要集中在国有土地出让金、人防易地建设费等税费与罚没款未依法缴纳以及国家因政策扶持和社会保障支出的家电下乡财政补

---

〔1〕 参见杨玉章："非法采矿造成资源破坏如何依法追偿?"，载《中国国土资源报》2007年11月29日，第5版。

贴、农机补贴、廉租房住房补贴、公共租赁住房补贴、中央财政关闭小企业补助资金等各项资金遭受损失等领域。甚至，在理论中国有财产保护公益诉讼被等同或缩小至国有资产公益诉讼的范畴。有学者指出国有资产公益诉讼的前提是存在国有资产流失，国有资产流失主要表现为国有资产的私分、侵占或毁损。[1]也就是说，当前国有财产行政公益诉讼主要是在以间接方式对财政性与经营性国有财产进行保护，对资源性国有财产保护不足。

在这种情况下，对资源性国有财产保护公益诉讼制度的完善有两条路径：第一，在完善资源性国有财产损害索赔相关规定的基础上，通过资源性国有财产行政公益诉讼的加强，推动负有索赔权的行政主体对资源性国有财产进行追偿。第二，构建和完善资源性国有财产保护民事公益诉讼，通过民事公益直接对国有财产进行保护。从必要性与可行性来看，行政公益诉讼的完善路径较为明确，且有现成的制度依据。案例一中也体现了检察机关通过诉前检察建议推动行政机关积极履行职责的可行性。但单一的行政公益诉讼路径存在的问题在于，行政公益诉讼针对的是负有管理职责的行政机关的行政行为。在上述《矿产资源法》《森林法》的规定中，责令停止开采、限期原地或异地补种等行政行为属于行政公益诉讼的监督对象。但资源性国有财产索赔的权利基础是自然资源国家所有权，而非履行国有自然资源保护监督管理的行政职责，负有自然资源监督管理职责的行政机关和享有国有财产损害的赔偿请求权的行政机关并不完全一致。当权利人不作为或不积极履行国有财产损害的追偿权时，检察机关不宜通过行政公益诉讼要求权利人对国有财产进行法定追偿。在此时，资源性国有财产民事公益诉讼就可以起到补充作用，在权利人不履行索赔权时，直接对侵犯国家利益的行为提起民事公益诉讼。案例二和案例三中，检察机关在环境公益诉讼案件中对资源性国有财产经济损失追偿的牵强，也体现出构建和完善资源性国有财产保护民事公益诉讼的必要性。

（三）生态环境损害赔偿诉讼与资源性国有财产保护诉讼衔接规则的缺失

生态环境损害赔偿制度建立后，生态环境损害赔偿诉讼与传统环境侵权损害赔偿诉讼以及环境公益诉讼的关系得到了理论与实务界的普遍关注。最

---

〔1〕 参见梅傲寒、石晓波："论国有资产公益诉讼的价值功能与完善路径"，载《南京社会科学》2019 年第 8 期。

高人民法院《关于审理生态环境损害赔偿案件的若干规定（试行）》第 17 条规定："人民法院受理因同一损害生态环境行为提起的生态环境损害赔偿诉讼案件和民事公益诉讼案件，应先中止民事公益诉讼案件的审理，待生态环境损害赔偿诉讼案件审理完毕后，就民事公益诉讼案件未被涵盖的诉讼请求依法作出裁判。"在理论上，由于生态环境损害赔偿诉讼与环境公益诉讼都是针对生态环境本身损害的救济方式，对两者关系的论述讨论更为热烈与集中。但对于生态环境损害赔偿诉讼与资源性国有财产损害赔偿诉讼的关系，无论是在环境法领域还是在经济法领域都处于被忽略的状况。《生态环境损害赔偿制度改革方案》与最高人民法院《关于审理生态环境损害赔偿案件的若干规定（试行）》中，都明确规定了生态环境损害赔偿制度不适用因污染环境、破坏生态造成人身损害、个人和集体财产损失要求赔偿的情形。这是否蕴含着生态环境损害也属于国有财产损害赔偿制度或者生态环境损害赔偿制度可以适用于国有财产损害的情形？而在案例一中，相关行政主管部门试图以生态环境损害赔偿诉讼来追偿资源性国有财产经济价值损失的行为，既体现了资源性国有财产损害赔偿制度的缺失，也体现了两者之间关系的不清晰。

此外，生态环境损害赔偿诉讼与环境公益诉讼作为相互补充的救济方式，两者在环境公共利益的救济中发挥着重要的作用。而在案例二和案例三中，也体现出环境民事公益诉讼与环境刑事附带民事公益诉讼与资源性国有财产保护公益诉讼以及国有财产保护刑事附带民事诉讼关系的模糊。

四、生态环境损害赔偿诉讼与国有财产保护公益诉讼关系之完善与协调

（一）以自然资源国家所以权为基础建立自然资源损害的整体索赔机制

长期以来，在我国法律中对公共利益的保护都依赖于行政规制与刑事制裁等公法手段。对于国有财产的保护也是如此。但作为民事上的财产，国家作为所有权的主体，在国有财产的开发、利用与经营过程中也应享有相应权利，并应该能够基于所有者的身份对损害国家利益的行为进行追偿。国家作为国有财产所有者与监管者的身份不能集中于一体。但在资源性财产立法方面，相关立法在对国家自然资源资产所有者身份进行确认的同时，并未真正以所有者的身份为基础构建自然资源国有资产权益实现与保护的法律机制，整体而言，我国现行所有与自然资源相关的立法，依然是从监管的角度为国

家的身份进行定位的。[1]所有权的缺位造成了自然资源经济与生态价值的全面受损。生态环境损害赔偿制度的构建、自然资源部的建立以及自然资源产权制度的改革，都体现了国家在自然资源领域对国家管理者身份与所有者身份进行区分，建立独立的自然资源资产产权运作机制的尝试。在此背景下，为完善国有自然资源经济损失索赔机制的不足，就应在自然资源国家所有权理论的基础上，对自然资源进行整体保护。

对于具体行使国有自然资源所有者职责的主体，在理论上，有学者提出将所有者职责从自然资源管理部门分离出来，设置类似"国资委"的国有自然资源资产管理机构集中统一行使。[2]但在国务院机构改革后，自然资源部是国务院授权代表统一行使全民所有自然资源资产所有者职责的具体部门。在此情况下，笔者认为，为保持自然资源所有者权益的完整与统一，应借鉴生态环境损害赔偿请求权的相关规定确定资源性国有财产损害赔偿请求权主体的范围，确保由同一主体享有对自然资源整体损害的追偿权。

（二）构建与完善资源性国有财产保护民事公益诉讼

从现有《民事诉讼法》及相关司法解释的规定来看，我国现有民事公益诉讼根据诉讼程序的不同分为两种类型：一是符合法律规定的机关和组织提起的民事公益诉讼。二是检察机关提起的刑事附带民事诉讼。因此，对于资源性国有财产民事公益诉讼的完善也涉及这两个方面：

第一，《民事诉讼法》中资源性国有财产保护公益诉讼的建立。由于资源性国有财产与环境公共利益受损的密切联系，在上述案例二中，法院实际上是将环境民事公益诉讼的适用范围进行了扩大解释。在理论上，也有学者指出，自然资源是社会公共利益，但自然资源同其他国有资产在公益诉讼概念上有着截然不同的性质，从权益划分上将其纳入环境公益无论在环境学还是法学上都是应有之义。[3]那么，在立法上，确立资源性国有财产保护公益诉讼存在将资源性国有财产损害纳入环境民事公益诉讼以及增加新的国有财产保护民事公益诉讼类型这两种不同方式。笔者认为，从环境民事公益诉讼建

---

〔1〕 参见张璐："论自然资源的国有资产属性及其立法规范"，载《南京大学法律评论》2009年第1期。

〔2〕 参见郑磊："土地行政公益诉讼的类型建构及展开"，载《行政法学研究》2020年第6期。

〔3〕 参见罗明玥："论自然资源民事公益诉讼的合理性"，载《东南大学学报（哲学社会科学版）》，2019年第S2期。

立的目的及现有制度构建来看，经济性质的财产损害与生态环境损害赔偿具有明显的不同。并且，在深化国有企业改革中防范国有资产流失的问题也具有十分重要和突出的地位。在此情形下，应建立独立的国有财产民事公益诉讼制度。对于国有财产保护民事公益诉讼的主体选择，早在 2013 年就有学者提出，赋予公民对国有财产进行直接保护的权利。[1]笔者认为，国有财产保护公益诉讼具有专业性、复杂性等特征，在环境保护与消费者权益领域民事公益诉讼已经充分发展的基础上，民事公益诉讼的修改应保持现有主体的规定。资源性国有财产保护民事公益诉讼的立法路径应是在《民事诉讼法》公益诉讼条款中增加国有财产保护的独立类型，并通过资源类单行法的规定与司法解释构建完整的规则体系。

第二，在《刑事诉讼法》中增加关于刑事附带民事公益诉讼的规定，理顺公益性刑事附带民事诉讼与刑事附带民事公益诉讼的关系。刑事附带民事诉讼与刑事附带民事公益诉讼都具有公益性质，但在启动条件、适用范围等方面有诸多不同之处。国家财产、集体财产损失与公共利益的内涵与外延并不一致，对《刑事诉讼法》第 101 条的扩大解释并不能解决刑事附带民事公益诉讼无法律依据的困境。为完善刑事附带民事公益诉的法律依据，理顺刑事附带民事诉讼与刑事附带民事公益诉讼的关系，应将国家财产损失与生态环境损失共同纳入"公益"的范畴，将刑事附带民事公益诉讼作为单独条款在《刑事诉讼法》中予以规定。

（三）制定生态环境损害赔偿诉讼与资源性国有财产保护诉讼的整合与协调规则

在构建了国有自然资源损害赔偿诉讼与国有财产保护民事公益诉讼的基础上，生态环境损害赔偿诉讼还应正确界定其与两者之间的关系。尤其是在生态环境损害与资源性财产损害发生竞合时，不同类型诉讼之间的关系应予以明确。

第一，生态环境损害赔偿诉讼与资源性财产损害赔偿诉讼之间的关系。从保护的具体对象来看，两种诉讼所保护的自然资源的价值并不相同。但两者生态环境损害与自然资源经济价值损害共同构成自然资源的整体。"将同一

---

〔1〕　参见周世伟、韩志红："刍议完善公民对国有财产的权利"，载《吉首大学学报（社会科学版）》2013 年第 4 期。

自然资源的经济利益损害诉权与生态利益损害诉权进行人为分割（况且两种利益类型常难区分），不仅不符合自然资源利益的系统性特征，从立法成本和实践操作层面来考虑，实施难度也大，亦不经济。"〔1〕因此，在自然资源国家所有权的视角下，自然资源国家所有权人及其授权的主体可以针对自然资源的经济与生态功能损失一并提起诉讼。针对上述案例一中的情形，具有赔偿请求权的主体在要求行为人承担矿产资源经济损失的同时，也可以诉请行为人对被破坏的生态环境进行修复或赔偿。

第二，生态环境损害赔偿诉讼与资源性国有财产保护公益诉讼的关系。对于生态环境损害赔偿诉讼与资源性国有财产保护民事公益诉讼而言，两者相互并列，共同构成自然资源经济与生态价值的整体保护。当出现自然资源经济损失与生态环境损害的竞合时，如果自然资源所有权人未能针对自然资源的经济价值提起诉讼，那么公益诉讼的原告可以针对自然资源经济价值的受损单独提起诉讼。而对于生态环境损害赔偿诉讼与国有财产保护行政公益诉讼而言，检察机关不宜通过行政公益诉讼要求相应行政机关提起生态环境损害赔偿诉讼，行政机关更不能通过生态环境损害赔偿诉讼追偿资源经济价值的损失。

第三，资源性国有财产保护公益诉讼与环境公益诉讼的关系。对于资源性国有财产保护民事公益诉讼与环境民事公益诉讼而言，社会组织、检察机关等主体可针对公共利益受损的情形，对资源的经济与生态价值损害一并提起诉讼。对于资源性国有财产保护刑事附带民事诉讼与环境刑事附带民事公益诉讼而言，基于自然资源国家所有权制度，国家财产损失与破坏生态环境导致的损害在某种程度上会存在重合，但两者的诉讼性质仍有区别。在《刑事诉讼法》明确规定刑事附带民事公益诉讼的基础上，应该通过对国有财产和公共利益的协调解释来划分二者的界限。当上述案例二、三中国有财产损害与公共利益损害共同出现时，因诉讼主体的同一性、保护对象的牵连性，为更好地查清事实、减少诉讼成本，检察机关可以针对国有自然资源的经济价值损失与生态环境损害一并提起诉讼。

---

〔1〕 李兴宇、吴昭军："全民所有自然资源损害救济的权利基础与实现路径——以国家所有权的私权定位为逻辑起点"，载《华中科技大学学报（社会科学版）》2021年第4期。

参考文献

一、著作类

1. 王树义等：《改革开放 40 年法律制度变迁：环境法卷》，厦门大学出版社 2019 年版。

2. 王树义：《环境法基本理论问题研究》，台湾元照出版社 2012 年版。

3. 李艳芳编著：《环境损害赔偿》，中国经济出版社 1997 年版。

4. 陈慈阳：《环境法总论》，中国政法大学出版社 2003 年版。

5. 王树义：《俄罗斯生态法》，武汉大学出版社 2001 年版。

6. 蔡守秋：《人与自然关系中的伦理与法》（下），湖南大学出版社 2009 年版。

7. 张梓太主编：《自然资源法学》，北京大学出版社 2007 年版。

8. 蔡运龙编著：《自然资源学原理》（第二版），科学出版社 2007 年版。

9. 杜群：《环境法融合论：环境·资源·生态法律保护一体化》，科学出版社 2003 年版。

10. 韩德培编著：《环境资源法论丛》（第 2 卷），法律出版社 2002 年版。

11. 王利明：《国家所有权研究》，中国人民大学出版社 1991 年版。

12. 何尧德：《现代公司民事责任制度研究——以股东和经营管理者为重心》，法律出版社 2011 年版。

13. 胡田野编：《公司法律裁判》，法律出版社 2012 年版。

14. 刘俊海：《现代公司法》，法律出版社 2008 年版。

15. 王胜明主编：《中华人民共和国侵权责任法释义》，法律出版社 2013 年版。

16. 于雪峰：《侵权法可预见性规则研究——以法律因果关系为视角》，北京大学出版社 2017 年版。

17. 陈聪富：《侵权违法性与损害赔偿》，北京大学出版社 2012 年版。

18. 吕忠梅等：《环境损害赔偿法的理论与实践》，中国政法大学出版社 2013 年版。

19. 竺效：《生态损害综合预防和救济法律机制研究》，法律出版社 2016 年版。

20. 竺效：《生态损害的社会化填补法理研究》，中国政法大学出版社 2007 年版。

21. 曾世雄：《损害赔偿法原理》，中国政法大学出版 2001 年版。

22. 王泽鉴：《损害赔偿》，北京大学出版社 2017 年版。

23. 张永泉：《民事之诉合并研究》，北京大学出版社 2009 年版。

24. 吴应甲：《中国环境公益诉讼主体多元化研究》，中国检察出版社 2017 年版。

25. 高晋康等：《法律运行过程的经济分析》，法律出版社 2008 年版。

26. 最高人民法院中国应用法学研究所编：《环境资源审判典型案例选编》，人民法院出版
    社 2015 年版。

27. 孙宪忠等：《国家所有权的行使与保护研究：从制度科学性入手》，中国社会科学出版
    社 2015 年版。

28. 王莉：《中国环境法律制度研究》，中国政法大学出版社 2018 年版。

29. 史会剑：《生态环境损害赔偿制度理论与实践研究》，中国环境出版社 2020 年版。

30. 吴德胜、陈淑珍：《生态环境损害经济学评估方法》，科学出版社 2020 年版。

31. 卢瑶：《生态环境损害赔偿研究：以马克思主义公共产品理论为视角》，中国社会科学
    出版社 2019 年版。

32. 竺效主编：《环境公益诉讼案例精编》，中国人民大学出版社 2019 年版。

33. 段厚省、高鹏：《环境民事公益诉讼基本理论研究》，复旦大学出版社 2020 年版。

34. 颜运秋：《中国特色生态环境公益诉讼理论和制度研究》，中国政法大学出版社 2019
    年版。

35. 刘显鹏：《环境民事公益诉讼证明责任分配研究》，中国社会科学出版社 2019 年版。

36. 陈晓红等：《生态文明制度建设研究》，经济科学出版社 2018 年版。

37. 吴泽勇：《欧洲群体诉讼研究——以德国法为中心》，北京大学出版社 2016 年版。

38. 钱颖萍：《瑞典群体诉讼制度研究》，中国政法大学出版社 2013 年版。

39. 林英：《时代责任——绿家园环境公益诉讼案例集》，中国政法大学出版社 2021 年版。

40. 汪劲、严厚福、孙晓璞编译：《环境正义·丧钟为谁而鸣：美国联邦法院环境诉讼经典
    判例选》，北京大学出版社 2006 年版。

41. ［美］罗·庞德：《通过法律的社会控制　法律的任务》，沈宗灵、董世忠译，商务印
    书馆 1984 年版。

42. ［美］罗伯特·W. 汉密尔顿：《美国公司法》，齐东祥译，法律出版社 2008 年版。

43. ［美］詹姆斯·萨尔兹曼、巴顿·汤普森：《美国环境法》，徐卓染、胡慕云译，北京
    大学出版社 2016 年版。

44. ［美］斯蒂芬·R. 芒泽：《财产理论》，彭诚信译，北京大学出版社 2006 年版。

45. ［英］吉檀迦利·纳因·吉尔：《印度环境司法：国家绿色法庭》，李华琪等译，中国
    社会科学出版社 2019 年版。

二、论文类

1. 马俊驹："国家所有权的基本理论和立法结构探讨"，载《中国法学》2011 年第 4 期。

2. 刘练军："自然资源国家所有的制度性保障功能"，载《中国法学》2016 年第 6 期。

3. 邓海峰："生态文明体制改革中自然资源资产分级行使制度研究"，载《中国法学》2021 年第 2 期。

4. 张璐："自然资源损害的法学内涵解读——以损害与权利的逻辑关联为视角"，载《华东理工大学学报（社会科学版）》2012 年第 4 期。

5. 陈海嵩："生态环境损害赔偿制度的反思与重构——宪法解释的视角"，载《东方法学》2018 年第 6 期。

6. 王树义、李华琪："论我国生态环境损害赔偿诉讼"，载《学习与实践》2018 年第 11 期。

7. 王树义、冯汝："气候资源国家所有权问题探析"，载《学习与实践》2014 年第 11 期。

8. 王小钢："生态环境损害赔偿诉讼的公共信托理论阐释——自然资源国家所有和公共信托环境权益的二维构造"，载《法学论坛》2018 年第 6 期。

9. 巩固："自然资源国家所有权公权说再论"，载《法学研究》2015 年第 2 期。

10. 巩固："美国环境公民诉讼之起诉限制及其启示"，载《法商研究》2017 年第 5 期。

11. 巩固："《民法典》物权编绿色制度解读：规范再造与理论新识"，载《法学杂志》2020 年第 10 期。

12. 税兵："自然资源国家所有权双阶构造说"，载《法学研究》2013 年第 4 期。

13. 王涌："自然资源国家所有权三层结构说"，载《法学研究》2013 年第 4 期。

14. 张宝："生态环境损害政府索赔制度的性质与定位"，载《现代法学》2020 年第 2 期。

15. 张宝："生态环境损害政府索赔权与监管权的适用关系辨析"，载《法学论坛》2017 年第 3 期。

16. 吕忠梅："物权立法的'绿色'理性选择"，载《法学》2004 年第 12 期。

17. 吕忠梅："'生态环境损害赔偿'的法律辨析"，载《法学论坛》2017 年第 3 期。

18. 杨朝霞："论环境权的性质"，载《中国法学》2020 年第 2 期。

19. 张梓太、王岚："我国自然资源生态损害私法救济的不足及对策"，载《法学杂志》2012 年第 2 期。

20. 季林云、孙倩、齐霁："刍议生态环境损害赔偿制度的建立——生态环境损害赔偿制度改革 5 年回顾与展望"，载《环境保护》2020 年第 24 期。

21. 吴宇："生态系统服务功能的物权客体属性及实现路径"，载《南京工业大学学报（社会科学版）》2021 年第 3 期。

22. 王庆礼、邓红兵、钱俊生："略论自然资源的价值"，载《中国人口·资源与环境》
    2001年第2期。

23. 窦海阳："环境损害事件的应对：侵权损害论的局限与环境损害论的建构"，载《法制
    与社会发展》2019年第2期。

24. 李一丁："生态环境损害赔偿制度改革：现状、问题与立法建议"，载《宁夏社会科
    学》2018年第4期。

25. 冯汝："《民法典》绿色条款的体系化解读——以公民环境义务为分析视角"，载《华
    中科技大学学报（社会科学版）》2021年第4期。

26. 冯汝："确立村民委员会环境公益诉讼原告资格的社会与法律基础"，载《中南大学学
    报（社会科学版）》2013年第3期。

27. 冯汝："母子公司人格否认在环境侵权案件中的运用——由信宜紫金矿业溃坝事件引发
    的思考"，载《河北法学》2014年第2期。

28. 王秀卫："海洋生态环境损害赔偿制度立法进路研究——以《海洋环境保护法》修改为
    背景"，载《华东政法大学学报》2021年第1期。

29. 顾铮铮、周科、刘英："资质出借者环境侵权之责任承担"，载《法律适用》2016年第
    2期。

30. 徐春成："论环境服务组织的连带责任"，载《河南财经政法大学学报》2016年第
    4期。

31. 黄萍："环境服务机构侵权责任探讨——基于《环境保护法》第65条的分析"，载
    《甘肃政法学院学报》2017年第3期。

32. 周杰普："论公司参与人的环境损害赔偿责任"，载《政治与法律》2017年第5期。

33. 姜明、张敏纯："试论在华跨国公司环境侵权的责任承担机制"，载《时代法学》2010
    年第4期。

34. 薛波："公司法人格否认制度'入典'的正当性质疑——兼评《民法总则》'法人章'
    的立法技术"，载《法律科学（西北政法学院学报）》2018年第4期。

35. 高旭军："论《公司法》第20条第3款的适用要件"，载《同济大学学报（社会科学
    版）》2015年第3期。

36. 谢海波："环境侵权惩罚性赔偿责任条款的构造性解释及其分析——以《民法典》第
    1232条规定为中心"，载《法律适用》2020年第23期。

37. 李华琪、潘云志："环境民事公益诉讼中惩罚性赔偿的适用问题研究"，载《法律适
    用》2020年第23期。

38. 王旭光："《民法典》绿色条款的规则构建与理解适用"，载《法律适用》2020年第
    23期。

39. 张驰、韩强："民法同质补偿原则新思考"，载《法学》2000 年第 3 期。

40. 高利红、余耀军："环境民事侵权同质赔偿原则之局限性分析"，载《法商研究》2003 年第 1 期。

41. 阳庚德："私法惩罚论——以侵权法的惩罚与遏制功能为中心"，载《中外法学》2009 年第 6 期。

42. 刘超："《民法典》侵权责任编的绿色制度创新"，载《法学杂志》2020 年第 10 期。

43. 杨立新、李怡雯："生态环境侵权惩罚性赔偿责任之构建——《民法典侵权责任编（草案二审稿）》第一千零八条的立法意义及完善"，载《河南财经政法大学学报》2019 年第 3 期。

44. 黄忠顺："惩罚性赔偿消费公益诉讼研究"，载《中国法学》2020 年第 1 期。

45. 桑本谦："法律解释的困境"，载《法学研究》2004 年第 5 期。

46. 薛军："'高度危险责任'的法律适用探析"，载《政治与法律》2010 年第 5 期。

47. 唐超："论高度危险责任的构成——《侵权责任法》第 69 条的理解与适用"，载《北方法学》2017 年第 4 期。

48. 翁孙哲："美国贷款人环境责任立法历程及其对我国的启示"，载《理论月刊》2014 年第 3 期。

49. 窦海阳："《侵权责任法》中'高度危险'的判断"，载《法学家》2015 年第 2 期。

50. 周杰普："论我国绿色信贷法律制度的完善"，载《东方法学》2017 年第 2 期。

51. 杨立新："论竞合侵权行为"，载《清华法学》2013 年第 1 期。

52. 王耀伟、刘蔡宽："民法典中生态环境修复责任条款之法律辨析"，载《湖南社会科学》2021 年第 2 期。

53. 李承亮："侵权行为违法性的判断标准"，载《法学评论》2011 年第 2 期。

54. 田土城、杨婧："过错与违法性关系辨析"，载《国家检察官学院学报》2012 年第 3 期。

55. 程多威、王灿发："生态环境损害赔偿制度的体系定位与完善路径"，载《国家行政学院学报》2016 年第 5 期。

56. 王世进、曾祥生："侵权责任法与环境法的对话：环境侵权责任最新发展——兼评《中华人民共和国侵权责任法》"第八章，载《武汉大学学报（哲学社会科学版）》2010 年第 3 期。

57. 刘超："环境侵权行为违法性的证成与判定"，载《法学评论》2015 年第 5 期。

58. 唐绍均："法律解释与环境侵权责任'行为违法性要件'的昭彰"，载《重庆大学学报（社会科学版）》2012 年第 2 期。

59. 王利民、李昱："环境侵权责任的构成：解读新《环境保护法》第 64 条"，载《辽宁大学学报（哲学社会科学版）》2014 年第 6 期。

60. 张新宝、汪榆淼："污染环境与破坏生态侵权责任的再法典化思考"，载《比较法研究》2016 年第 5 期。

61. 晋海："生态环境损害赔偿归责宜采过错责任原则"，载《湖南科技大学学报（社会科学版）》2017 年第 5 期。

62. 王利明："我国《侵权责任法》采纳了违法性要件吗?"，载《中外法学》2012 年第 1 期。

63. 姜战军："损害赔偿范围确定中的法律政策"，载《法学研究》2009 年第 6 期。

64. 冯汝："自然资源损害之名称辨析及其内涵界定"，载《科技与法律》2013 年第 2 期。

65. 于浩："功利主义视角下法律价值的认知逻辑"，载《社会科学》2017 年第 5 期。

66. 龙文懋："'自由与秩序的法律价值冲突'辨析"，载《北京大学学报（哲学社会科学版）》2000 年第 4 期。

67. 胡静："环保组织提起的公益诉讼之功能定位——兼评我国环境公益诉讼的司法解释"，载《法学评论》2016 年第 4 期。

68. 阳庚德："侵权法对权利和利益区别保护论"，载《政法论坛》2013 年第 1 期。

69. 张福德："生态文明与法律价值"，载《兰州学刊》2009 年第 9 期。

70. 廖焕国："侵权构成要件的不法性功能论"，载《现代法学》2010 年第 1 期。

71. 王世进、杨静佳："论绿色原则视域下环境侵权私益与公益救济的协调"，载《南京工业大学学报（社会科学版）》2021 年第 3 期。

72. 徐以祥："《民法典》中生态环境损害责任的规范解释"，载《法学评论》2021 年第 2 期。

73. 苏利阳等："分级行使全民所有自然资源资产所有权的改革方案研究"，载《环境保护》2017 年第 17 期。

74. 彭中遥："行政机关提起生态环境损害赔偿诉讼的理论争点及其合理解脱"，载《环境保护》2019 年第 5 期。

75. 赵小姣："我国生态环境损害赔偿立法：模式与难点"，载《东北大学学报（社会科学版）》2020 年第 5 期。

76. 王小钢："《民法典》第 1235 条的生态环境恢复成本理论阐释——兼论修复费用、期间损失和永久性损失赔偿责任的适用"，载《甘肃政法学院学报》2021 年第 1 期。

77. 刘倩："生态环境损害赔偿：概念界定、理论基础与制度框架"，载《中国环境管理》2017 年第 1 期。

78. 陈幸欢："生态环境损害赔偿司法认定的规则厘定与规范进路—— 以第 24 批环境审判指导性案例为样本"，载《法学评论》2021 年第 1 期。

79. 郑泽宇："环境行政应急处置费用的法律性质辨析"，载《大连理工大学学报（社会科学版）》2021 年第 5 期。

80. 曹和平："浅析环境保护行政代履行制度的若干问题"，载《江淮论坛》2013 年第 5 期。

81. 蒋云飞、唐绍均："论环境行政代履行费用的性质与征缴"，载《北京理工大学学报（社会科学版）》2018 年第 2 期。

82. 刘静："生态环境损害赔偿诉讼中的损害认定及量化"，载《法学评论》2020 年第 4 期。

83. 顾金才、蔡鹏："浅析生态环境损害赔偿诉讼案件审理的三大要点——评江苏省人民政府诉安徽海德化工科技有限公司生态环境损害赔偿一案"，载《法律适用》2019 年第 20 期。

84. 蔡先凤、郑佳宇："论海洋生态损害的鉴定评估及赔偿范围"，载《宁波大学学报（人文科学版》2016 年第 5 期。

85. 李树训："回归裁判理性：明辨‘生态环境服务功能的损失’"，载《重庆大学学报（社会科学版）》。

86. 黄忠顺："论公益诉讼与私益诉讼的融合———兼论中国特色团体诉讼制度的构建"，载《法学家》2015 年第 1 期。

87. 段厚省："环境民事公益诉讼基本理论思考"，载《中外法学》2016 年第 4 期。

88. 吴良志："论生态环境损害赔偿诉讼的诉讼标的及其识别"，载《中国地质大学学报（社会科学版）》2019 年第 4 期。

89. 郭颂彬、刘显鹏："公益诉讼规则独立化探析——以与民事诉讼规则的界分为基点"，载《南昌大学学报（人文社会科学版）》2016 年第 6 期。

90. 冯洁语："公私法协动视野下生态环境损害赔偿的理论构成"，载《法学研究》2020 年第 2 期。

91. 王旭光等："《关于审理生态环境损害赔偿案件的若干规定（试行）》的理解与适用"，载《人民司法》2019 年第 34 期。

92. 冯汝："论生态环境损害赔偿责任违法性要件的确立"，载《南京工业大学学报（社会科学版）》2018 年第 5 期。

93. 鄢德奎："土壤治理责任主体制度的反思与重塑"，载《大连理工大学学报（社会科学版）》2020 年第 4 期。

94. 肖建国："利益交错中的环境公益诉讼原理"，载《中国人民大学学报》2016 年第 2 期。

95. 杨解君、卢淦明："公益诉讼试点若干重大理论问题探讨——以环境公益诉讼为重点"，载《中国地质大学学报（社会科学版）》2016年第6期。

96. 张卫平："民事诉讼中止事由的制度调整"，载《北方法学》2018年第3期。

97. 章武生、段厚省："必要共同诉讼的理论误区与制度重构"，载《法律科学（西北政法学院学报）》2007年第1期。

98. 汪劲："确立生态损害索赔诉讼与关联诉讼程序与证据规则"，载《中国环境报》2017年12月20日，第3版。

99. 罗丽、王浴勋："生态环境损害赔偿磋商与诉讼衔接关键问题研究"，载《武汉理工大学学报（社会科学版）》2017年第3期。

100. 张旭东："检察机关提起民事公益诉讼之中国样本"，载《云南社会科学》2016年第3期。

101. 韩英夫、黄锡生："生态损害行政协商与司法救济的衔接困境与出路"，载《中国地质大学学报（社会科学版）》2018年第1期。

102. 吴一冉："生态环境损害赔偿诉讼举证责任相关问题探析"，载《法律适用》2020年第7期。

103. 程雨燕："生态环境损害赔偿磋商制度构想"，载《北方法学》2017年第5期。

104. 莫静："宪法上国有财产之使用规则的定性研究"，载《理论与改革》2016年第4期。

105. 秦前红、姜琦："国有财产的宪法保护初探——以现行法律文本为起点"，载《太平洋学报》2008年第4期。

106. 石晓波、梅傲寒："检察机关提起刑事附带民事公益诉讼制度的检视与完善"，载《政法论丛》2019年第6期。

107. 梅傲寒、石晓波："论国有资产公益诉讼的价值功能与完善路径"，载《南京社会科学》2019年第8期。

108. 张璐："论自然资源的国有资产属性及其立法规范"，载《南京大学法律评论》2009年第1期。

109. 郑磊："土地行政公益诉讼的类型建构及展开"，载《行政法学研究》2020年第6期。

110. 周世伟、韩志红："刍议完善公民对国有财产的权利"，载《吉首大学学报（社会科学版）》2013年第4期。

111. 李兴宇、吴昭军："全民所有自然资源损害救济的权利基础与实现路径——以国家所有权的私权定位为逻辑起点"，载《华中科技大学学报（社会科学版）》2021年第4期。

后 记

　　本书是 2017 年司法部法治与法学理论研究项目的结项成果。2012 年 9 月，我进入武汉大学环境法研究所攻读环境与资源保护法学博士学位，因硕士阶段的民商法背景，我逐渐对自然资源物权、环境侵权领域产生了浓厚的兴趣。在学习研究的过程中，我发现当时的民事法律制度在救济生态环境本身损害时存在严重的缺失与不足，且私法在应对环境公共利益受损时存在内生性局限。在这种情况下，我开始对自然资源国家所有权、环境损害民事救济机制等问题进行研究，并在《清华法治论衡》《中南大学学报（社会科学版）》《学习与实践》《科技与法律》等期刊上发表了"自然资源损害之名称辨析及其内涵界定""确立村民委员会环境公益诉讼原告资格的社会与法律基础""论我国环境公益诉讼制度之规则细化""气候资源国家所有权问题探析"等数篇论文。2015 年博士毕业工作后，我又主持完成了天津师范大学博士基金项目《我国生态环境损害责任的法律界定与制度完善》，并撰写发表了"民法典制定背景下我国环境侵权惩罚性赔偿制度的建立"等相关论文。这些前期的研究成果为本项目的申报与研究提供了有力的支撑。从另一个角度来讲，结合我国正在推行的生态环境损害赔偿制度改革实践，尝试对政府提起生态环境损害赔偿诉讼的相关问题进行专门研究，是对生态环境损害赔偿救济机制更为具化、深入的思考，也是对自己多年来对该议题持续关注所形成观点与思想的系统梳理与总结。在项目的研究过程中，我国《民法典》颁布实施，在《民法典》中绿色原则以及生态环境损害赔偿修复与赔偿责任得以确立。这意味着政府提起生态环境损害赔偿诉讼制度有了明确的实体法律依据，标志着民法对环境公共利益的保护取得了质的突破，也表明了生态环境损害赔偿民事救济机制在私法框架内得到了认可与确认。在此制度背景下，本书在涉及上述论文中的内容时，对陈旧或过时的观点一并进行了修正。鉴于能力有限，本书仍存在诸多遗憾与不足之处，也敬请各位方家不吝指正。

在项目的研究过程中，我在《大连理工大学学报（社会科学版）》《河北法学》《南京工业大学学报（社会科学版）》《中国社会科学报》等期刊报纸中发表了"生态环境损害赔偿制度与环境公益诉讼制度的关系""贷款人生态环境损害赔偿责任的认定及立法完善——一种法解释学路径的分析""论生态环境损害赔偿责任违法性要件的确立""大数据：生态环境损害赔偿制度的助推器"等多篇阶段性研究成果。感谢上述期刊报纸能够给予发表学术见解的宝贵机会，感谢各位专家在评审过程中的认可与鼓励，感谢各位期刊编辑耐心的指导与帮助！感谢感恩！

在著作的写作过程中，天津师范大学法学院的硕士研究生刘宇新、田悦、杨镇、王建标、许萌萌、张晓倩参与了本项目的研究，承担了大量法条整理、资料收集工作。其中，刘宇新、田悦与我共同撰写的论文"论生态环境损害赔偿权利人的界定""细化并完善生态环境损害赔偿诉讼证据规则"获得了天津市法学会环境与资源保护法分会 2021 年征文二等奖和优秀奖。这些成果也在本书的部分章节有所体现，感谢他们的认真参与与辛苦付出！

此外，还要感谢天津师范大学法学院著作出版基金的资助！感谢中国政法大学出版社魏星编辑为本书出版所付出的诸多努力！

最后，要感谢我的婆婆——周桂珍女士。2019 年，我升级做了妈妈，小朋友的出生为家庭增添了许多欢乐，但繁重的养育任务也占据了我大量时间，给项目研究的推进带来了巨大困难。在我左右为难之际，婆婆倾力相助，全力承担起了照顾孩子的重任。她对孩子细致入微的精心照顾，使我能够有时间进行本书的写作。感谢质朴善良的婆婆对我们无私的支持与奉献！

冯汝

2021 年 12 月 1 日